David Osborn, 1923 in New York City geboren, kehrte seiner Heimat aus Protest gegen den amerikanischen Lebensstil den Rücken und siedelte sich mit seiner Familie in einem friedlichen Schweizer Ort »mit 70 Einwohnern und 200 Kühen« an. Er schrieb zahlreiche Drehbücher und drei Romane, wovon »Jagdzeit« verfilmt wurde und weltweites Echo fand. Für seine Arbeiten erhielt er mehrmals den Oscar und den Emmy, die höchste Auszeichnung im amerikanischen Fernsehen.

Von David Osborn ist außerdem als Knaur-Taschenbuch erschienen:

»Jagdzeit« (Band 507)

Vollständige Taschenbuchausgabe
Droemersche Verlagsanstalt Th. Knaur Nachf.
München
Lizenzausgabe mit freundlicher Genehmigung
des Paul Zsolnay Verlags, Gesellschaft m.b.H., Wien/Hamburg

Titel der Originalausgabe »The French Decision«

Berechtigte Übersetzung von Elisabeth Hartweger
Umschlaggestaltung Klaus Förster
Umschlagfoto Mauritius
Satz Appl, Wemding
Druck und Bindung Clausen & Bosse, Leck
Printed in Germany · 4 · 7 · 584
ISBN 3-426-01009-7

Gesamtauflage dieser Ausgabe: 39000

David Osborn: Der Maulwurf

Roman

Knaur

ISBN 3-426-01009-7 680

Für
Sir Robert und Lady Ropner
in Erinnerung
an all die schöne gemeinsame Zeit

Was der Mensch säet,
das soll er auch ernten . . .

Galater, VI, 7

Prolog

Washington lag etwa fünfzig Meilen hinter ihnen, als sie die Straße längs des Shenandoah verließen und in nördlicher Richtung weiterfuhren, wo die sanfte Hügellandschaft Virginias in einsame Wildnis überging.

Nach einer Weile kamen sie durch eine niedrige Unterführung der Bundesstraße 81 und schwenkten dann kurz hinter der Staatsgrenze West-Virginias in einen holprigen Weg ein, der sich zwischen dichten und dornigen Büschen im Hinterland verlor. Seit sie ihn vor zwei Stunden aus seiner Wohnung in North Arlington geholt hatten, saß er auf dem Rücksitz zwischen zwei jungen Männern eingeklemmt, aber erst jetzt überkam ihn wirklich das Gefühl, ein Gefangener zu sein. Er wollte fragen, wer sie waren und wohin sie ihn fuhren und warum. Aber er brachte den Mut nicht auf, dem Schrecken der möglichen Antwort zu begegnen, und er schwieg. In der brütenden Sommerhitze erschien alles wie ausgestorben. Auf einer morschen, von Sonne und Regen gebleichten Eisenbahnbrücke überquerten sie ein ausgetrocknetes Bachbett. Hinter ihnen hing in einer weißen Wolke der Kalkstaub.

An diesem Morgen war er wie üblich aufgestanden, hatte geduscht und gefrühstückt und war dann über den Potomac in die Hauptstadt und zu dem Hochhaus gefahren, in dem das Innenministerium untergebracht war. Seither schien eine Ewigkeit vergangen zu sein.

Er leitete eine relativ bedeutende Abteilung im INR, dem Nachrichtendienst des Innenministeriums. Um halb zehn Uhr war ein hoher Beamter, der sich sichtlich in seiner Rolle höchst unwohl fühlte, in seinem Büro erschienen, um ihn nach oben zu bitten, und blitzartig hatte er eine böse Vorahnung gehabt. Während sie schweigend zum Lift gegangen waren, hatte er angestrengt überlegt, welcher Fehler ihm unterlaufen sein könnte.

Eine Reihe von Spitzenfunktionären waren bei seiner Vernehmung anwesend; außerdem noch ein Mann, den er für einen FBI-Agenten hielt. Es war von vornherein klar gewesen, daß es völlig sinnlos war, seine Unschuld zu beteuern. Sie hatten ihn einwandfrei überführt. Ihm blieb nur noch eine Möglichkeit offen. Kooperation.

Offenbar hatten sie das zu schätzen gewußt. Kaffee und Zigaretten wurden herumgereicht. Und dann war da diese unerwartete und überwältigende Erleichterung, sich endlich alles von der Seele reden zu können, als er dann gewissenhaft jede Bewegung rekonstruierte, die er gemacht hatte, seitdem er zum erstenmal angesprochen worden war; jedes Telefongespräch; die nächtlichen Zusammenkünfte in der dunklen Anonymität des Rock-Creek-Parks; das im voraus kassierte Bargeld; und ganz genau, bis ins kleinste Detail, welche Informationen er verkauft hatte. Nur die Identität seines Auftraggebers hatte er nicht enthüllt. Er kannte sie nicht und hatte sie nie gekannt.
»Ist er Amerikaner?«
»Ja.«
»Aus welcher Gegend?«
»Nordosten, würde ich sagen.«
»Gebildet?«
»Ja.«
Schließlich hatten sie ihn – zu seiner Überraschung – nach Hause geschickt. Doch sie hatten ihn darauf hingewiesen, daß er unter strengste Überwachung gestellt würde und mit seiner formellen Verhaftung in den nächsten Stunden zu rechnen habe. Es stünden ihm weitere intensive Verhöre bevor, doch hätte er das Recht auf einen Anwalt und, als Ausländer, auf Benachrichtigung seiner Botschaft. Dank seiner bereitwilligen Zusammenarbeit würde er möglicherweise mit einem Landesverweis davonkommen.
Ein starkes Gefühl der Loyalität war in ihm erwacht, er fühlte sich ihnen verpflichtet. Sie behandelten ihn wirklich anständig. Aber so waren die Amerikaner eben. Schließlich war man ja hier auch nicht im Iran oder in Paraguay oder in Chile, wo der Erfolg von Verhören gewöhnlich durch Elektroschocks oder Vergewaltigung oder Hochdruckwasserschläuche oder Lötlampen oder das Ausziehen von Fingernägeln oder Vorrichtungen zum langsamen Zerquetschen der Hoden garantiert wurde. Es stimmte zwar, daß sie ausländische Polizeieinheiten in Vernehmungsmethoden ausbildeten; und daß sie gewisse neue Techniken unter Verwendung von Elektronik und Schall entwickelt hatten, war auch bekannt. Doch das war offenbar auch alles. Sogar Amnesty International hatte in den USA keinerlei Folterungen festgestellt.
Plötzlich hörte das Buschwerk auf, und vor ihnen erstreckte sich ödes, von der Sonne verdorrtes Weideland. Gleich danach gelangten sie zu einer Scheune und einem Stallgebäude und dann zu einem alten Farmhaus unter stattlichen Ulmen jenseits einer geschwungenen Auffahrt.

Als sie ihm beim Aussteigen halfen, überkam ihn plötzlich neues Entsetzen: dieser Ort entsprach genau den Gerüchten, die er seit Jahren gehört und als unsinnig abgetan hatte. Manche, die man für fähig hielt, normalen Vernehmungsmethoden zu widerstehen, so hatte es geheißen, verschwanden gelegentlich ganz diskret auf einer entlegenen Farm auf dem Lande. Nicht offiziell, natürlich. Jede offizielle Stelle würde sich von solchen Machenschaften distanzieren. Doch unglücklicherweise lag es in der Natur geheimer Machtzentren, daß sie – ganz gleich, in welchem Land – genau wie bei Polizeiwillkür, Männer hervorbrachten, die glaubten, die Freiheit um jeden Preis verteidigen zu müssen. Von offizieller Seite wurde ihre Existenz stillschweigend geduldet, denn schließlich waren sie zu nützlich, um auf sie verzichten zu können.
Er spürte rasche, schmerzhafte Schläge gegen die Rippen: das Pochen seines Herzens. Es mußte sich einfach um ein Gerücht handeln. Es gab ja immer und überall Leute, die etwas zu tuscheln hatten und die unmöglichsten Sachen erfanden.
Sie stiegen ausgetretene Stufen hinauf und kamen in eine altmodische Küche. Ein Mann saß an einem Tisch und schrieb in einem Notizbuch. Er war ungefähr vierzig Jahre alt, groß, schlank und muskulös, und strahlte Autorität aus. Seine Gesichtshaut, die zum Teil anscheinend schwer verbrannt war, spannte sich straff über den hohen Backenknochen. Sein extrem kurzgeschnittenes krauses Haar war so blond, daß es fast weiß wirkte, und seine Augen schienen beinahe so fahl wie die eines Albinos. Er machte einen gepflegten und eleganten Eindruck; das maßgeschneiderte Jackett seines Anzuges hing akkurat über der Lehne seines Stuhles. Seine Stimme klang etwas nasal, mit der Andeutung des Akzents eines Mannes aus dem Südwesten. »Setzen Sie sich doch.« Er nahm von einem der jungen Männer aus dem Wagen einen Schnellhefter entgegen, warf einen kurzen Blick hinein und sagte: »Holen Sie bitte den Arzt herein.«
Der Gefangene fühlte, wie von hinten ein Stuhl gegen seine Beine geschoben wurde, dann der Druck einer Hand auf der Schulter. Er setzte sich schwerfällig nieder und hörte sehr weit entfernt seine eigene Stimme fragen, wozu denn ein Arzt gebraucht würde.
Eine beiläufige Antwort. »Nur eine Routineuntersuchung. Könnte sein, daß wir Sie eine Weile hierbehalten müssen.«
Wieder seine eigene Stimme. »Bitte! Warum bin ich hier? Man hat mir gesagt, ich könne mir einen Anwalt nehmen. Sie wollten auch meine Botschaft benachrichtigen.« Keine Antwort. Er fuhr fort: »Ich habe heute morgen schon alle Fragen beantwortet. Wirklich alle.«
Der Mann am Tisch blickte ihn unverwandt an, seine blassen Augen

fixierten ihn ohne Blinzeln. Plötzlich fragte er: »Hat Ihr anonymer Auftraggeber Sie jemals aufgefordert, ihm Informationen über die Dallas zu beschaffen?«
»Dallas?«
»Die Dallas Research Foundation. Über die Dallas, oder auch über die BAC.«
Er versuchte nachzudenken. Die Dallas-Forschungsstiftung war kürzlich von einigen amerikanischen Ölgesellschaften gegründet worden und sollte offenbar eine beratende Funktion hinsichtlich einer konzertierten amerikanisch-europäischen Aktion gegenüber der sich ausweitenden Energiekrise ausüben. Mehr wußte er nicht darüber. BAC stand für Bipartite Advisory Commission on International Affairs; diese gegenseitige Beratungskommission bestand aus einer Gruppe von kompetenten und hervorragenden Persönlichkeiten des öffentlichen Lebens und sollte als unabhängiger Ideenspeicher dienen. Auch über die BAC wußte er nicht mehr.
Seine Stimme versagte beinahe. »Weder noch. Tut mir leid.« Er starrte hilflos vor sich hin, von wachsender, namenloser Angst ergriffen.
Sein Vernehmer blickte in die Akte. »Also gut«, sagte er, »das können wir später noch besprechen. Kommen wir jetzt zu Frankreich.«
Er empfand eine gewisse Erleichterung. Da befand er sich wieder auf vertrauterem Boden. Alle Informationen, die er seinem Auftraggeber geliefert hatte, betrafen ausschließlich den Umfang der Kenntnisse der Amerikaner über Frankreichs militärische und diplomatische Staatsgeheimnisse.
»Fangen wir mit 1962 an«, fuhr sein Vernehmer fort. »Die Verschwörung jener französischen Generäle zur Ermordung Charles de Gaulles, nachdem er Algerien die Unabhängigkeit zugesichert hatte. De Gaulle hat immer den Verdacht gehegt, daß die Amerikaner dabei ihre Finger im Spiel hatten. Wissen Sie, wovon ich rede?«
»Über die Verschwörung weiß ich natürlich Bescheid.« Er fühlte sich schon wieder verwirrt. Das war ein völlig neuer Angelpunkt.
»Tatsächlich«, sagte der Vernehmer, »war er von dieser Vorstellung wie besessen, stimmt's?« Es war eher eine Feststellung als eine Frage. »So besessen, daß er seinem Geheimdienst befahl, den unseren zu infiltrieren. Nicht, daß uns das etwas ausmachen würde. Das tut schließlich jeder, besonders seinen Verbündeten gegenüber. Auch wir haben Leute in Frankreich, in England, in Deutschland.« Dann, mit einem schwachen Lächeln: »Erzählen Sie mir etwas über die französische Unterwanderung unseres Geheimdienstes.«
Wieder stellte er fest, daß er nicht sprechen konnte. Hatten sie ihn vielleicht mit irgendeinem französischen Agenten verwechselt?

Der Blick aus den farblosen Augen ließ ihn nicht los. »Es handelt sich nur um eine Handvoll Leute, wie Sie wissen, und zwar hauptsächlich kleine Fische.« Ein Achselzucken. »Handlanger. Mit einer Ausnahme. Und der hat sich weit erfolgreicher eingenistet als alle anderen zusammengenommen. Anscheinend zunächst im Innenministerium. Soviel wir wissen, hat er sich ganz schön hochgearbeitet und ist vielleicht sogar zu einer noch wichtigeren Behörde übergewechselt, möglicherweise zum Nationalen Sicherheitsrat.« Wieder das schwache Lächeln. »Erzählen Sie mir von de Gaulles Maulwurf. Sie wissen doch alles über ihn, stimmt's?«

Auch das war wieder eine reine Feststellung. Benommen schüttelte er den Kopf. Er wußte keine Antwort darauf.

Es klopfte, und die Ärztin trat ein. Sie war jung und attraktiv. Ihr braunes Haar war zurückgekämmt und im Nacken mit einer Samtschleife zusammengehalten. Sie trug einen hellen Leinenrock und hatte schlanke Beine. Eine zarte Wolke von Parfum umhüllte sie, und auf den sanft schwellenden weiblichen Rundungen ihrer Bluse schien das Stethoskop fehl am Platze. Sie lächelte, sagte »Hello«, setzte ihre Arzttasche ab und entnahm ihr einen Blutdruckmesser. Jemand half ihm beim Ausziehen von Jacke und Hemd. Die Ärztin sah ihm prüfend ins Gesicht und runzelte die Stirn, dann leuchtete sie mit einer kleinen Lampe sorgfältig in seine Augen. Sie wickelte die Manschette des Blutdruckmessers um seinen Oberarm, pumpte und lauschte auf die Geräusche.

»Wann sind Sie das letzte Mal durchuntersucht worden? Ist dabei zufällig auch ein EKG gemacht worden?« Ihre Stimme war sachlich und angenehm; ihr Blick warm und ermutigend.

Dann wandte sie sich an den Vernehmer. »Er wird ein Beruhigungsmittel brauchen.« Sie beendete Blutdruck- und Herzuntersuchung und suchte in ihrer Tasche nach einer Injektionsspritze. Sie lächelte. »Nur ein bißchen Valium.« Dann spürte er den Nadelstich. Sie machte ein paar kurze Notizen in seiner Akte. Er fühlte sich sehr schwach.

Im Büro hatte eines Tages jemand ein Foto herumgezeigt, das jenen Gerüchten neue Nahrung gegeben hatte. Es war angeblich einen Monat nach dem Kernkraftunfall in Kalifornien und den anschließenden Demonstrationen in Washington und den damit zusammenhängenden Verhaftungen aufgenommen worden. Es war unterbelichtet und unsachgemäß entwickelt, aber man konnte befleckte Fliesenwände erkennen, die von einer nackten Glühbirne beleuchtet wurden. Von einer Schiene an der Decke hing ein Körper, Fleischerhaken waren durch die Ohren gebohrt, und obwohl keine Brüste oder Genitalien mehr vorhanden waren und die Haut offenbar durch große Hitze so versengt war, daß sie überall in Fetzen weghing, konnte man ihn doch als menschlichen Körper erkennen – als weiblichen Körper. Doch dieses Foto konnte natürlich überall aufgenommen worden sein. Derartige Bilder, Beweise von Horror-Praktiken ausländischer Polizeiwillkür, kursierten öfter in den Büros. Es kostete ihn ungeheure Anstrengung zu sprechen. »Ich habe ihnen heute morgen schon alles erzählt. Ich weiß nichts über einen französischen Maulwurf.«

Niemand antwortete. Die Ärztin räumte ihre Geräte in die Tasche und schloß sie.

»Sie müssen mir glauben, ich habe nichts verschwiegen.« Er weinte. Ein echtes Weinen, wie das eines Kindes. Er konnte nicht aufhören.

»Würden Sie bitte aufstehen.« Eine feste Hand half ihm auf die Füße. Dann wurde er aufgefordert, sich auszuziehen. Hilfesuchend sah er die Ärztin an. Sie lächelte mitfühlend und verließ den Raum, und es dämmerte ihm, daß sie ihn wahrscheinlich durchsuchen wollten. Eine Leibesvisitation. Manchmal versuchten Gefangene, Selbstmord zu begehen. Dem mußten sie vorbeugen. Doch er wünschte, sie wäre dageblieben. Irgendwie bedeutete sie Sicherheit.

»Ihre Schuhe, bitte.«

Er streifte sie von den Füßen. Er hatte nur noch seine kurze Unterhose an. Das feine Gewebe erschien ihm plötzlich wie sein letzter Schutz.

»Ihren Slip, bitte.«

Er fummelte herum, dann glitt die Unterhose auf den Linoleumboden.

»Jetzt spreizen Sie bitte die Beine. Gut so. Beugen Sie sich leicht nach vorne, und halten Sie die Backen auseinander.«

Ja, es war eine anale Untersuchung. Peinlich und unangenehm. Und sie würden nichts finden.

Er gehorchte. Der Vernehmer nickte einem der jungen Männer zu, und er stellte sich hinter ihm auf.

In diesem Moment wußte er plötzlich instinktiv, daß es sich absolut nicht um eine Leibesvisitation handelte. Doch es war zu spät.

Das unerwartete Geräusch eines Körpers in plötzlicher Anstrengung. Ein blitzartiges Streifen an der Innenseite seines linken Schenkels, und die Schuhspitze stieß voll in seine schlaff herabhängenden Hoden.

Sein Schrei wurde alles. Noch bevor der Schmerz durch einen gewundenen Tunnel aufwärts durch seinen Körper und mitten ins Gehirn raste. Er war messerscharf und dunkel und betäubend und dauerte und dauerte und dauerte, bohrend und schneidend, bis er schließlich langsam nachließ, und er lag auf dem Boden, zusammengekrümmt, der

Mund öffnete und schloß sich über den besudelten Fliesen, das Gesicht und die Brust waren naß von seinem eigenen Erbrochenen, und sein Schreien erstarb zu einem Wimmern. Hände zogen ihn auf die Füße und stießen ihn in die blendende Hitze des Hofes hinaus und auf ein kleines steinernes Gebäude neben der Scheune zu. Seine Beine versagten, seine Füße schleiften über den holprigen Boden. Die Ärztin erschien wieder, ihren weißen Kittel zuknöpfend, und untersuchte ihn kurz und fachgerecht.
Sie schüttelte den Kopf. »Ich glaube, Sie verschwenden Ihre Zeit. Der wird nicht reden.«
»Alle reden.«
Sie lächelte. »Oh, ich sage ja auch nicht, daß er nicht reden *will.* Das habe ich nicht gemeint. Ich meine nur, ich glaube nicht, daß er noch irgend etwas zu sagen hat.« Mit zwei schlanken Fingern hob sie sein Kinn hoch, verzog leicht das Gesicht, angeekelt von seinem Erbrochenen, und suchte seinen Blick. »Können Sie sich an irgend etwas erinnern, das Sie ihnen noch nicht gesagt haben?« Sie war sanft, teilnahmsvoll. »Denken Sie nach.«
Worte formten sich in seinem Verstand, eine Antwort, konnten jedoch seinen Mund nicht erreichen. Sie zuckte die Achseln, zu den anderen gewandt. »Also, ich bin dann bald wieder da. Nicht mehr als eine Minute oder so, anfangs. Ich bin mir nicht sicher wegen seines Herzens.«
Sie ging zurück zum Haus.
Unzusammenhängende Laute brachen schließlich aus ihm hervor. Sein Mund brabbelte Unverständliches. Wieder zogen ihn Hände vorwärts. Als sie ihn in die feuchte Kühle des Steingebäudes stießen, fühlte er eine heiße Flut über seine Beine strömen. Jemand fluchte. Er hatte die Kontrolle über seine Blase verloren.
Sie knipsten ein Licht an. Er sah die befleckten Fliesen und die Schiene an der Decke mit den Fleischerhaken daran, und er versuchte, tief Luft zu holen, um über diese Ungerechtigkeit zu schreien. Er hatte nicht gelogen. Er hatte ihnen alles gesagt. Er hatte nichts mehr auszusagen, nichts mehr zu gestehen. Nicht das geringste.

Washington-Oxford

I

Es war Mitte August, und Washington litt unter einer unerträglichen Hitzewelle. Seit Tagen schon hatte kein einziges Gewitter die drükkende, stickige Atmosphäre geklärt. Nur am frühen Morgen gab es ein wenig Erleichterung. Dann kühlte die schlafende Stadt für kurze Zeit etwas ab und war eine oder zwei Stunden erträglich, bevor sie sich wieder aufheizte.

Aaron Zeismann erwachte um sieben Uhr in der kleinen, zweistöckigen Atelierwohnung, die er mit seiner Frau in einer ruhigen Nebenstraße von Georgetown bewohnte. Ihr Hauptwohnsitz war auf dem Lande, in der Nähe von Oxford, auf der anderen Seite der weiten Bucht, die die weite Mündung des Chesapeake bildete. Doch die Entfernung dahin war zu groß, um täglich hin und her zu fahren, und da Juliet auch berufstätig war, blieben sie normalerweise während der Arbeitstage in der Stadt.

Er spürte die kurze Abkühlung des frühen Morgens auf der nackten Haut und setzte sich auf. Juliet neben ihm schlief noch; sie lag auf dem Rücken, ihr schlanker, langgliedriger Körper war ausgestreckt, ihre weichen, vollen Brüste wirkten flach, ihr schweres, glattes, dunkles Haar breitete sich fächerartig teils über das Kopfkissen, teils über die beinahe vollkommenen, sanften Züge ihres Gesichts.

Draußen rauschte leise ein Baum in den letzten Ausläufern der leichten Brise, die sich bei Sonnenaufgang erhoben hatte. Unten auf der Straße startete jemand seinen Wagen, und Schritte waren zu hören. Ein neuer Tag hatte begonnen.

Aaron erhob sich leise und ging hinunter. Er sammelte die Gläser ein, die am Abend im Wohnzimmer stehengeblieben waren, und nahm sie mit in die Küche. Auf dem Weg durch die Diele fiel sein Blick auf sein Spiegelbild über der Kommode. Immer wieder war er von seinem eigenen Anblick überrascht. Seinem innersten Gefühl nach war er blond und ziemlich kräftig und groß, eine vage Erinnerung an seinen längst verstorbenen Stiefvater, der bei der Luftwaffe gewesen war, doch in Wirklichkeit war er nur mittelgroß, kaum zwei Zentimeter größer als Juliet, und sehnig und semitisch und dunkelhäutig. Sein Haar war alles andere als blond, sondern wie das seiner Mutter: eine dichte, unbändige schwarze Mähne über tiefliegenden dunklen Augen und niedriger Stirn. Eine blasse, gezackte Narbe verlief quer über seine linke Wange und endete bei der mehrfach gebrochenen Nase. Da war noch eine andere, kleinere Narbe, wo ihn einmal eine Glasscherbe am rechten äußeren Augenwinkel geritzt hatte, was manchmal den Eindruck erweckte, als sei er auf einem Auge blind. All das paßte überhaupt nicht zu seiner kultivierten und selbstsicheren, angenehmen Stimme, und auch nicht zu seinem sanften Lächeln, das oft wie mit einem Hauch von Melancholie behaftet war. Er war vierunddreißig, sechs Jahre älter als Juliet. Sie waren seit acht Jahren verheiratet und kinderlos – hauptsächlich, weil er es so wollte. Später würde noch Zeit genug für Kinder bleiben.

In der Küche setzte er den Wasserkessel auf und hatte den Kaffee eben fertig, als Juliet erschien, noch halb benommen vom Schlaf und scheu lächelnd, weil sie sich in der Nacht geliebt hatten und weil jetzt Morgen war und sie sich nun bei Tageslicht in ihrer Nacktheit so schutzlos fühlte wie er selbst, als er sie so sah.

Sie schlang die Arme um ihn und ließ sich küssen, und als er die Schläfrigkeit ihres Gesichts und ihres Halses roch und ihre warme Haut und den sanften Druck ihrer Brüste gegen seinen Oberkörper spürte, wurde er, ohne es eigentlich zu wollen, erregt.

Sie lachte und berührte ihn liebevoll mit ihren schlanken, kühlen Fingern. »Du bist unverbesserlich«, sagte sie. »Und das liebe ich so an dir.« Und dann ernsthafter: »Und *dich* liebe ich auch. Verstehst du? Ich liebe dich.«

Sie betrachtete eingehend sein Gesicht und las in seinen Augen. Es war die Wahrheit. Ihre Liebe zu ihm grenzte fast an Unvernunft. Sie liebte ihn, obwohl es ihr nie so recht gelungen war, ihm ganz nahezukommen, zu seiner innersten Empfindsamkeit durchzudringen, von deren Existenz sie überzeugt war, irgendwo tief und einsam unter seinem oftmals kalten, unnahbaren, ja abweisenden äußeren Gehabe verborgen. Und sie liebte seinen Körper und sein narbiges semitisches Gesicht, das sie immer an einen Baseballspieler denken ließ, der ein Jahr zu lang aktiv gewesen war.

Sie küßte ihn wieder, rasch und fest, und trat dann zurück. »Wir werden zu spät ins Büro kommen, und wir haben einen langen Tag vor uns. Heute abend haben wir Gäste, falls du das vergessen haben solltest. Wird Senator Strachey wirklich kommen?«

»Zumindest hat er nicht abgesagt. Und Helen?«

»Auch nicht. Also werden sie wohl kommen.«

Juliet trank ihren Kaffee, und dann gingen sie wieder hinauf. Sie duschten zusammen, und er rasierte sich, während sie sich anzog und wieder hinunterging, um Esther wegen des Gemüses anzurufen, das sie für den Abend vorbereiten sollte. Esther war ihre Nachbarin in Oxford, eine farbige Bäuerin, die ein Stückchen weiter unten an der Landstraße wohnte und deren Mann Tabak anbaute. Im Herbst half sie Juliet immer beim Einfrieren ihrer Gartenprodukte, und wenn sie gelegentlich bedeutende Gäste zum Dinner erwarteten, sprang sie auch gerne ein. Und sie versorgte Robert Quincy, wenn sie in der Stadt waren. Robert war der junge irische Setter, den Aaron Juliet vor einem Jahr zum Geburtstag geschenkt hatte, und Esther hatte sie davon überzeugt, daß es ihr nichts ausmachte, sich die drei Tage in der Woche um ihn zu kümmern. Das war doch viel besser, meinte sie, als das arme Tier in die Waschküchenatmosphäre Washingtons mitzunehmen.

Als Aaron wieder hinunterkam, hatte Juliet das Telefongespräch erledigt und nochmals frischen Kaffee gemacht und Toast eingelegt. Um acht Uhr nahmen sie ihre Aktentaschen, und Juliet fuhr sich ein letztes Mal mit dem Kamm durch die Haare. Sie trug sie schulterlang, ein dunkler, glatter Rahmen für ihr schönes Gesicht.

»Aaron, kannst du dich so um drei freimachen?«

»Na klar.«

»Ich muß nämlich noch eine Menge einkaufen in der Stadt.«

Sie verließen die Wohnung, und er setzte das Steckschloß für das Wochenende ein. »Du hast doch wohl niemandem erzählt, daß Strachey zu uns kommt?«

»Nein. Du hast doch gesagt, ich darf nicht.«

»Okay.«

»Obwohl du mir noch immer nicht erklärt hast, warum.« Sie lächelte, doch ein ganz leichter Vorwurf war aus ihrer Stimme zu hören.

Aaron antwortete nicht.

»Du bist gemein«, klagte sie. »Es hat was mit Dallas zu tun, stimmt's? Richard Ender kann Strachey nicht leiden.«

»Wenn du meinst.«

»Ja, er mag ihn nicht. Übrigens kannst du Richard Ender sagen, daß deine Frau *ihn* nicht leiden kann.«

»Einverstanden. Ich bin auch nicht gerade verliebt in ihn.«

»Und Dallas kann ich auch nicht leiden.« Plötzlich wirkte Juliet leicht gereizt.

Wieder antwortete Aaron nicht. Sie gingen die weißen Kalksteinstufen der Außentreppe des alten Hauses hinunter zu ihrem Auto.

Richard Ender war Aarons Vorgesetzter. Als die derzeitige Regierung vor zwei Jahren ans Ruder gekommen war, war er zum ersten Assistenten des Stabschefs im Weißen Haus ernannt worden; diese Position hatte ihn zu einem wichtigen Mitglied des neuen inneren Kreises des Ovalen Raumes gemacht. Vor neun Monaten hatte er sich, versehen mit dem inoffiziellen Segen des Präsidenten, in aller Stille zurückgezogen, um dann die Dallas Research Foundation aufzuziehen. Da er jedoch kaum Vorkenntnisse über Europa besaß, stellte Ender bald fest, daß er Hilfe brauchte. Aaron hatte die Aufgabe, für den Nationalen Sicherheitsrat die politische und wirtschaftliche Situation Frankreichs zu untersuchen und auszuwerten. Er galt als Experte in Fragen der Europäischen Gemeinschaft, und niemand Geringerer als der NSC-Chef persönlich, der allmächtige Staatssicherheitsbeauftragte, hatte ihn empfohlen. Das Angebot einer fünfzigprozentigen Gehaltserhöhung hatte Aaron nicht abgelehnt, und da die Dallas auch eine Niederlassung in Paris hatte, war er in den letzten paar Monaten einen ziemlich großen Teil der Zeit in Frankreich gewesen.
»Ich wünschte bei Gott, du wärst in deinem alten Job geblieben«, sagte Juliet.
»Dallas wird ja nicht ewig dauern«, sagte Aaron. »Wir werden die Welt aufklären, und dann werde ich zum NSC zurückkehren und dem Alten seinen Job wegnehmen, und die Zeismanns werden glücklich und in Freuden leben bis an ihr selig' Ende.«
Damit wollte er sie zum Lächeln bringen, und es wirkte auch, allerdings nur teilweise. Abgesehen davon, daß er so viel unterwegs war, schien Aaron derzeit oft vollkommen geistesabwesend, und Juliet konnte einfach nicht zu ihm durchdringen. Vergangenen Montag hatte sie völlig unerwartet und plötzlich aufbegehrt. Sie waren auf dem Weg nach Oxford gewesen, und da war es plötzlich aus ihr hervorgebrochen: »Ich kann dein gottverdammtes Frankreich nicht ausstehen!«
Er war überrascht von ihrer Heftigkeit.
»Ach so?«
»Und ich kann dich nicht ausstehen, wenn du hinfährst. Das ist ein ganz anderes Leben, das du da führst. Es hat überhaupt nichts mit uns zu tun. Du wirst ein vollkommen anderer Mensch.«
»He, nun beruhige dich mal wieder!«
Er hatte die Hand ausgestreckt, um sie zu besänftigen. Sie hatte sich zurückgezogen und beschämt geschwiegen. Das sah ihr absolut nicht ähnlich, sie gehörte ganz einfach nicht zu dieser Sorte Frauen. Doch als sie dann die South Capitol Street überquerten, hatte sie wieder die Fassung verloren.

»Du kannst doch da drüben nicht deine ganze Freizeit allein verbringen.«
»Wo? Wer?« Er hatte den Faden verloren. »Wovon redest du überhaupt?«
»Scheißfrankreich!« sagte sie laut und deutlich und mit Nachdruck, bewußt und absichtlich ordinär, was für sie höchst ungewöhnlich war; er sollte wissen, wie ernst es ihr war und daß sie sich selbst für ihr Benehmen verabscheute, aber einfach nicht anders konnte.
Wachsam geworden, hatte er gefragt: »Worauf willst du denn nun eigentlich hinaus, Juliet?«
»Da sind doch die Abende und die Wochenenden. Endlose Tage. Du hast dieses Jahr schon Monate in Frankreich verbracht.«
Sein Lächeln war langsam verschwunden. »Was, zum Teufel, willst du eigentlich? Versuchst du, mir was anzudichten? Daß ich vielleicht eine Freundin habe?«
»Hast du etwa keine?«
»Nein. Ich habe keine.«
»Ein vitaler Mann wie du? Du willst doch wohl nicht sagen, daß du dir alles für deine kleine amerikanische Frau daheim aufsparst?«
»Halt den Mund.«
»Mir den Mund zu verbieten, ist ja wohl kaum eine Antwort, oder?«
Dann hatte sie geweint und erklärt: »Ich hasse meine gottverdammte Arbeit ja auch. Ich werde einfach kündigen und dich begleiten, wenn du das nächste Mal wegfährst.«
Natürlich würde sie das nicht tun. Sie wollte nur das letzte Wort haben, und das wußte er auch. Bevor er sie noch beim Smithonian Institut, wo sie arbeitete, absetzte, würde sie sich entschuldigen, und beide würden sich gehemmt und bedrückt fühlen.
Verflixte Dallas Research, hatte Aaron gedacht. Wie würde sie erst reagieren, wenn sie die ganze Wahrheit wüßte? Was würde sie von den Qualen schlafloser Nächte und ständiger Angst halten, die ihn während der vergangenen neun Monate nicht losgelassen hatten? Was würde sie wohl sagen, wenn sie wüßte, daß er seit gestern wieder unter Beobachtung stand? Der Mann in dem neuen, blauen Chevrolet, der ein paar Meter von ihrer Haustür in Georgetown parkte. Und das schon seit gestern abend. Und ihr Telefon war auch wieder angezapft.
Ein blondes kleines Mädchen spielte auf dem Gehsteig Himmel und Hölle. Es hörte auf zu hüpfen, um sie vorbeizulassen.
»Ich bin dran«, rief Juliet spontan. Sie sprang zaghaft von Quadrat zu Quadrat und zurück. »Mach's besser«, forderte sie Aaron heraus.
Er nahm an. »Halt das mal«, sagte er zu dem Kind und gab ihm seine

Aktentasche. Er schaffte es hin und zurück, ohne ein einziges Mal danebenzutreten, und streckte Juliet triumphierend die Zunge heraus.

Lachend kamen sie zu ihrem Wagen und fuhren los, und sogar die Anwesenheit des blauen Chevys hinter ihnen regte ihn jetzt nicht mehr so auf. Statt Furcht und Unsicherheit fühlte er nun plötzlich klaren, kalten Zorn. Er wollte gerne anhalten und dann mit Vollgas rückwärts in seinen Verfolger hineinrasen, wer immer das auch sein mochte. Vielleicht würde der Tag kommen, an dem er genau das tun würde.

Vor dem Smithonian lehnte sich Juliet über den Sitz, drehte sein Gesicht zu ihrem und preßte ihre Lippen auf die seinen. Es war die Art Kuß, die eine Frau einem Mann nur gab, wenn sie mit ihm ins Bett wollte.

»Du bist unfair«, seufzte er.

Sie lachte. »Hast du schon mal eine Frau getroffen, die das nicht wäre?«

Sie stieg aus, und er sah ihr nach, wie sie auf langen Beinen über das Straßenpflaster schritt, und wartete noch, bis sich die riesigen Glastüren des Smithonian öffneten, um sie zu verschlingen und sich hinter ihr wieder zu schließen.

Aaron fuhr weiter zum Büro der Dallas Research im Watergate-Komplex, und der Chevy folgte ihm in diskretem Abstand.

2

Am selben Tag um zwölf Uhr fünf Ortszeit landete die Concorde der British Airways mit der Flugnummer BA 579 auf dem Washingtoner Flughafen Dulles International. Um dreizehn Uhr Greenwich-Zeit war die Maschine von London-Heathrow gestartet, vor drei Stunden und dreißig Minuten. Die Temperatur betrug dreiundneunzig Grad Fahrenheit, die Luftfeuchtigkeit neunzig Prozent, die Luftverschmutzung hundertundneunzehn; die Sichtweite vier Meilen und die Windgeschwindigkeit nur zwei Meilen pro Stunde.

Sein britischer Paß wies einen Passagier als Anthony Williams aus, wohnhaft 14 Thurgood Crescent, London SW 7, eine bescheidene, gutbürgerliche Adresse unweit Knightsbridge und Harrods. Sein Alter war mit zweiundsechzig angegeben, als sein Beruf Computeringenieur.

Er war von mittlerer Größe und ein bißchen übergewichtig, sein zerknitterter Anzug war typisch englische Mittelklasse. Sein flaumiges graues Haar über milden grünen Augen, denen nichts zu entgehen schien, und ständig wie erstaunt hochgezogene Brauen verliehen ihm ein gutmütiges, priesterliches Aussehen. Die verfärbten Zeige- und Mittelfinger seiner rechten Hand verrieten den ehemaligen Kettenraucher, ebenso wie ein altes, zerbeultes, silbernes Zigarettenetui. Doch das schien jetzt nur noch harmlose Veilchenpastillen zu enthalten, und an einer davon lutschte er auch nun wieder leidenschaftlich, während ein Zollbeamter sein Gepäck durchsuchte, das aus einem Koffer und einer schweren, wenn auch eher schäbigen Aktentasche bestand. Die Stewardeß im Flugzeug hatte ihn seinem Akzent nach als Midländer eingestuft und ihn nach gründlich abschätzendem Blick durch den blaugetuschten Tarnvorhang ihrer Wimpern als entweder geschlechtslos oder schwul abgetan.

Nachdem er die Zollformalitäten hinter sich gebracht hatte, stieg er in ein Taxi und nannte dem Fahrer die Adresse eines Hotels in der Altstadt. Seinen Koffer ließ er im Kofferraum verstauen, doch die Aktentasche stellte er neben sich auf den Sitz. Sie beinhaltete Farbdias und eine Menge Drucksachen über Computeranwendung in der medizinischen Pathologie, sowohl hinsichtlich Diagnose als auch Datenverarbeitung. Ferner waren ein Programm für eine Reihe von Vorträgen in medizinischen Instituten in Washington, New York und Boston sowie einige Empfehlungsschreiben vom Vorstand des Royal College of Surgeons darin.

Als das Taxi das Flughafengelände verlassen hatte und auf dem Weg nach Washington war, warf er nochmals einen Blick auf die Überschriften der *Washington Post,* die er aus dem Flugzeug mitgenommen hatte. Sie waren voll mit dem üblichen Horror, mit dem zu leben nicht nur die Amerikaner beinahe, wenn auch noch nicht völlig, gelernt hatten. Die Welt, wie der Mensch sie so lange gekannt hatte, war in Auflösung begriffen. Furcht und anarchistisches Chaos lauerten überall und auf jeden.

Er ließ die Zeitung sinken und starrte auf das Grün der Bäume am Straßenrand. Im Leitartikel hatte er soeben eine ernüchternde Warnung gelesen, verfaßt von einem der angesehensten und ehrwürdigsten amerikanischen Journalisten.

»In der aktuellen, sich immer mehr zuspitzenden Krise«, hatte der alte Mann geschrieben, »könnten sich leicht Männer finden, die sich nicht darum kümmern, ob sie das Gesetz auf ihrer Seite haben. Unter dem Vorwand, nur zum Wohle des Vaterlandes zu handeln, aber ohne das Volk und den lästigen Kongreß und seine so fehlbare Exekutive zu konsultieren, könnten sie das Volk eines Tages nachträglich mit einer illegalen subversiven Aktivität konfrontieren und durch Propaganda schmackhaft machen, für die es selbst mit seinen Steuern bezahlen darf. Auf diese Weise sind in Deutschland die Nazis an die Macht gekommen.«

Er fragte sich, ob der alte Mann eine Ahnung hatte, wie nahe er der Wahrheit gekommen war – daß nämlich auf den amerikanischen Giganten, der noch immer unter dem Trauma eines zerrüttenden Krieges und beispiellosen politischen Skandals litt, eine gleiche, wenn nicht noch größere Monstrosität lauerte.

Doch vielleicht war es besser, daß er es nicht ahnte. Erst kürzlich war ein britischer Staatsbürger, ein gewisser George Whitney Babcock, der ein paar unbedeutende Geheimnisse aus dem Bereich des Innenministeriums verkauft hatte, ohne es zu ahnen mit dem Apparat in Konflikt geraten. Er war verhört worden und dann verschwunden. Nur wenige ahnten, was wirklich mit ihm geschehen war – daß er nämlich in einer entlegenen Farm in West-Virginia eines obszönen und sinnlosen Todes gestorben war, völlig unangemessen für einen Amateur, der nur ein bißchen Geld gebraucht hatte, um den über seine Verhältnisse gehenden Lebensstil zu finanzieren.

Der Concorde-Passagier fröstelte trotz der drückenden Hitze. Er befand sich jetzt auf der Erde, in ihrem Land und war so völlig exponiert, wie dieser Babcock es gewesen war, von niemandem gedeckt oder geschützt, nur auf sich selbst angewiesen. Er zwang sich, nicht mehr daran zu denken, schloß die Augen und konzentrierte sich auf die Aufgabe, derentwegen er herübergekommen war.

Schneller als erwartet waren sie vor dem Hotel angekommen. Er erledigte die Anmeldung und bekam ein großes Zimmer mit großartigem Ausblick auf die Mall zwischen Capitol und Lincoln-Denkmal und sogar über den breiten Potomac hinaus, der sich träge an den weißen Flanken des Kennedy-Centers entlangwälzte. Paradoxerweise, so hatte er es immer schon empfunden, war Washington die europäischste Stadt und der Potomac der amerikanischste Fluß in diesem Lande.

Er wusch sich und genoß die kühle, klimatisierte Luft. Das Telefon klingelte. Der Anrufer erklärte, man sei hocherfreut, daß er gut angekommen sei, und er möge doch vorbeikommen, sobald es ihm genehm sei. Scheußliches Wetter. Fürchterlich heiß. Man würde geeisten Tee bereitstellen. Es war die Hauptverwaltung des amerikanischen Pathologenverbandes.

Er legte auf. Der Himmel hatte sich stellenweise merklich verdunkelt. Vielleicht würde es bald ein Gewitter geben. Er klemmte seinen walnußbraunen Schirm unter den Arm, packte seine Aktentasche mit festem Griff und ging hinunter.

Draußen auf der Straße zeigte ein im tiefsten Schatten angebrachtes Thermometer einen Temperaturanstieg um mehr als vier Grad auf siebenundneunzig an. Er stieg in ein wartendes Taxi und nannte die Adresse des Verbandes.
Es war erstickend heiß. Er wollte ein Fenster öffnen, doch der Fahrer war dagegen; die neueinströmende Außenluft würde die Wirkung der Klimaanlage beeinträchtigen. Gehorsam kurbelte er die Scheibe wieder hoch. Sein bügelfreies Hemd unter dem Jackett war bereits triefend naß.
Als sie die K-Street hinunterfuhren, entdeckte er eine Telefonzelle. Er ließ den Fahrer anhalten. Nachdem das Taxi im dichten Verkehr verschwunden war, blickte er sich prüfend um. Es war reine Gewohnheitssache. Er war absolut sicher, daß ihm niemand gefolgt war. Sie hatten sich zu derartigen Technokraten entwickelt, diese Amerikaner, und waren so abhängig von der Elektronik geworden, daß ihnen die schlichte Kunst des Beschattens praktisch abhanden gekommen war.
Die Tür der Telefonzelle schloß sich hinter ihm. Er rief sich eine Nummer ins Gedächtnis, warf eine Münze ein, verwünschte die Winzigkeit des amerikanischen Kleingeldes. Dann wartete er. Es klingelte viermal. Dann meldete sich eine Telefonistin mit berufsmäßiger Freundlichkeit.
»Französische Botschaft, guten Tag.« Und als er nicht sofort antwortete: »Allo . . . l'Ambassade Française.«
Er hatte die Sprechmuschel des Hörers mit einem Papiertaschentuch bedeckt und dann sein Taschentuch darübergebunden; das war ein wirksames Mittel gegen eine etwaige Identifizierung seiner Stimme. Wie praktisch jeder heutzutage, nahm auch die französische Botschaft alle Telefongespräche auf Band auf. Er sprach französisch, sehr langsam und mit scheußlichem Akzent.
»L'Attaché des Affaires Culturelles, s'il vous plait.« Einen Augenblick später war er mit einem Sekretär verbunden. Wieder fragte er nach dem Attaché. Die Antwort kam in reinem Englisch.
»Ich fürchte, er ist noch nicht vom Essen zurück, Sir. Kann ich etwas ausrichten?«
Er fühlte eine gewisse Befriedigung. Er hatte den Zeitpunkt genau richtig gewählt. In Wirklichkeit wollte er überhaupt nicht mit dem Attaché sprechen. Er hatte ihm nichts zu sagen. Auf seinem fürchterlichem Französisch beharrend, sagte er: »Würden Sie ihm bitte sagen, daß Mr. Williams angerufen hat?«
»Williams?«
»Anthony Williams, aus London.« Er buchstabierte den Namen.

»Wollen Sie Ihre Telefonnummer hinterlassen, Mr. Williams?«
»Er weiß schon, wie er mich erreichen kann.«
»In Ordnung, Sir. Ich werde dafür sorgen, daß er Ihre Nachricht erhält, sobald er zurück ist.«
Völlig durchnäßt verließ er die brütende Hitze der Telefonzelle. Die Nachricht, die er hinterlassen hatte, würde nur für eine einzige Person einen Sinn ergeben, nämlich für den Mann, der den Attaché später am Nachmittag ebenfalls von einer Telefonzelle aus anrufen würde, nachdem er hauptpostlagernd eine unverfängliche, mit einem Pseudonym unterzeichnete Postkarte erhalten hatte.
Der Mann würde anfragen, ob sich ein Mr. Anthony Williams gemeldet hatte. Sowohl der französische Botschafter als auch sein Erster Sekretär konnten nicht mehr als zuverlässig angesehen werden, der Attaché hingegen galt weiterhin als sicher. Er würde »ja« sagen, wodurch dem Anrufer eine schon im vorhinein getroffene Verabredung bestätigt würde.
Er winkte ein anderes Taxi heran und gab wieder die Adresse des Pathologenverbandes an.
Der Fahrer verfolgte gerade die Radioübertragung des Baseballspieles zwischen Cincinnati und Boston. Da im Augenblick jedoch niemand am Bat war, hatte er Zeit zu registrieren, daß sein Passagier Engländer war, Veilchenpastillen aus einem Zigarettenetui lutschte und eher der Typ war, der sich zur National Geographic Society und nicht zu irgendeinem Animierbetrieb bringen ließ.
Er hatte in jeder außer der ersten Beziehung recht. Wäre er einer von ganz wenigen gewissen Leuten in hohen Pariser Regierungskreisen gewesen, hätte er gewußt, daß sein Passagier in Wahrheit nicht Engländer, sondern Franzose reinsten Wassers war, ein gebürtiger Bretone, und daß er in Wirklichkeit nicht Anthony Williams, sondern Paul Henri Bejerec hieß. Bejerec wollte tatsächlich den amerikanischen Pathologenverband aufsuchen. Genau wie er auch später eine Reihe von Vorträgen halten würde, denn er war in der Tat Fachmann für die Anwendung von Computern im Bereich der medizinischen Pathologie.
Doch es steckte noch etwas mehr dahinter. Computer waren nur eine umfangreiche Nebenbeschäftigung und wie die Vorträge Bestandteil einer komplexen Deckung für seine wirkliche Tätigkeit. Diese Tätigkeit bestand in geheimer Aufklärung – sprich Spionage – und Spionageabwehr. Paul Henri Bejerec war Direktor der NATO-Abteilung des SDECE, des *Service de Documentation Extérieure et de Contre Espionage,* der französischen Geheimdienst- und Spionageabwehrorganisation, und seine Abreise in die USA war durch das kürzlich erfolgte »ab-

schließende Verhör« des George Babcock, dieses relativ unschuldigen und inkompetenten Amateurs, der von einem seiner eigenen Agenten mit voller Absicht als Köder benutzt worden war, beschleunigt worden.

3

Am nächsten Morgen um elf Uhr spielte Aaron im Congressional Club mit Richard Ender Tennis. Sie spielten regelmäßig jeden Freitag, Ender bestand darauf. Sie verließen das Büro, sobald sie ihre Post erledigt und ihren Sekretärinnen Arbeit zugeteilt hatten.
Ender war groß, sportlich, und trotz seiner achtunddreißig Jahre wurden seine Haare bereits grau, dafür aber hatte er ein faltenloses, jungenhaftes Gesicht. Beim Lesen trug er eine schwere Hornbrille, und neben Tennis begeisterte er sich für Avantgarde-Filme, Backgammon und alpinen Skisport, den er mit seinen drei Kindern ausübte.
Er und Aaron waren gute und harte Tennisspieler. Der erste, der zwei Sätze gewann, zahlte eine Runde, und gewöhnlich zahlte Aaron. Das war es ihm wert. Ender im Tennis zu schlagen, so hatte sich herausgestellt, hielt ihn davon ab, zu autoritär und anspruchsvoll zu werden.
Um elf Uhr dreißig jedoch hatte Aaron den ersten Satz vier zu sechs verloren, und im zweiten stand es fünf beide. Der blaue Chevrolet war ihm unter die Haut gegangen. Er wartete auf dem Parkplatz des Clubs auf ihn.
Er wischte sich den Schweiß von der Stirn und stellte sich auf Enders Service ein. Die Hitze war unerträglich.
»Vierzig-dreißig«, sagte Ender. Sein weißes Tennishemd und seine Shorts waren schweißgetränkt, Schweißtropfen rannen die gebräunten Beine hinunter und in seine hohen, weißen Tennissocken. Um sich zu konzentrieren, ließ er den Ball mehrmals aufspringen. Ein gelbes Schwirren, auf und ab, auf und ab.
Plötzlich mußte Aaron an ein anderes Match denken; eines, das Ender und er auf einem weitaus exklusiveren Court gespielt hatten. Es war im vorigen Sommer gewesen. Er hatte noch nicht für Dallas Research gearbeitet, und der Staatssicherheitsbeauftragte, damals noch sein Vorgesetzter, hatte ihn und Ender zu einer Zusammenkunft mit dem Präsidenten nach Camp David geschickt. Als der Besprechungstermin auf die Mittagszeit verschoben wurde, hatte Ender vorgeschlagen, die Wartezeit mit Tennisspielen totzuschlagen.
Erst vierundzwanzig Stunden vorher war Aaron vom Sicherheitsbe-

auftragten erstmals über den wahren Hintergrund der Dallas Research Foundation und, aufgrund einer noch nie dagewesenen, ultrageheimen Empfehlung von BAC an das Weiße Haus, über die Bipartite Advisory Commission aufgeklärt worden.
Er hatte sich selbst immer für einen abgehärteten Zyniker gehalten. Natürlich hatte er stillschweigend vorausgesetzt, daß das »Bipartite«, das »Gegenseitig« in BAC nichts als leere Propaganda war. BACs Aufsichtsrat setzte sich immerhin ausschließlich aus Spitzenleuten der chemischen und der Schwerindustrie, von Banken und Erdölgesellschaften zusammen. Trotzdem war er nicht auf das gefaßt, was er nun erfuhr. Das Energieproblem und die galoppierende Inflation waren untrennbar miteinander verknüpft, und wenn es dem Präsidenten nicht gelang, beide unter Kontrolle zu bringen, meinte BAC, würde er höchstwahrscheinlich die nächste Wahl verlieren, deren Hauptthemen sie bilden würden. Da es für die BAC aber von lebenswichtiger Bedeutung war, daß er auch weiterhin Präsident blieb, schlugen sie als einzig mögliche Lösung eine sofortige, vom Weißen Haus gesponserte, aber von privater Seite durchzuführende zweigleisige Geheimaktion mit dem Ziel vor, erstens einen möglichst großen Anteil der europäischen Ölreserven unter Kontrolle zu bringen, und zweitens, die dadurch gewonnene Macht zu benutzen, die Europäer zu drastischer Reduzierung ihrer Exporte in die USA und gleichzeitig zu stark vermehrter Abnahme amerikanischer Waren zu zwingen. Der daraus resultierende riesige neue Absatzmarkt würde einen der Inflation entgegenwirkenden Produktionsanstieg in den USA bewirken, und darüber hinaus würde zur Freude der Öffentlichkeit die lähmende Ölknappheit wesentlich gelindert. Frankreich sollte als Versuchskaninchen dienen. Wenn alles klappte, würden Großbritannien, Deutschland und Italien folgen. Und dann Japan. Welcher Art das mit Bestimmtheit sich daraus entwickelnde wirtschaftliche Chaos auch sein würde – die USA wären nach BACs Einschätzung die Nutznießer, und das rechtfertigte das Risiko des Unternehmens.
»Aber die französischen Ölreserven sind doch praktisch restlos verstaatlicht«, hatte Aaron eingewendet.
Der Sicherheitsbeauftragte hatte gelächelt. »Das schon. Doch wie Sie wissen, ist Verstaatlichung immer nur so gut wie die jeweilige Regierung. Unsere Freunde in der gegenwärtigen französischen Regierung garantieren uns zumindest ein Fünftel ihrer Reserven. Und da die Energie ja von Tag zu Tag knapper wird, genügt ein Anteil von zwanzig Prozent durchaus, jede künftige französische Regierung fest in der Hand zu haben.« Er hob die Hand, als er den Protest in Aarons Gesicht las, und lächelte wieder. »Bevor man Verrat schreit, sollte man

die Sache erst mal unter *deren* Blickwinkel betrachten, Aaron. Schließlich ist der Eurokommunismus eine echte Bedrohung geworden. Was würde wohl im Falle eines kommunistischen Wahlsieges aus Frankreich werden? Ohne einen tiefgreifenden Einfluß unsererseits auf ihre Wirtschaft? Ein neues Mitglied des Warschauer Paktes, natürlich. Oder so ähnlich stellen die da drüben sich das jedenfalls vor. Verstehen Sie jetzt?« Er legte Aaron die Hand auf die Schulter und fügte sachlich hinzu: »Die eigentliche Durchführung wird der Dallas Research obliegen, also Ender und Ihnen. Geld spielt keine Rolle. Unsere Mittel sind unbegrenzt. Das Unternehmen läuft übrigens unter dem Decknamen *Trikolore.*«
Mit keinem Wort wurde erwähnt, daß der Kongreß hintergangen werden sollte, noch sprach man von einem beabsichtigten Betrug an einem Bündnispartner, der sowohl durch Tradition als auch vertraglich mit den USA eng verbunden war. Irgendwie war das alles gerechtfertigt. Im Notfall durfte man die Demokratie ruhig verkaufen, um sie zu retten. Aaron dachte, das ist genau die Masche, die wir draußen in der Dritten Welt angewandt haben; aber das hier ist nicht die Dritte Welt, das ist doch Frankreich; und das französische Volk, doch wohl eines der größten Völker aller Zeiten, würde nichts ahnen, bis es zu spät war. Wie heutzutage schon allerorts üblich, wurde es von seiner Regierung verkauft, die unter dem Vorwand der Zweckmäßigkeit insgeheim und hinter verschlossenen Türen tat, was sie wollte, und sich einen Teufel um die Menschen scherte, die sie gewählt hatten. Plötzlich spürte er eine heiße Welle von Wut und das Gefühl zorniger Loyalität für die Franzosen in sich aufsteigen. Und gleichzeitig empfand er schmerzlich seine dumpfe Hilflosigkeit.
Der anschließende Lunch war ereignislos verlaufen, der Präsident hatte sich leutselig gegeben, die Unterhaltung war allgemeiner Art. Weder Dallas noch BAC wurden erwähnt. Aaron wußte, daß er nur hier war, um sich von der stillschweigenden Beteiligung des Präsidenten höchstpersönlich beeindrucken zu lassen. Was ihn jedoch vor allem beschäftigte, war die traurige Erkenntnis, daß seine Versetzung zur Dallas schlicht als beschlossene Tatsache vorausgesetzt wurde. Welche Vorkehrungen sie für den Fall getroffen hatten, daß er »nein« sagte, war nicht auszudenken. Sie hatten ihn da in etwas eingeweiht, das weit über ein schlichtes Staatsgeheimnis hinausging.
Nach dem Lunch, als der Präsident sich zurückgezogen hatte, um mit der First Lady in Washington zu telefonieren, hatte der Sicherheitsbeauftragte Aaron zu einem kleinen Spaziergang über schattige Wiesen mitgenommen, und plötzlich hatte er gesagt: »Es bleibt mir nur noch eines hinzuzufügen, Aaron. Falls jemals irgend etwas darüber durch-

sickern sollte, dann kann es sich unser Land nicht leisten, seine Regierung da hineinverwickelt zu sehen. Haben wir uns verstanden?«
»Jawohl, Sir.«
Dann hatte es am Aspen Lodge einen kleinen Wirbel gegeben, als der Präsident, umgeben von seinen Secret-Service-Beamten, herauskam. Der Sicherheitsbeauftragte hatte die Hand ausgestreckt. »Viel Glück, Aaron. Wir werden Sie natürlich mit Freuden wieder im Nationalen Sicherheitsrat aufnehmen, sobald diese Angelegenheit erledigt ist. Und grüßen Sie Juliet. Sie ist eine wunderbare Frau.«
Fünf Minuten später war der Hubschrauber des Präsidenten auf dem Weg nordwärts nach Gettysburg, wo der Präsident eine Gedenkrede halten würde.
Die Vergangenheit machte der Gegenwart Platz, und statt der sanften Hügel von Catoctin jenseits Camp David tauchte in der Ferne das Washington-Denkmal auf, in der dunstigen, verschmutzten Sommerluft nur schwach erkennbar.
Aaron hörte Ender mahnen: »Wann immer Sie soweit sind.« Es klang ungeduldig.
Es war sein Service. Er legte seine ganze Kraft hinein. Wie ein Wilder. Ender hatte kaum Zeit, seine Position zu verändern; der Ball war zu schnell für seine Reflexe.
»Wunderbar, Aaron«, rief er ehrfürchtig.
»Fünfzehn beide«, murmelte Aaron. Er hob zwei Bälle auf. Er spürte dumpfen Zorn. Du bist erledigt, Ender, dachte er. Du hast dein Fett weg.
Doch plötzlich fiel ihm ein, daß er Ender nicht besiegen durfte. Nicht heute. Heute brauchte er einen glücklichen und selbstzufriedenen Ender. Er war im Begriff, Ender wegen des Chevrolets auf dem Parkplatz den Nachmittag zu verderben, wahrscheinlich sogar sein ganzes Wochenende. Es wäre undiplomatisch gewesen, ihn vorher im Tennis zu besiegen. Er fluchte innerlich. Gottverdammter Ender. Gottverdammt, alles miteinander. Gottverdammte Vereinigte Staaten von Amerika, gottverdammtes Frankreich und gottverdammte Hitze und gottverdammtes Tennis.
Als sie zehn Minuten später den Platz verließen, galt Aarons einzige Befriedigung über das verlorene Match Enders Unwissenheit darüber, daß ihm der Sieg geschenkt worden war.
Sie duschten, dann ließen sie sich wie üblich in der ruhigen Bar des Clubs nieder und bestellten Drinks. Aaron hörte geduldig zu, wie Ender in seinem Triumph schwelgte, und nährte ihn sogar noch. Er wollte ihn in der richtigen Verfassung.
Ender bestellte eine weitere Runde. »Essen wir miteinander?«

Aaron winkte ab und erklärte, daß er bald nach Hause fahren müsse. Er war erleichtert, daß Ender ihn nicht fragte, wen er als Gast zum Dinner erwartete, merkte aber, daß Ender in Gedanken schon bei seinem eigenen Nachmittag und Abend war. Ender lebte nicht mehr mit seiner Frau zusammen. Sie war ihm eine zu kämpferische Aktivistin geworden. Für eine Scheidung war der Zeitpunkt allerdings zu ungünstig, also wahrte Ender den Schein und hielt sich eine Wohnung in der Altstadt, wohin er mitnehmen konnte, wen immer er aus der wahren Legion kluger junger Washingtoner Akademikerinnen beeindrucken konnte.
Aaron erkannte, daß jetzt oder nie der richtige Zeitpunkt war, ihm das alles zu versalzen. »Auf die Gefahr hin, Ihnen den Nachmittag zu verderben«, sagte er vorsichtig, »da ist leider etwas, das ich Ihnen mitteilen muß.«
Ender konzentrierte sich. »Was ist denn?«
»Ich fürchte, es ist wieder dieser Larsen«, sagte Aaron. Er berichtete Ender von dem blauen Chevrolet und wartete ab. Enders Gesicht nahm langsam den gequälten Ausdruck an, den er dieser Tage immer öfter zur Schau trug. Es war vieles geschehen seit der Zusammenkunft in Camp David. Die Ausführung der delikaten Aufgabe, den Besitz gewisser französischer Ölreserven insgeheim in amerikanische Hände zu übertragen, war voll im Gange. Aber da gab es auch Schwierigkeiten. Die Ölgesellschaften, die *Trikolore* finanzierten, hatten sich die Tatsache zunutze gemacht, daß sich der Präsident und der Sicherheitsbeauftragte so diskret im Hintergrund hielten, und hatten Dallas Research einen »Consultant« aufgezwungen. Es war dies der amerikanische Botschafter in Frankreich, Ryan »Banjo« Collins, und der Mann erwies sich als echte Bedrohung für Enders Position. Unter anderem hatte er der Dallas einen sogenannten Direktor für Sicherheitsfragen aufgezwungen: den ehemaligen FBI-Spezialisten für Spionageabwehr, Arnheimer Larsen, den Mann, dem man die Verantwortung für den angeblichen Mord an George Babcock, dem schwarzen Schaf des Innenministeriums, nachsagte.
Schließlich hatte Ender seine Sprache wiedergefunden. »Das soll doch wohl hoffentlich ein Witz sein!« Er war schmerzlich betroffen.
»Ich fürchte, nein.«
»Collins hat mir sein Wort gegeben, daß das aufhört«, protestierte Ender. Verdrossen leerte er sein Glas. »Hören Sie, Aaron, wäre es nicht vielleicht möglich, daß es jemand anders ist? Nicht Larsen?«
Aaron gab nicht nach. »Wer könnte das denn sonst sein? Die Washingtoner Polizei vielleicht, wegen falschen Parkens?« Er goß seinen Drink rasch in einem Zug hinunter. »Tut mir leid, Richard. So kann ich

einfach nicht leben und arbeiten. Und ich dulde nicht, daß Juliet dem ausgesetzt ist. Ich meine es ernst. Der Bursche soll seine unausgegorene Paranoia bezüglich französischer Spione an jemand anderem abreagieren.«

Er wartete. Für einen Moment tat ihm Ender fast leid. Das Spiel war schon zu weit fortgeschritten, um Larsen noch zu feuern. Er hatte zu lange tatenlos zugesehen, und nun war Collins schon zu mächtig geworden. Ob es ihm nun paßte oder nicht, er mußte seine Verabredung absagen und den Nachmittag damit verbringen, telefonisch mit Collins in Paris zu debattieren. Lässig, doch im Grunde verärgert, würde er einen weiteren Prestigeverlust riskieren und seinen Mitarbeiter verteidigen, seine brillanten Leistungen und die vielen Sicherheitstests durch FBI und andere Behörden ins Feld führen. »Wenn ihn die Tatsache, daß er im Ausland geboren ist, zum Spion stempelt«, würde er sich ereifern, »dann können Sie eine ziemlich große Zahl von Leuten in Washington einsperren, darunter auch einen ehemaligen Außenminister.« Dann würde er über Larsen herziehen, Collins an Larsens üble Vergangenheit in Vietnam und Uruguay sowie an seine letzte Aufgabe erinnern, die in der Ausbildung der Geheimpolizei des Schahs von Persien bestanden hatte.

All das würde natürlich zu nichts führen. Collins würde zunächst zustimmen und über die Legende von »de Gaulles Maulwurf« lachen: es würde ja doch wohl kein Mensch ernsthaft glauben können, daß es den Franzosen gelungen sein sollte, den amerikanischen Geheimdienst zu infiltrieren. Dann würde er wahrscheinlich seine historische Lieblingsfigur zitieren, Kardinal Richelieu: Traue keinem Menschen für länger als dreißig Tage, würde er sagen und Ender erklären, daß schließlich ständig und gründlich das gesamte Personal, sie selbst eingeschlossen, unter Überwachung stünde. Die Geschichte der Geheimdienstarbeit wimmelte nur so von Beispielen, daß gerade diejenigen Leute zu Verrätern wurden, von denen man das am wenigsten erwartet hatte.

Falls Ender, wenn er schließlich den Hörer aufgelegt haben würde, noch genug Kraft zum Denken besaß, fiel ihm vielleicht ein, daß das Gespräch auf Band aufgezeichnet war. Falls jemals etwas schiefging, würde er wegen seiner Verweigerung der von Collins berechtigterweise geforderten Routinevorsichtsmaßnahmen persönlich zur Rechenschaft gezogen werden. Dann würde es ihm leid tun. Inzwischen würde Collins aus diplomatischen Erwägungen Larsen für etwa eine Woche zurückziehen, aber in zehn Tagen würde dieser genau wie Aaron in Paris sein. Dort würde Aaron dann gute Chancen haben, sich Larsen selbst vorzuknöpfen.

Plötzlich richtete Ender sich auf. »Sie haben natürlich recht, Aaron, und es tut mir furchtbar leid. Ich werde mich sofort darum kümmern.«
»Danke«, sagte Aaron. Er legte so viel Ernst wie möglich in sein Lächeln. »Das haben Sie wohl so dringend gebraucht wie ein Loch im Kopf, nicht wahr?«
Auch Ender brachte ein Lächeln zustande. »Sie können ja nichts dafür, oder?«
»Kaum. Aber es ist mir trotzdem unangenehm.«
Ender bestellte noch eine Runde. Es war eine ungute Situation, dachte Aaron. Ender würde mehr und mehr einem schleichenden Mißtrauen zum Opfer fallen. »Welchen Grund könnte es für Larsens Beharrlichkeit geben, außer, daß er recht hat.« Er würde das weit von sich weisen, doch der Gedanke würde unbewußt weiternagen, das war das Übel. Larsens Gesicht tauchte kurz vor seinem inneren Auge auf, ein Bild namenlosen Schreckens, ein unbarmherziger Verfolger.
Eine halbe Stunde später verließen sie den Club. Als sie zu ihren Autos gingen, konnte Aaron der Versuchung nicht widerstehen, auf den blauen Chevrolet hinzuweisen.
»Der dort, das ist er«, sagte er zu Ender.
Als er losfuhr, blickte er zurück. Ender starrte noch immer den Chevrolet an, und sein Gesichtsausdruck war gleichzeitig ungläubig und voller Zorn.
»Du solltest der Bruderschaft beitreten«, dachte Aaron.

4

Im Gemüsegarten neben ihrem Farmhaus draußen an der Ostküste von Maryland erhob sich Esther Harris langsam vom Karottenbeet, wo sie Unkraut gejätet hatte. Sie war eine große, schwere Frau in mittleren Jahren, und Unkrautjäten bedeutete Schwerstarbeit für sie. Früher hatten die Kinder das erledigt, aber jetzt waren sie zu Teenagern herangewachsen, trieben sich irgendwo herum und waren sich zu schade für eine so minderwertige Arbeit wie die für das tägliche Brot der Familie.
Robert Quincy war wieder einmal verschwunden. Zweimal war er heute schon zum Haus der Zeismanns unten an der Bucht gelaufen, einmal vor und einmal nach dem Lunch, und zweimal hatte sie ihn zurückholen müssen. Er war hinter einem Kaninchen hergewesen und wollte ihr nicht gehorchen, also hatte sie ihm nach dem zweiten Mal

sein Kettenhalsband und die Leine angelegt. Die Leine hatte sie um eine Tomatenstaude in ihrem Garten geschlungen, damit sie nicht dauernd aufpassen mußte. Nun lag die Staude umgerissen auf dem Boden.
»Robert?«
Als einziger Laut war das entfernte Tuckern des Traktors ihres Mannes weit draußen auf ihrem ausgedehnten Tabakfeld zu hören.
Esther beschattete mit der Hand die Augen. Ihr Blick suchte die in der Hitze flimmernde Umgebung ab. Wieder rief sie.
»Robert Quincy?«
Sie pfiff.
»Blöder Hund.« Doch sie liebte ihn fast so sehr wie Juliet, und sie lachte. Schließlich war er ja erst ein Jahr alt und eigentlich fast wie eines ihrer Kinder. Hinter allem und nichts her und immer nur für kurze Zeit an etwas interessiert.
Sie seufzte, wischte die Hände an der Schürze ab, verließ den Garten und ging den staubigen Feldweg hinunter.
Es war nur ein paar hundert Meter. Gleich hinter dem großen Tabakfeld ihres Mannes konnte Esther schon den roten Ziegelschornstein zwischen den Akazien und den Platanen auftauchen sehen, die die Grenze zwischen den beiden Grundstücken bildeten. Dann sah sie die weiße Holzverschalung und die verblichenen, blauen Fensterläden des alten, im Kolonialstil erbauten Hauses und die kleine angebaute Scheune, die als Garage und zur Unterbringung von Gästen diente.
Sie kam zu dem gepflasterten Weg, der zwischen süßlich riechenden Buchsbaumbüschen zur Haustür führte.
»Robert? Robert Quincy? Komm sofort her!«
Kein Laut war zu hören. Es herrschte Totenstille, und Esther kam das sonderbar vor. Kein Vogel zwitscherte, kein Eichhörnchen raschelte.
Sie ging den Weg hinunter und über den Rasen.
»Robert?«
Sie rief und pfiff. Stille. Sie ging hinunter zum Bootssteg am steinigen Strand. Fünfzig Meter vom Ufer entfernt, auf der spiegelglatten Oberfläche der weiten Bucht, schien Aaron Zeismanns schlanke Sechsmeter-Jacht fehl am Platz, wie sie mit schlaff durchhängendem Tau bewegungslos im Wasser lag, das Spiegelbild des weißen Rumpfes auch nicht vom leichtesten Kräuseln der Wasseroberfläche getrübt. Es war nicht der geringste Lufthauch zu spüren.
Esther rief noch einmal, dann gab sie auf und kam zurück. Als sie den Rasen schon halbwegs überquert hatte, fiel ihr plötzlich ein, daß der Hund vielleicht irgendwie in die Scheune geraten sein könnte. Früher hatten da ein paar Schwalben im Dachstuhl genistet, doch obwohl sie

längst wieder fort waren, saß Robert Quincy manchmal stundenlang da und schaute zu den Nestern außerhalb seiner Reichweite hinauf.

Sie betrat die Scheune durch den Seiteneingang beim Haus und blieb abrupt stehen. Das Haupttor zur Straße hin stand halb offen. Da stimmte etwas nicht. Es war vorhin noch geschlossen gewesen.

»Robert?«

Das durch das Tor einfallende, blendende Licht tauchte den Rest der Scheune in Zwielicht und ließ sie alles nur undeutlich wahrnehmen. Esther spürte eine unbestimmte Angst in der Kehle aufsteigen.

»Robert Quincy?«

Stille.

Und dann sah sie ihn. Sein rotbrauner Körper, dünn und langgestreckt durch sein eigenes Gewicht, hing an Halsband und Leine von einem Dachbalken herab, wo jemand die Griffschlinge über den Schaft eines großen Bolzens geschlungen hatte.

Ein Schrei stieg aus Esthers Kehle auf, drang heiser hervor.

»Oh, mein Gott.«

Sie rannte und stieß die Torflügel weit auf, und das heiße, hochsommerliche Licht strömte voll herein und ließ das rote Fell aufleuchten. Sie reckte sich, um das tote Tier zu berühren, doch dann konnte sie sich nicht dazu überwinden. Die fast schwarze Zunge hing weit aus dem schlaffen, verzogenen Maul, das beide Reihen der scharfen weißen Zähne sehen ließ. Die braunen Augen waren grotesk verdreht und fast aus den Höhlen getreten. Unter dem Tier breitete sich eine Pfütze von Kot und Urin aus, und Fliegen machten sich darüber her, sobald das heiße Licht von draußen darauf fiel. Noch vor einer halben Stunde hatte sie den Hund scherzend mit einem Klumpen Erde beworfen und gelacht, als er daran herumnagte.

Wer hatte das getan? Und wann? Hatte sie nicht vor einer Weile ein Motorgeräusch gehört? Wo waren sie jetzt?

Sie ging hinaus. Die Straße Richtung Oxford machte erst nach etwa zwei Meilen eine scharfe Kurve. Es war kein Auto in Sicht. Oder waren sie vielleicht noch hier, in unmittelbarer Nähe? Sie hörte ihr eigenes Herz pochen, und vor plötzlichem Entsetzen war sie einen Moment unfähig, sich zu bewegen. Dann zwang sie ihre Füße in Richtung ihres Hauses, immer schneller, und schließlich rannte sie und blickte immer wieder über die Schulter zurück. Ihr Mann würde den Hund herunternehmen müssen. Man konnte ihn nicht so da hängen lassen, so daß Juliet ihn nach ihrer Rückkehr heute nachmittag finden würde. Und noch dazu gab sie ja heute abend eine Party. Für äußerst wichtige Leute. Aaron würde schon wissen, was zu tun war. Sicherlich würde man die Polizei einschalten müssen.

In der Kühle ihrer Küche suchte Esther Harris die Telefonnummer von Aarons Büro heraus und wählte, und als sich die Vermittlung meldete, verlangte sie entschlossen, mit ihm persönlich zu sprechen.

»Sagen Sie ihm, ich bin seine Nachbarin Esther Harris, und ich muß ihn unbedingt sofort sprechen, ganz egal, was er gerade tut.«

Und sie wartete. Wer konnte den Zeismanns so etwas antun? Und warum? Was konnte wohl einer der beiden jemals getan haben, daß jemand einen solchen Haß auf sie entwickeln konnte? Und wenn sie mit einem hilflosen Hund wie Robert Quincy anfingen, wo, in Gottes Namen, sollte das enden? In welcher abgrundtiefen Finsternis, in welchem schrecklichen Verderben?

Als sie endlich mit Aaron verbunden war, überkamen Esther die Tränen. Sie konnte kaum sprechen.

5

Paul Henry Bejerec ließ sich von dem Taxifahrer vor irgendeinem Haus in der neunzehnten Straße auf dem Capitol Hill absetzen. Nach alter Gewohnheit wartete er, bis es außer Sicht war, und studierte dann mit geschultem Blick die ruhige Villenstraße. Sie wirkte ländlich-friedlich, die dichten, gestutzten Bäume warfen kühlende Schatten auf die Gehsteige. Zwei Hausfrauen in durchschwitzten Sommerkleidern unterhielten sich an der Ecke über ihre Einkaufswagen hinweg. In der Nähe begoß eine alte Frau ihre Blumenkästen; sie war noch im Morgenrock und sprach mit kultivierter Stimme auf ihren Mann ein, der den gepflasterten Weg zu seiner Haustür jätete.

Sonst war niemand zu sehen.

Bejerec klemmte ein Buch unter den linken Arm und machte sich langsam auf den Weg zur Bibliothek in einem Nebengebäude des Kongreßgebäudes ein paar Straßen weiter, direkt hinter dem riesigen Kuppelbau der Zentralbibliothek, neoklassistisch und häßlich, ein häuserblockgroßes, sechsgeschossiges Steingehäuse voller enger Büros rings um einen massiven Kern von Lesesälen und Archiven.

Er fuhr mit dem Lift in das fünfte Stockwerk. Dort genoß er die wohltuende Wirkung der gut eingestellten Klimaanlage, während er durch die gewölbte Marmorhalle in den hohen Lesesaal der Wissenschaftlichen Abteilung ging, wo die von grünbeschirmten Messinglampen beschienenen Köpfe der Lesenden sich über ihre Bücher auf den langen, polierten Eichentischen neigten.

Er durchquerte den Raum, um ihn auf der anderen Seite unauffällig wieder zu verlassen. Er gelangte in einen langen Korridor, von dem viele Türen zu Büros führten, in denen die verwaltungstechnischen Belange der ausländischen Sammlungen der Bibliothek wahrgenommen wurden. Am Ende des Ganges angekommen, blickte er sich zum ersten Mal um. Der Korridor war leer. Er stieg eine enge Feuertreppe bis zum nächsten Absatz hinab und stieß eine schwere Stahltüre mit der deutlichen Aufschrift »Eintritt verboten« auf. Dröhnend fiel sie hinter ihm ins Schloß, und er befand sich in einem weitläufigen, nur schwach beleuchteten Saal, dessen endlosen, dichtstehenden Regale vom Boden bis zur niedrigen Decke mit Büchern vollgestopft waren. Er war in einem der Hauptarchive.

Auf seinem Weg durch einen schulterbreiten Durchgang zählte Bejerec sorgsam zehn Reihen ab und wartete dann. Die Stille und die schummrige Beleuchtung erinnerten ihn an ein Mausoleum. Die Luft war erfüllt von dem spezifischen muffigen Geruch wenig benutzter Bücher. Es war so still, daß er das Ticken seiner Armbanduhr und seinen eigenen Herzschlag hören konnte, der ihm ungewöhnlich laut vorkam. Es war zwei Uhr. Er war pünktlich.

Im gleichen Moment war das gedämpfte Geräusch des Öffnens und Schließens einer Tür zu hören, dann das leichte Schlurfen von Mokassins, das immer vernehmbarer wurde, bis eine junge Schwarze erschien. Ihr krauses Haar war sehr kurz gestutzt und betonte ihre edle Schädelform; ihre Hände waren schmalgliedrig, und ihr schlanker Körper steckte in engen Jeans und einem weißen T-Shirt. Doch der Blick ihrer dunklen Augen war undurchdringlich, und sie lächelte nicht. Menschen, die erpreßt werden, lächeln selten, und sie war eine illegale Einwanderin aus dem französischsprachigen Martinique in der Karibischen See. Das war es, womit der Mann, mit dem er sich hier treffen wollte, sie in der Hand hatte, und das ihr lebenswichtiges Schweigen garantierte.

Als Erkennungszeichen hielt er ihr sein Buch hin, ein Exemplar von Camus' »Die Pest«. Er hatte es bei seinem vorigen Besuch in Washington ausgeliehen. »Würden Sie bitte dafür sorgen, daß das zurückgegeben wird«, sagte er.

Sie nahm das Buch entgegen, warf einen Blick hinein und sah ihn dann zustimmend an. Noch immer wortlos drehte sie sich um und führte ihn auf einem anderen Weg aus den Regalreihen hinaus. Sie stiegen eine andere Treppe hinauf und gingen einen weiteren Korridor entlang. Schließlich kamen sie zu einer Tür mit der Aufschrift »Moderne französische Literatur«. Sie klopfte und öffnete dann die Tür für ihn. Er betrat ein kleines, vollgeräumtes Zimmer mit schräger

Decke über niedrigen Fenstern, die einen Ausblick auf eine baumbestandene Straße tief unten boten. Ein Schreibtisch war mit unordentlichen Manuskripten überhäuft, und an den farblosen Wänden hingen zerfledderte Plakate mit französischen Landschaftsbildern.
Aaron Zeismann erhob sich lächelnd aus einem Ledersessel. Die Sekretärin schloß schweigend die Tür, und sie waren allein.

6

»*Alors?*«
»*Comment vas tu, chef?*«
»*Pas mal. Malgré le temps qu'il fait.* Wie war's beim Tennis?«
»Ich habe doch gar nicht gesagt, daß ich gespielt habe.«
»Hast du aber. Freitag morgens spielst du mit Ender Tennis. Immer. Hast du ihn geschlagen?«
»Er ist vom Gegenteil überzeugt.« Aaron setzte sich auf die Schreibtischkante.
Bejerec lächelte und sagte: »Ich traue Richard Ender nicht über den Weg. Der ist fähig, immer genau das zu tun, was man am wenigsten von ihm erwartet. Aus purer Eitelkeit. Er ist schrecklich von sich eingenommen.« Dann fügte er hinzu: »Während du mit ihm gespielt hast, habe ich deine Frau besucht.« Er nahm keine Notiz von Aarons Überraschung. »Sie hat sich zu einer äußerst hübschen und reizvollen jungen Frau gemausert, mein Junge. Tatsächlich. Ich habe sehr bedauert, daß ich mich ihr nicht ordentlich vorstellen konnte.«
»Wo war denn das?« fragte Aaron. Er war sofort auf der Hut. Bisher hatte Bejerec nur ein einziges Mal Interesse für Juliet gezeigt, und zwar damals, als entschieden wurde, daß Aaron eine Frau mit gutem gesellschaftlichem Hintergrund brauchen würde. Das war vor elf Jahren gewesen, als er gerade in Harvard seinen Doktor machte. Bejerec hatte sie ihm gezeigt und gesagt: »Diese da.« Sie war noch nicht ganz erwachsen gewesen, eine Studentin im ersten Jahr am Middlebury College in Vermont, die jüngste Tochter eines allseits geschätzten Bundesrichters. Sie war ausgelassen und gleichzeitig schüchtern und sich ihrer Fraulichkeit noch nicht recht bewußt, doch erfüllt von der fröhlichen Naivität amerikanischer Jugend. Ihre Familie zu überreden hatte länger gedauert, als sie selbst zu gewinnen. Für sechs Generationen Mayflower-Nachkommenschaft war es schwer, einen elternlosen jüdischen Emporkömmling aus Kalifornien und mit UCLA-Bildung als Schwiegersohn zu akzeptieren.

»Ich bin zum Smithonian gegangen«, erklärte Bejerec, »und habe in weiser Voraussicht nach der Sammlung frühen amerikanischen Kochgeschirrs gefragt. *Et voilà,* wie durch Zauber erschien *la belle* Juliet und wirkte sehr kompetent. Und da konnte ich endlich selbst sehen, warum ihr in der Washingtoner Gesellschaft ein so beliebtes Paar abgebt. Nun sag mir mal ganz ehrlich«, er hielt Daumen und Zeigefinger hoch, »hast du dich nie auch nur so ein kleines bißchen in sie verliebt?«

Aaron wich der Antwort aus. Wenn er Bejerec fragen würde, warum er zu Juliet gegangen war, würde er auch keine Antwort bekommen, das wußte er. Die Art, wie er sich einen hochlehnigen Stuhl heranzog und sich rittlings darauf setzte, verriet seinen Ärger. »Also hör mal«, sagte er, »du bist ja wohl nicht den ganzen Weg hierhergekommen, bloß um über meine Frau zu reden. Schon gar nicht bei dem Risiko, das du damit eingehst, und wenn ich sowieso in zehn Tagen nach Frankreich komme.«

»Nein, du hast recht«, gab Bejerec ehrlich zu.

»Wahrscheinlich hat es was mit George Babcock zu tun?«

»Ja, zum Teil.«

Aaron bewegte unbehaglich die Schultern. Er wollte nicht an Babcock denken. Eine Woche nach dessen Verschwinden hatte er einen anonymen Brief mit Fotos erhalten. Sie zeigten Babcock in allen Einzelheiten – davor, während und danach. Sonst nichts. Larsens Terrormethode. Er hatte die Fotos in den Papierkorb seines Arbeitszimmers geworfen und sich an dem Abend sinnlos betrunken.

Und dann, vor einer halben Stunde, als er gerade sein Büro verlassen wollte, kam Esthers Anruf wegen Robert Quincy. Er hatte den Schock noch immer nicht ganz überwunden, und bei dem Gedanken an Juliet krampfte sich ihm das Herz zusammen. Sie durfte es nicht erfahren. Jedenfalls nicht heute. Er war mit Esther übereingekommen, ihr morgen zu sagen, daß Robert Quincy überfahren worden war. Esthers Mann würde bis dahin den toten Hund im Rosenbeet neben der Scheune begraben.

Er schaute durch eines der Fenster hinunter. Die Straße unten war leer. Die halbe Einwohnerschaft Washingtons hatte die Stadt schon verlassen, um im Grünen draußen Kühle und Erholung zu finden. Normale Leuten, die ein alltägliches, normales Leben führten.

Vor einiger Zeit hatten er und Bejerec die Möglichkeit erwogen, Larsen auszuschalten. Und hatten sich dagegen entschieden. Da gab es vor allem das nicht zu unterschätzende Risiko, daß Larsen vorsorgliche Maßnahmen gegen genau diese Möglichkeit getroffen hatte, daß er falsche Zeugenaussagen oder künstlich fabrizierte, aber unanfecht-

bare Beweismittel zurücklassen würde. Und einer Stimme aus dem Grabe wurde ungleich viel mehr Bedeutung beigemessen als der eines Lebenden. Das Risiko war zu groß.
»Was soll man da noch sagen«, fragte er Bejerec. »Es hat nicht funktioniert. Larsen hat den armen Teufel wahrscheinlich von Anfang an als Köder durchschaut. Ein ausgesprochen glänzender Einfall ist das gewesen!« fügte er bitter hinzu.
»Du darfst dir deswegen keine Vorwürfe machen«, sagte Bejerec. »Die Idee war ja im Grunde nicht schlecht.«
Aaron zuckte die Achseln und berichtete ihm von dem blauen Chevrolet und von Robert Quincy.
Bejerecs sonst so ausdruckslose Augen verrieten tiefe Beunruhigung. »Dieser Mann muß verrückt sein«, sagte er schließlich. »Krank. Aber er ist mehr als das, und das ist noch viel gefährlicher. Der Mann ist fanatisch, besessen. Der braucht nicht die geringste Andeutung eines Beweises, keinen Anhaltspunkt, keinen Grund und Anlaß – der *riecht* dich, verfolgt dich, jagt dich bis zum bitteren Ende, der hetzt dich zu Tode. Wieder und wieder wird er seinen Psychoterror anwenden – siehe Babcock und Robert Quincy –, und er wird die Hoffnung nicht aufgeben, daß du eines Tages mürbe wirst und einen Fehler begehst. Das gefällt mir nicht, Aaron Zeismann. Das gefällt mir ganz und gar nicht.«
Er zog sein altes silbernes Zigarettenetui aus der Tasche und bot ihm eine Veilchenpastille an. Dann sagte er plötzlich und übergangslos: »Ich will dir sagen, warum ich herübergekommen bin.« Er wartete, bis er Aarons volle Aufmerksamkeit spürte. Dann fuhr er fort. »Ich will die ganze Sache abblasen. Charles de Gaulles legendärer Maulwurf hat ausgedient. De Gaulle ist schon lange genug tot. Zum Teufel mit seinem Maulwurf. Ich will, daß du aufhörst.«
Das traf Aaron völlig unvorbereitet. Er sah sich selbst da sitzen und das Bild einer französischen Kanallandschaft betrachten, das mit Reißnägeln an der Wand neben der Tür befestigt war. Kühe mit prallen Eutern grasten auf einer saftigen Wiese unter hohen lombardischen Pappeln am Ufer des Kanals, dessen dunkle, stille Oberfläche ihre schlanken, grünen Ebenbilder widerspiegelte. Frankreich war seine Jugend gewesen, und das war eine Ewigkeit her.
»Ich weiß, ich weiß«, sagte Bejerec. »Gerade jetzt, wo sich deine Arbeit, dein Hiersein endlich auszahlen könnte, sogar über alle Erwartungen hinaus, jenseits deiner kühnsten Träume. Nachdem wir zwanzig Jahre Zeit, Geld und Arbeit investiert haben.« Er lächelte. »Und schlaflose Nächte. Wozu war sie letztlich gut, diese ganze großartige Arbeit, die du geleistet hast? Aber wir müssen den Tatsachen ins Auge

sehen, Aaron. Der Wahrheit. Und die Wahrheit ist, daß wir es falsch gemacht haben. Wir waren vom ersten Tage an machtlos, unfähig, sie aufzuhalten. Vom ersten Tage an war es bereits zu spät für uns, den Mund aufzumachen, ohne uns bloßzustellen und für immer mundtot gemacht zu werden, ohne daß das irgendwem genützt hätte. Ich kann dazu nur sagen, daß das, was sich heutzutage in Frankreich lächerlicherweise Regierung nennt, allem Anschein nach unbedingt der einundfünfzigste der Vereinigten Staaten von Amerika werden will. Und diejenigen, die sich darüber empören und dagegen wehren sollten, wie die Sozialisten beispielsweise, die kümmert es nicht mehr – weil sie sich für eine Zukunft auf dem Ruhekissen ihrer Schweizer Bankkonten entschieden haben. So sei es also.«
Für einen kurzen Moment dachte Aaron, Jesus Christus, jetzt haben sie ihn auch gekauft. Bejerec. Dann wies er den Gedanken von sich. Das war unmöglich. Bejerec war nur zutiefst enttäuscht, seiner Illusionen, seiner Ideale beraubt. Alles, wofür er ein Menschenalter lang gelebt und gearbeitet hatte, löste sich in Nichts auf. Abrupt fragte er: »Und wohin soll ich deiner Meinung nach gehen?«
»Gehen?«
»Wenn ich aufhöre.«
»Aber nirgendwohin sollst du gehen«, protestierte Bejerec. »Du bleibst hier, in Washington, in Oxford. Das ist ja das Schöne daran. Du bleibst bei Dallas, bis alles vorbei ist. Dann kehrst du wieder zurück in den Nationalen Sicherheitsrat. Kannst du dir vielleicht eine bessere Absicherung vorstellen, als völlig unschuldig und unbelastet dazustehen? Wenn du jede Verbindung mit mir abgebrochen hast, dann hängen sie doch alle völlig in der Luft – die amerikanische Spionageabwehr oder Larsen oder sonstwer. Stimmt's?« Seine Augen lächelten.
Aaron starrte vor sich hin. Vor einem Jahr hätte er mit Freuden die Chance ergriffen, die ihm Bejerec jetzt bot. Noch vor zwei Wochen wäre sie ihm willkommen gewesen. Heute war es zu spät. In seiner Verzweiflung nach Babcocks Tod war ihm ein letzter Ausweg eingefallen. Und er hatte bereits, ohne Bejerec zu Rate zu ziehen, dahingehende Schritte unternommen, in der Hoffnung, nichts darüber preisgeben zu müssen, bevor er nicht positive Resultate vorweisen konnte. Nun mußte er offenbar mit der Sprache herausrücken.
»Ich fürchte, dazu ist es zu spät«, sagte er zu Bejerec.
Bejerec war völlig verblüfft. »Wieso zu spät? Was ist denn passiert?«
»Julian Strachey«, sagte Aaron.
»Senator Strachey?«

»Ja.«
»Ah ja. Sein Vater war doch der Gewerkschaftsführer der Bergarbeiter, stimmt's? Der sich den Demonstranten vor einer bestreikten Kohlenmine in Ohio anschloß und von der Werkspolizei erschossen wurde?«
»Richtig«, sagte Aaron.
»Also was ist mit ihm?« fragte Bejerec. Sein Ton verriet Besorgnis.
»Bis jetzt«, erklärte Aaron, »haben wir immer nur an eine Intervention durch die französische Regierung gedacht. Ich habe versucht, Alternativen zu finden. Strachey will nächstes Jahr Präsidentschaftskandidat seiner Partei werden. Unbedingt. Aber seine Chancen in den Vorwahlen stehen bisher nicht allzu gut. Die Leute fangen an ihm vorzuwerfen, daß er nur vom Ruf seines Vaters zehrt. Er braucht einen Wahlschlager. Schnellstens. Eine ganz große Sache. Und da fiel mir plötzlich ein, daß wir sie ihm liefern können.«
Er wußte, daß Bejerec sofort verstehen würde, was das war. Die Preisgabe von *Trikolore* an Strachey als gewöhnlichen Senator konnte sich als gefährliche Sackgasse erweisen. Doch Strachey war kein gewöhnlicher Senator. Er war der Vorsitzende des mächtigen Senatsunterausschusses zur Untersuchung von Amtsmißbrauch im internationalen Bankgeschäft und führte seit dem Tode seines Vaters einen aufopfernden Kreuzzug gegen das »Big Business«. Bejerec wußte das. Und er wußte auch, daß – hauptsächlich auf Grund von Banjo Collins Einfluß – bei der komplizierten Finanz- und Fusionspolitik des *Unternehmens Trikolore* die International Investment and Credit Corporation insgeheim eine Hauptrolle spielte, ein Handelsbank-Riese mit dem Hauptsitz in Brüssel, der inoffiziell fünf amerikanischen Banken gehörte, die wiederum die bedeutendsten amerikanischen Ölgesellschaften als Kunden hatten.
»Strachey haßt die IIC«, fügte Aaron hinzu. »Seit eh und je. Gib ihm den Beweis, daß die bei so einer Sache die Hand im Spiel haben, und er wird rücksichtslos über sie herfallen. Und dabei muß einfach etwas herauskommen.«
»Aber natürlich«, murmelte Bejerec. »Darauf wäre ich nie gekommen.« Dann schwieg er.
Aaron wartete. Er dachte, jetzt habe ich ihm den Boden unter den Füßen weggezogen, und sicher ist er in seinem Stolz gekränkt; aber darauf kann jetzt keine Rücksicht genommen werden.
Schließlich sagte Bejerec: »Wie ich dich kenne, hast du bereits mit Strachey gesprochen. Wieviel hast du ihm erzählt?«
»Genug«, antwortete Aaron. »Gerade so viel, daß er mehr hören möchte. Er kommt heute abend zu uns zum Dinner.«

Bejerecs Augenbrauen hoben sich. »Wahrscheinlich kennt er dich nur im Zusammenhang mit der Dallas Research und dem Nationalen Sicherheitsrat, nehme ich an.«
»Selbstverständlich. Juliet ist übrigens mit der jüngeren Schwester seiner Frau zur Schule gegangen. Wir sind uns ganz zufällig hier und da in Washington begegnet. Außerdem segelt er auch gern.«
Nachdenklich öffnete Bejerec wieder sein altes Zigarettenetui und bemerkte mit Bedauern, daß keine Veilchenpastillen mehr vorhanden waren. Als er wieder sprach, klang seine Stimme ruhig. »Ja, du hast recht. Es könnte sehr peinlich werden, wenn du jetzt aussteigst. Höchst interessant, daß du auf diesen Mann gekommen bist. Das läßt tief blicken. Man könnte fast annehmen, daß du da ein tiefes persönliches Interesse entwickelt hast, das über das berufliche weit hinausgeht. Oder sollte ich lieber Engagement sagen?«
Aaron lächelte, und Bejerec fuhr fort. »Du hast dich verändert, weißt du das? Du bist nicht mehr derselbe Mensch, den ich vor Jahren im Hafen von Le Havre aufgelesen habe. In jenen Tagen hast du dich um nichts gesorgt als um deine eigene Haut. Heute ist das anders geworden. Das liegt daran, daß du nicht mehr *vorgibst,* Amerikaner zu sein. Du *bist* Amerikaner. Ich habe das schon lange kommen sehen.«
»So war das ja wohl auch geplant, oder?« fragte Aaron.
»Ja. Es war so geplant.«
»Du hast mich von einem deiner Computer auswählen lassen«, sagte Aaron, »und meine Zukunft bestimmt. Du hast nur einen Fehler gemacht. Computer können alles genau vorausberechnen, außer Menschen. Der Mensch ist unberechenbar.«
Bejerec stimmte zu. »Und bei dir zum Beispiel stellt sich völlig unvorhergesehenerweise heraus, daß du das Land, gegen das du eigentlich spionieren solltest, jetzt vor ihm selbst verteidigst.« Er lachte. »Es ist tatsächlich so. Und vielleicht hast du sogar recht. In gewisser Weise hat ein Mörder mehr zu verlieren als sein Opfer. Es fehlt nicht mehr viel, und dein neues Heimatland wird bald nicht mehr die großartige Demokratie seiner Gründer sein. Es wird ein zweites Hitler-Deutschland werden.« Er beruhigte sich etwas. »Also gut, Aaron Zeismann. Ich bin angemessen beeindruckt. Ich bin sogar froh darüber. Du bist sowieso niemals ein ganz waschechter Franzose gewesen. Aber ich stelle eine Bedingung.«
»Ja?«
»Der französische Geheimdienst wird dich in jeder Weise unterstützen und decken. Doch falls das mit deinem Senator nicht klappen sollte«, sagte Bejerec, »dann gibst du auf.«
Für einen kurzen, unbewachten Moment sah Aaron in Bejerecs Augen

einen Ausdruck, den er noch nie zuvor gesehen hatte. Für einen Augenblick waren die Empfindungen des anderen völlig unverhüllt.
Da überfiel ihn wieder die Erinnerung an Le Havre, stark und bildhaft, wie so oft: die Kälte, die windgepeitschten Docks, Schnee auf den vor Anker liegenden Schiffen; die verräucherte kleine Brasserie voller Matrosen und Hafenarbeiter; die beiden Flics, die hereinkamen, um ihn festzunehmen und Bejerec vorzuführen. Sein erster Kontakt mit Bejerec. Als sei es erst Minuten her, sah er wieder das hellerleuchtete Wachzimmer des Polizeireviers am Hafen vor sich; die nackten Wände, die Aktenschränke, den nüchternen Schreibtisch. Und den unnahbaren Fremden, der unerwarteterweise ein kultiviertes Englisch sprach und der in ihm etwas entdeckt hatte, das er formen und gebrauchen konnte.
»Dein Stiefvater war Amerikaner? Du bist in einem amerikanischen Luftwaffenstützpunkt aufgewachsen?«
»Warum fragen Sie? Sie wissen doch sowieso schon alles, oder?« hatte er trotzig geantwortet.
»Soviel ich weiß, sprichst du fließend Englisch. Oder sollte ich lieber sagen, Amerikanisch?«
Ein Achselzucken.
»Und soviel ich weiß, bist du eine Art Chamäleon. Einmal spielst du einen Hafenarbeiter, am nächsten Tag einen blöden Touristen, dann wieder einen Studenten aus Paris. Auf diese Weise sammelst du wohl deine Informationen?«
Wieder ein Achselzucken.
Weitere Fragen. Bevor er ihm sagte, wer er war und was er von ihm wollte, hatte Bejerec ihn gezwungen, eine nach der anderen zu beantworten. Dann hatte er gesagt: »Ich gebe dir genau eine Minute, dich zu entscheiden. Entweder du bleibst bei deinem zweifelhaften Lebenswandel als Spitzel für den Meistbietenden. Oder du entschließt dich, etwas Besseres zu erreichen. Aber ich warne dich. Wir sind eine Familie, die zusammenhält, und wenn du einmal einer der Unseren bist und dann deine Meinung wieder änderst, dann wäre das verdammt schlecht für dich.«
Und jetzt wurde Aaron auch endlich klar, warum Bejerec unbedingt wollte, daß er Juliet liebte, und warum er zu ihr gegangen war und warum er wollte, daß er aufhörte.
Die undurchdringlichen Augen waren nicht mehr kühl. Wärme und unverhohlene Besorgnis sprachen deutlich aus ihnen. Männer, die wahre Familienväter sind, beschützen die Ihren bis zum Äußersten. Der Gedanke war überwältigend und erklärte alles.

Ihm fiel ein, wie einsam Bejerecs Privatleben war, und mit einer nie zuvor gekannten Intensität empfand er ein tiefes Gefühl der Dankbarkeit. Er riß sich zusammen.
»Abgemacht«, sagte er.

7

Der alte Admiral war mit den Händen überall. Er schnupperte und rührte dann in der brodelnden »Pochouse Bourguignonne«, deren Rezept Aaron in einem französischen Landgasthaus entdeckt hatte. Einen Arm schlang er viel zu eng um Juliets schlanke Taille, und sie dankte dem Himmel, daß sie als Schutz gegen die Mücken eine leichte Strickjacke übergezogen hatte. Zu dieser Jahreszeit fielen sie immer in Schwärmen über die Ufer der weiten Meeresbucht an der Mündung des Chesapeake her, und einigen gelang es immer, den Antimückenlampen und den Kerzen draußen auf dem Rasen zu widerstehen. Aaron hatte sie schon damit aufgezogen, daß sie sich für Senator Strachey so schön gemacht hatte, der einen legendären Ruf als Frauenheld genoß. Um es ihm heimzuzahlen – viel mehr aber mit einem Hintergedanken an Aaron selbst –, hatte sie ein Kleid mit einem besonders gewagten Ausschnitt angezogen, das viel besser zu einer hitzigen Georgetown-Cocktailparty als zu einem dezenten Kerzenlicht-Dinner auf dem Lande paßte, zu dem hauptsächlich ältere Leute geladen waren. Sie fühlte sich beinahe nackt. Und statt wie erwartet mit Strachey, war sie nun in Schwierigkeiten mit dem alten Admiral geraten, einen guten Freund und Nachbarn.
»Benehmen Sie sich«, sagte sie lächelnd. Mit sanftem Nachdruck steuerte sie ihn vom Herd weg und zu dem riesigen Hacktisch, der den Mittelpunkt der niedrigen alten Küche bildete. »Hier«, sagte sie, drückte ihm ein Tablett mit Hors d'œuvres in die Hand und öffnete ihm die Terrassentür. »Und essen Sie mir nicht unterwegs alle weg!«
Ganz bezaubert ging er hinaus, nicht im geringsten beleidigt, obwohl Esther im Hintergrund leise lachte.
Als sie ihm nachblickte, sah Juliet Aaron unten am Steg bei Senator Strachey und seiner Frau und dem Ehepaar stehen, das der Admiral mitgebracht hatte. Sie waren aus Chicago und hatten gerade in der Nähe ein Sommerhaus gekauft. Die Frau war mittleren Alters und fühlte sich offensichtlich sehr zu Aaron hingezogen. Sie stand nahe bei ihm und lauschte aufmerksam und hingebungsvoll seinen Ausführungen, als er auf die kleine Autofähre hinwies, die gerade im

schwindenden Licht die Bucht in Richtung Bellevue–St. Michaels überquerte.
»Sie mag ihn«, sagte Esther. »Diese Rothaarige da, mit der Stola.«
»Ich auch«, bemerkte Juliet.
»Dachte ich mir«, erklärte Esther und ging wieder an den Herd zurück. »Und ich schätze, so wie Sie mit diesem Spitzentaschentuch von Kleidchen da flattern, werden Sie auch diejenige sein, die ihn einfängt.«
Juliet holte einen zweiten Eiskübel aus dem Kühlschrank. »Worauf Sie sich verlassen können«, sagte sie, und wieder erklang Esthers leises tiefes Lachen.
»Haben wir überhaupt genug für die Leibwächter?« Juliet fielen plötzlich die beiden Geheimpolizisten ein, die geduldig in ihrem in der Auffahrt geparkten Wagen ausharrten. Sobald er in den Wahlkampf eingetreten war, hatte man Strachey automatisch eine Leibwache zugeteilt, doch er schüttelte sie ab, sooft er nur konnte.
»Machen Sie sich nur keine Gedanken«, rief Esther. »Ich werde sie hereinholen und ihnen irgend etwas vorsetzen. So oder so kriege ich sie schon satt.«
Nachdem Juliet hinausgegangen war, fiel das Lächeln von ihr ab. Es fiel ihr schwer, sich zu verstellen. Aaron hatte es abgelehnt, die Polizei zu holen, da Juliet dadurch sicherlich erfahren würde, auf welche Weise Robert Quincy wirklich umgekommen war. So war Esther zu ihrem Mann aufs Feld gegangen, und sie waren zusammen mit dem Traktor zur Scheune gefahren, wo er den schlaffen rotbraunen Körper heruntergeholt hatte. Sie hatte geweint und er auch, und seine Tränen hatten sich mit seinem Schweiß vermischt, als er das Rosenbeet aufgegraben hatte, um die letzte Ruhestätte für den Hund zu schaffen. Dann hatte er das Loch wieder zugeschüttet und die Oberfläche so präpariert, daß Juliet nichts Verdächtiges auffiel, als sie heimkam.
Als Juliet nach Robert Quincy gefragt hatte, behaupteten sie, er sei in ihrem Haus eingesperrt, und Aaron meinte, das sei die beste Lösung; andernfalls würde Robert doch nur während des ganzen Dinners um die Gäste herumspringen, wie das bei jungen Hunden eben so üblich sei. Sie konnten ihn ja am nächsten Morgen zurückholen. Juliet hatte keine Einwände gehabt und auch keinen Verdacht geschöpft.
Esther seufzte. Sie fürchtete den Augenblick, in dem die Wahrheit herauskommen würde. Dann widmete sie sich wieder dem Herd, rührte in der Suppe und begoß den Braten. Sie war froh, daß Juliet der Kummer wenigstens noch kurze Zeit erspart blieb.
Draußen überquerte Juliet den Rasen und atmete den Duft frisch gemähten Grases ein. Helen Strachey und die Neue kamen vom Ufer zu-

rück. Sie setzten sich auf die Gartenstühle unter der großen Ulme. Die Männer waren noch am Steg und diskutierten eifrig Aarons Sechs-Meter-Jacht. Die untergehende Sonne tauchte die Bucht in sanftes rosa Licht, das über den Rasen hinweg auch das Haus in einen Schimmer tauchte.
»Was für ein himmlisches Plätzchen, Juliet!« sagte Helen Strachey. Sie war eine gedrungene stille Frau, die sich ganz ihrem Gestüt verschrieben hatte und anscheinend vom bewegten Leben ihres Mannes – inklusive seiner amourösen Abenteuer – völlig unberührt blieb.
»Danke schön. Präsident Monroe soll hier einmal ganze sechs Monate verbracht haben.« Juliets Augen überflogen die verwitterte weiße Holzverkleidung des Hauses, seine leicht verzogenen grünen Fensterläden, den windschiefen gemauerten Kamin. Es ist wirklich schön, dachte sie. Sie stellte den Eiskübel neben die Hors d'œuvres auf den schmiedeeisernen Tisch, setzte sich und warf mit einer schnellen Kopfbewegung ihr langes dunkles Haar zurück.
»Wie ich höre, war Ihr Mann früher beim Nationalen Sicherheitsrat tätig«, sagte die Neue. »Was für eine Aufgabe hatte er denn da genau?« Ihr Blick streifte Juliets vollen, halb entblößten Busen, bevor sie sich auf ihren Drink konzentrierte.
Sie muß einmal ganz hübsch gewesen sein, dachte Juliet, aber sie verwendet viel zuviel Make-up. Mit voller Absicht zog sie die Strickjacke nicht über ihrem Ausschnitt zusammen, diesen Triumph gönnte sie ihr nicht. »Er hat sich auf französische Wirtschaft und Politik spezialisiert«, sagte sie. »Jetzt ist er bei der Dallas Research, die sich mit dem europäischen Energieabkommen befaßt.«
»Oh, ja natürlich. Ich habe darüber gelesen.«
»Julian sagt, er war der beste Mann im NSR«, erklärte Helen Strachey, »einfach brillant.«
»Sie müssen wohl sehr stolz auf Ihren Mann sein«, murmelte die Frau aus Chicago. Und dann stellte sie die Frage, die Juliet immer fürchtete und haßte. »Sie haben doch Kinder, oder?«
Du weißt verdammt gut, daß wir keine haben, dachte Juliet. Sieh dich doch um. Sie lächelte entwaffnend. »Leider nein.«
»Dann bestimmt später einmal.«
»Ich hoffe.«
»So ein ideales Plätzchen für Kinder!« Die andere beharrte auf dem Thema.
Juliets Groll nahm zu. Warum müssen sich andere Leute so sehr darum kümmern, ob man sich fortpflanzt oder nicht? War es denn so ungewöhnlich, sich nicht gleich wie die Kaninchen zu vermehren, sobald man geheiratet hatte? Aaron hatte schon recht; zuerst hatte sie ja

mit ihm gehadert, da sie sich so sehr ein Kind von ihm wünschte, doch schließlich hatte sie ihm beistimmen müssen. Sie war ja noch jung und ging in ihrem Beruf auf, und in ihm. Sie genossen ihre völlige Unabhängigkeit, die man nur ohne Kinder haben konnte. Es war ja auch noch Zeit, bevor sie die Hoffnung endgültig aufgeben mußte.
Mit gespielter Unbeschwertheit wandte sie sich ihrem Gast wieder zu und sagte, was ihr Aaron schon oft zu antworten empfohlen hatte, weil es die Leute in Verlegenheit und zum Schweigen brachte. »Aaron ist Jude, wissen Sie«, erklärte sie, »und ich nicht. Wir wollen erst einmal sichergehen, daß unsere beiden Welten auf Dauer miteinander vereinbar sind, bevor wir Kinder haben.«
»Julian und ich hätten uns das vielleicht in bezug auf Politik und Pferde auch überlegen sollen«, meinte Helen Strachey. Die Stracheys hatten vier halbwüchsige Kinder.
Juliet fiel in ihr Lachen ein und wechselte dann geschickt das Thema. »Erzählen Sie mir von Ihrem neuen Haus«, forderte sie die Frau aus Chicago auf. »Wie sind Sie bloß auf Oxford verfallen? Chicago ist doch so schrecklich weit!«
Die Männer kamen zurück, in eine Diskussion über Boote und Regatten vertieft. Aaron servierte Drinks, und Strachey nahm plötzlich Notiz von Juliet und begann, ohne Zögern, ihr heftig den Hof zu machen.
Das ist wie eine Zwangshandlung bei ihm, dachte sie. Sie ließ ihn höflich, aber bestimmt abblitzen, war besonders zuvorkommend zu seiner Frau, machte der Neuen gegenüber die frühere Abfuhr wieder gut und schlüpfte in die Rolle der guten Gastgeberin und fühlte sich wohl dabei.
Zweimal erwischte sie Aaron dabei, wie er ihr Kleid anstarrte, und plötzlich war der Abend für sie lustig und schön geworden.

8

Für Aaron war es ein schwieriger Abend. Julian Stracheys Anwesenheit und ihre Bedeutung und die möglichen Konsequenzen machten ihn befangen und nervös, und was mit Robert Quincy geschehen war, trug auch nicht zur Verbesserung seines Gemütszustandes bei. Und auch nicht die Tatsache, daß Larsen sicherlich in einer Woche wieder am Werk sein würde, obwohl Ender angerufen und berichtet hatte, daß sein Gespräch mit Collins erfolgreich gewesen war.
Irgendwann während des Dinners fiel ihm Bejerec ein. Er hatte ihm

eine Karte für das Konzert im Kennedy-Center besorgt, und Bejerec würde jetzt gerade dem ersten Satz der Symphonie lauschen. Aaron fand es traurig und sinnlos, daß er gerade das eine, von dem er wußte, daß es Bejerec wirklich Freude bereiten würde, nicht für ihn tun konnte: Er konnte ihn nicht in sein Haus einladen und zu Juliet sagen, dieser Mann ist nicht Anthony Williams, als der er sich dir neulich vorgestellt hat, sondern Paul Henri Bejerec, ein sehr guter alter Freund und in gewisser Weise die einzige Familie, die ich je hatte.
Er sah schräg über den Tisch zu seiner Frau. Der alte Admiral erzählte seiner hingerissenen Zuhörerschaft gerade eine Seemannsgeschichte, und sie flüsterte Esther, die servierte, etwas zu; ihr weiches Haar umgab wie ein dunkler Rahmen ihr schönes, typisch amerikanisches Gesicht mit den weit auseinanderstehenden Augen, dem festen Kinn und den ebenmäßigen Zähnen. Als sie seinen Blick bemerkte, lächelte sie ihm durch den sanften Schein der festlichen Kerzen hindurch zu. Für einen kurzen intimen Moment waren sie miteinander allein, und unmittelbar tauchte in seiner Erinnerung ihre Hochzeitsnacht auf – Juliets glückliches Lachen, ihr begieriger Jungmädchenkörper, ihre Liebe, die sie ihm so vertrauensvoll schenkte. Für eine kurze Weile hatte diese Liebe sogar seine unerwarteten Schuldgefühle wegen seiner Heuchelei in den Hintergrund gedrängt, wegen dieser unmenschlichen Lüge, in die er und Bejerec sie so eiskalt verwickelt hatten.
Er lächelte zurück. Bejerec hatte recht. Sie war erwachsen und zu einer entzückenden Frau geworden. Ihr Kleid war unleugbar, aber auf die netteste Weise, provokant. Er wußte sehr gut, daß sie es eigentlich nur für ihn trug, und am liebsten hätte er ihr jetzt gleich über den Tisch hinweg gesagt, daß es, wenn auch ihre Ehe eine Lüge war, doch Augenblicke gab, in denen ihm an ihr lag. Dann fiel ihm wieder ein, daß Bejerec ihm ja die Chance geboten hatte, sein Leben zu ändern und sich vielleicht noch in sie zu verlieben, bevor er verlor, was sie für ihn empfand, und die Gegenwart stürzte wieder auf ihn ein.
Während die anderen Kaffee tranken und Juliet ein Bridgespiel organisierte, zogen er und Strachey sich zurück. Den Leibwächtern in Esthers Küche hatte Strachey nur kurz gesagt, wo er zu finden sein würde. Dann waren sie zum Steg hinuntergegangen.
Sie banden das Beiboot los und ruderten zu der kleinen Jacht hinaus. Der Mond war noch nicht aufgegangen. Es war sehr heiß und sehr still. Die Bucht war in samtene Dunkelheit gehüllt, die sich wie eine sie umschließende Wand anfühlte und nur vom schwachen Sternenlicht durchbrochen wurde, so daß sich die gezackte, schwarze Silhouette der hohen Bäume am anderen Ufer kaum abzeichnete.
Sie gingen an Bord, und Strachey streckte sich achtern bei der Ruder-

pinne aus; Aaron machte das Beiboot fest und ließ sich ihm gegenüber nieder. Strachey zündete sich eine Zigarette an, und die Flamme seines Feuerzeuges beleuchtete die kühnen, klaren Züge seines Gesichts und seinen ungebärdigen, frühzeitig ergrauten Haarschopf. Er hatte große Ähnlichkeit mit seinem verstorbenen Vater. Er lachte.

»Gibt's hier Wanzen?«

»Ich glaube nicht«, antwortete Aaron. Er hatte an die Möglichkeit gedacht. Ein Mikrowellen-Abhörgerät irgendwo in der Nähe, vielleicht in einem Boot. Sollte das wirklich der Fall sein, käme er zwar in allergrößte Schwierigkeiten, doch seine Doppelrolle würde dadurch nicht enthüllt, und Bejerec nicht gefährdet. Das Risiko war also nicht so groß, und die Sache war es wert.

Er klemmte sich ein Kapokkissen hinter den Kopf, lehnte sich zurück und dachte, das ist es also, wozu all die Jahre seiner Geheimdiensttätigkeit geführt hatten – das Ziel, der Gipfel seiner Arbeit. Es schien so unwirklich.

Als er vor zwei Wochen in der Bibliothek mit Strachey zusammengetroffen war, hatte er die Rolle, welche die IIC in der Trikolore-Strategie spielte, nur ganz grob umrissen. Jetzt erklärte er die Einzelheiten.

»Wie Sie wissen«, sagte er, »befinden sich Frankreichs Erdölreserven und -raffinerien praktisch ausschließlich in der Hand zweier verstaatlichter Gesellschaften. Im Laufe der Jahre und auf Grund einer halboffiziellen Nichteinmischungspolitik der Regierung sind die beiden Gesellschaften so groß geworden und stecken in so vielen Branchen mit drin, daß sie jetzt beinahe autonom sind. Wenn Paris bereit ist, mal nicht so genau hinzuschauen, können sie so ungefähr alles tun, wonach Ihnen der Sinn steht.«

»Also auch Reserven abstoßen, wenn ich recht verstehe«, bemerkte Strachey.

»Ja«, antwortete Aaron, »solange sie nicht übertreiben. Bei den Reserven, hinter denen wir her sind, geschieht das in Form eines langfristigen Leasings an eine dritte Gesellschaft.«

»Und wer ist das?« fragte Strachey. »Doch sicher nicht IIC oder Dallas. Das würde doch todsicher auffallen.«

»Nein«, stimmte Aaron zu, »der eigentliche Leasingnehmer wird eine französische Firma namens COPIC sein, die *Compagnie de Pétrole Industrielle et Chimique.* Sie befaßt sich hauptsächlich mit Raffinerie und Petrochemie.«

»Und die IIC kauft sie auf?« vermutete Strachey.

»Eine von IICs anonymen Schweizer Aktiengesellschaften«, antwortete Aaron. »Sie wird in etwa einem Monat im Besitz der absoluten Aktienmehrheit von COPIC sein.« Er verlagerte sein Gewicht, und das

Boot geriet in sanftes Schaukeln. Das Wasser klatschte leicht gegen den schlanken Rumpf.

»Jesus«, murmelte Strachey zornig. »Houston besitzt IIC, der IIC gehört indirekt durch die Schweizer AG die COPIC, und die COPIC besitzt praktisch die Ölreserven. Ipso facto führt also Houston Regie. Jetzt verstehe ich auch endlich, warum Ender diesen Bastard Collins auf dem Hals hat. Was ist denn mit den Aufsichtsräten der französischen Ölgesellschaften? Da wird doch bestimmt irgendein Direktor Einspruch erheben?«

»Damit rechnen wir eigentlich nicht«, sagte Aaron. »Das Leasing wird als notwendiges politisches Manöver hingestellt, wegen der Forderungen der Staaten in Afrika und am Persischen Golf nach Partizipation an französischen Raffinerien. Und um die Glaubhaftigkeit zu unterstreichen, nehmen wir einige von ihren Leuten in den COPIC-Aufsichtsrat.«

»In welcher Form bezahlt denn die COPIC für das Leasing?« wollte Strachey wissen.

»In bar«, sagte Aaron. »Die Franzosen waren zwar durchaus bereit, alles in Form von Krediten durch die Bücher laufen zu lassen, doch Houston traut dem nicht. Sie wollen echten Einfluß. Also wird vom französischen Finanzministerium durch eine der Kreditanstalten der Banque de France ein Darlehen an die COPIC arrangiert. Diese Kreditanstalt wird das Geld natürlich von der IIC bekommen.«

»Das bedeutet aber eine Menge Jonglieren«, sagte Strachey.

»Richtig«, gab Aaron zu. »Und der Ausgangspunkt liegt direkt bei den US-Ölgesellschaften in Houston.«

»Warum benutzen sie nicht einfach Eurodollars?« wollte Strachey wissen. »Die IIC muß doch weiß Gott genug davon besitzen.«

»Weil das zu peinlichen Fragen führen könnte, wenn heutzutage so viele Eurodollars vom internationalen Markt verschwinden«, erklärte Aaron.

Strachey schien überrascht. »Um wieviel handelt es sich denn, um Gottes willen?«

»Genau weiß ich das auch nicht«, antwortete Aaron. »Mit dieser Seite der Sache habe ich nicht viel zu tun. Aber soviel ich weiß, liegt der Preis weit über der Milliardengrenze.«

Trotz der Dunkelheit konnte Aaron Stracheys Schock wahrnehmen. Einen Moment lang herrschte absolute Stille. Frauengelächter schwebte über den Rasen und versank im Wasser der Bucht. Strachey stieß einen langen, leisen Pfiff aus. »Das ist ja unglaublich«, sagte er. »Sind Sie ganz sicher, daß es keine Möglichkeit gibt, daß die französische Regierung der ganzen Sache ein Ende machen könnte?«

»Ich fürchte, das geht nicht.« Aaron hatte die Schlüsselfiguren der französischen Regierung als entweder kooperativ oder gekauft oder erpreßt eingestuft.
»Man braucht gar nicht so viel, wissen Sie, und Dallas hat schon Beträge ausgegeben, neben denen die Boeing-Lockheed-Bestechungssummen lächerlich wirken. Dallas hat jeden in der Hand, der ihr ernsthaft in die Quere kommen könnte. Und in der Opposition haben sie auch den richtigen Mann sitzen: Die französische Linke wird die nächsten Wahlen bestimmt nicht gewinnen.«
»Nichts Illegales also«, sagte Strachey. »Nur ein nettes altmodisches Bankgeschäft im Zeichen der freien Wirtschaft und Nichteinmischungspolitik.« Tiefer Haß klang in seiner Stimme, und Aaron erinnerte sich, daß ein New Yorker Bankier anläßlich der Ermordung von Strachey senior öffentlich bedauert hatte, daß der Sohn nicht gleich mit erledigt worden war – um später zu behaupten, die Medien hätten ihn falsch interpretiert.
Strachey warf seine Zigarette über Bord. Die Glut beschrieb in der Dunkelheit einen hohen Bogen und erlosch mit einem kurzen Zischen im Wasser. »Welcher Hurensohn ist denn eigentlich das Finanzgenie hinter der Sache? Richard Ender ist dazu nicht fähig. Und Banjo Collins schon gar nicht. Irgendein Genius von der IIC?«
»Auch nicht, nein. Einer, der für Dallas arbeitet. Enders Entdeckung. Ein gewisser Henry Jedder.«
»Jedder?«
»Die Schweizer haben ihn seinerzeit eingesetzt, um diesen Rüstungslobby-Skandal vor Jahren zu bereinigen, diesen Bob-Vesco-Schlamassel damals.«
»Ach Gott, ja. Das Fusionsgenie. So ein großer schlampiger Kerl. Hat doch auch das Buch über Panama als staatlichen Zufluchtsort für Steuerflüchtlinge geschrieben.«
»Genau das ist er«, sagte Aaron. »Als Vesco sich nach Costa Rica abgesetzt hatte, zog Jedder nach Paris. Seine Frau Rosemary spielt eine große Rolle im Jet-set.«
»Ich glaube, Ender hat sich da genau den richtigen Mann ausgesucht.« Stracheys Feuerzeug flammte wieder auf, als er sich eine neue Zigarette anzündete. »Ist die CIA dabei eigentlich auch vertreten?« fragte er.
»Nein«, antwortete Aaron und gestattete sich ein verlegenes Lachen. »Es ist bestimmt ein bißchen unfair, aber derzeit herrscht allgemein die Meinung vor, daß man denen nicht trauen kann.«
»Daran sind sie selber schuld«, sagte Strachey. »Und das bringt mich zum Thema Zeugen. Es besteht nämlich durchaus die Möglichkeit,

daß man Sie persönlich als reinen Quertreiber abtut, ganz einfach deshalb, weil Sie für die Regierung gearbeitet haben. Das ist nämlich genau das, was letzten Endes mit all denen passiert ist, die wegen der CIA Alarm geschlagen haben. Ganz egal, eine wie wichtige Rolle Sie beim NSC gespielt haben. Und gerade weil das, was Sie zu sagen haben, so erschütternd ist, wird jeder verzweifelt bemüht sein, es nicht zu glauben.«

»Ich verstehe«, sagte Aaron.

»Wir können auf keinen Fall riskieren, daß sich Ihre Aussage als unbrauchbar erweist«, fuhr Strachey fort. »Das könnte die ganze Untersuchung zum Scheitern bringen. Wir brauchen noch einen anderen Zeugen. Offensichtlich gibt es in Washington niemand, und ebenso wenig bei der Dallas. Also liegen die größten Chancen bei der IIC. Am besten wäre ein Amerikaner mit genügend großer Autorität, so daß sein Abspringen eine ordentliche Panik verursachen und auch noch andere nach sich ziehen könnte. Das wäre für uns das Beste, was passieren könnte. Je mehr Zeugen, desto mehr versucht jeder, den anderen mit seiner Aussage zu übertrumpfen. Könnten Sie so jemanden für mich finden?«

»Ich werde es versuchen«, sagte Aaron. Er dachte an Bejerec und die Vereinbarung, die sie getroffen hatten, und zum ersten Mal sah er einen Silberstreif am Horizont. Er hatte das Richtige getan.

»Natürlich brauchen wir auch so viel schriftliches Beweismaterial wie nur irgend möglich«, sagte Strachey. »Beschaffen Sie mir Zeugen und Beweismaterial, Aaron, und ich lasse diese Bastarde über die Klinge springen. Und über die Sicherheit Ihrer Leute brauchen Sie sich keine Sorgen zu machen. Meine Zeugen rührt mir keiner an. Nicht einmal der Präsident höchstpersönlich. Sie kriegen Immunität und optimalen Schutz.«

Plötzlich grölte eine Stimme aus der Dunkelheit. »Ahoi!«

Es war der alte Admiral. »Die Damen werden ungeduldig!« schrie er herüber.

»Wir kommen schon«, rief Strachey. Aaron fühlte seine Hand auf dem Arm. »Aaron, was Sie da machen, ist verdammt gefährlich. Seien Sie bloß vorsichtig. Falls Sie mich brauchen sollten, ich bin nächsten Monat in London. Mindestens für eine Woche.«

Aaron wußte, daß da ein Gipfeltreffen der Finanzminister der NATO-Länder angesetzt war. Der Präsident der Vereinigten Staaten würde auf dem Rückweg von seinem Besuch im Mittleren Osten in London Station machen, um bei dieser Versammlung eine Ansprache zu halten. Als eine überparteiliche Geste hatte er Strachey eingeladen, sich ihm dort anzuschließen, und Strachey hatte die einmalige Gelegen-

heit erkannt, daraus politisches Kapital zu schlagen. Es war immerhin beruhigend zu wissen, daß Strachey in der Nähe war.
Er langte nach dem Tau des Beibootes, das sich warm und naß anfühlte und außerhalb des Wassers phosphorn schimmerte. »Das könnte die Sache unter Umständen erleichtern«, sagte er.
Das Beiboot kam mit einem leisen Ruck längsseits. Sie stiegen hinein und stießen sich von der Bordwand ab. Aaron saß achtern und ruderte. Er fühlte sich völlig erschöpft und ausgepumpt. Es war ihm vorher gar nicht bewußt gewesen, welche großen Hoffnungen er auf Strachey gesetzt hatte und welche enorme Spannung sich während der Wartezeit vor diesem Gespräch in ihm aufgeladen hatte. Die kurzen Ruder kamen ihm vor wie aus Blei.
Dann zerbarst die Dunkelheit plötzlich in grellem, weißem Licht. Er selbst und Strachey, bleich und unwirklich, das Ufer, der Steg, der lange Rumpf der Jacht – fremdartige Scherenschnitte.
Ein dumpfes, unartikuliertes Stöhnen, ein animalischer Laut. Strachey warf sich schwer auf den Boden des Bootes. Dunkles Wasser schäumte fahl. Das Boot schwankte wild und kenterte beinahe. Aaron stemmte sich in die Ruder und brachte es wieder ins Gleichgewicht.
Stracheys zwei Leibwächter rannten über den Rasen auf den Steg zu, der eine zerrte etwas aus seinem Hosenbund.
Im ersten Moment glaubte er an ein weiteres Strachey-Attentat, und sein Herz setzte fast aus, doch unmittelbar danach wurde Aaron klar, was geschehen war. Der Admiral hatte den Schalter für die Flutlichtanlage des Strandes gefunden. So laut, daß es auch die heranstürmenden Leibwächter hören mußten, rief er dem alten Mann zu: »Danke, Sir, aber ich glaube, wir schaffen das besser ohne Licht, wenn es Ihnen recht ist.«
»Aye, aye, Sir!« Der Admiral griff wieder nach dem Schalter.
Alles wurde schwarz. Doppelt so schwarz wie zuvor. Abgesehen von den violetten Feuerrädern vor Aarons Augen, wo zuvor die Flutlichtscheinwerfer gewesen waren. Er tauchte die Ruder ein, und das Boot glitt wieder vorwärts.
Strachey setzte sich langsam auf. »Tut mir leid«, sagte er. »Ich habe einfach nur instinktiv reagiert.« Es war kaum ein Flüstern.
»Sie haben genau das Richtige getan«, sagte Aaron. Für den Bruchteil einer Sekunde, gerade bevor Strachey vom Sitz getaucht war, hatte er den Ausdruck blinder, animalischer Angst in seinem Gesicht gesehen. Das haben sie ihm angetan, als sie seinen Vater umbrachten, dachte er, und das in seinem eigenen Land. Es wird ihn sein ganzes Leben lang verfolgen.
Sie kamen zum Dock, und der alte Admiral half mit, das Boot aus dem

Wasser zu ziehen. Die Geheimdienstleute tauchten auf, leicht betreten wegen ihrer übereilten Reaktion. Strachey teilte ihnen mit, daß er noch eine Weile bleiben würde, und ging mit Aaron und dem alten Admiral über den Rasen zum Haus zurück, um mit den anderen Bridge zu spielen.

9

Die Erinnerung an Margita Majerová überfiel Aaron völlig unvorbereitet. Er stand am Schlafzimmerfenster und starrte auf den schwarzen Schatten des Rosenbeetes neben der Scheune, wo Robert Quincy begraben lag. Plötzlich war sie hier bei ihm, knabenhaft schlank, ihr kurzes Haar ein wuscheliges Rehbraun, ihr zartknochiges slawisches Gesicht von fröhlichem Lachen erfüllt.

Er war nicht darauf gefaßt, und es traf ihn zutiefst. Er und Juliet hatten ihre Gäste verabschiedet. Sie sahen zu, wie die roten Rücklichter der abfahrenden Autos in der Dunkelheit der Landstraße jenseits der Auffahrt verschwanden. Juliet hatte einen Arm um seine Taille gelegt, und sie waren zusammen zwischen den hohen Reihen der Buchsbaumhecken zur Haustür zurückgegangen, ihre langen Beine im Gleichschritt mit den seinen, ohne zu sprechen, nur den Duft des Buchsbaums auskostend und auf die Geräusche der Nacht lauschend.

Esther war schon vor Stunden nach Hause gegangen, in der Küche wiesen keinerlei Spuren darauf hin, daß da jemals eine Dinnerparty stattgefunden hatte. Sie hatten sich Drinks gemixt und über Strachey und seine Frau und das Ehepaar aus Chicago zu plaudern begonnen. Als sie gleichzeitig Eis aus dem Kühlschrank herausnehmen wollten, berührten sie einander; Juliet schmiegte sich an ihn, und er spürte, daß sie ihn zutiefst begehrte.

Sie waren hinaufgegangen, langsam, Schritt für Schritt.

»Worüber hast du mit Strachey gesprochen?«

»Er will dich kaufen. Oder das Boot. Er konnte sich nicht so recht entscheiden.«

»Weißt du was? Ich glaube dir aufs Wort.« Sie hatten beide gelacht.

Juliet war ins Badezimmer gegangen, um zu duschen und sich die Zähne zu putzen. Es war wohl das Rauschen und Geplätscher des Wassers, das die Erinnerung ausgelöst hatte. Plötzlich war er nicht mit ihr in Oxford, sondern mit Margita in den hohen Räumen ihrer Pariser Wohnung. Ganz deutlich sah er die Szene wieder vor sich: Er und

Margita in der tiefen Badewanne mit den eisernen Füßen und den reich verzierten viktorianischen Wasserhähnen. Und beide noch halb verschlafen von der langen Nacht. Margitas Gesicht und ihr Körper und ihre Zärtlichkeiten. Und wie sie sich wieder ins Bett gestürzt und sich wieder geliebt hatten, mit der begierigen Blindheit erster Verliebtheit. Und später dann die herbstlichen Straßen, die braunen und die gelben Kastanienblätter auf den Gehsteigen, die Bouquinisten im warmen Schein der Morgensonne. Paris gemeinsam erlebt, Kaffee draußen vor einem Bistro auf dem Boulevard St. Michel, müßig den Studenten zuschauend, die zur Sorbonne strömten.

Dann kam Juliet aus dem Badezimmer, und Margita verschwand, und an ihrer Stelle war jetzt Juliets reingeschrubbtes amerikanisches Gesicht, die sanften Lippen halb geöffnet, ihre nackte Haut warm an der seinen. »He? Wo bist du denn?« Ihre Augen waren voller Zuneigung, ihre Hände glitten langsam seinen Rücken hinunter, um ihn näher an sich zu ziehen. Er küßte sie und streckte sich auf dem Bett aus. Juliet setzte sich an ihren Toilettentisch beim Fenster und begann, ihre Haare zu bürsten.

»Was ist los, was stimmt denn nicht mit dir, Aaron?«

»Nichts.«

»Du bist ein schlechter Lügner.«

»Es war ein langer Tag heute.« Er zwang sich zu einem Lächeln. Wie sie so dasaß, waren Juliets Hüften breit und weich unter ihrem hohen, geraden, schmalen Rücken mit den runden, von den schweren Brüsten nach vorne gezogenen Schultern, die das dunkle Haar umspielte. Das ist meine Frau, dachte Aaron. Ganz gleich, aus welchem Grunde ich sie geheiratet habe, wir führen ein gemeinsames Leben, wir haben eine gemeinsame Wohnung, gemeinsame Freunde; zusammen machen wir unseren täglichen Morgenlauf, spielen Tennis, segeln; wir schwimmen nackt in einsamen Buchten und machen Picknick im Walde; wir schlafen zusammen, hören die gleiche Musik, teilen Bett und Tisch und ihre Familie und Krankheit und schlechte Laune und Geldsorgen.

Und sie liebt mich.

Er versuchte, sich einzig darauf zu konzentrieren. Und darauf, was Juliet über das Wochenende sagte. Er hörte sie nicht. Margita Majerová kehrte wieder und brachte tiefe Traurigkeit und fast körperlichen Schmerz über ihn. In Frankreich war es jetzt früher Morgen. Sie schlief wahrscheinlich noch, vielleicht mit einem Liebhaber. Er konnte ihr Gesicht nicht mehr klar erkennen, ihre Augen und ihr Mund waren vage, verschwommen, ihre Stimme vermischte sich mit Juliets. Das einzige, was ihm wirklich noch von ihr blieb, war der Schmerz.

»Ich bin verheiratet, Margita.« Sie waren vor einem überfüllten Straßencafé gesessen, um sie herum brodelte Paris.
Langsam wich die Farbe aus ihrem Gesicht, bis sie schneeweiß war.
»Seit wann?«
»Seit zwei Jahren.«
»Warum hast du es mir nicht gesagt?«
Er hatte das nicht beantworten können. Als er sie kennengelernt hatte, war sie erst kurz zuvor aus der Tschechoslowakei geflüchtet, wo sie alles zurückgelassen hatte, ihre Freunde und ihren verwitweten Vater in Prag, und sie hatte das Weinen verlernt. Sie hatte geschwiegen, bis sie ihr Weinglas geleert hatte. Als sie dann sprach, klang ihre Stimme, als sei ihre Seele gestorben, und ihr Körper wirkte plötzlich so zart und verletzlich wie der eines Kindes.
»Was wird nun mit uns?«
»Wir können uns nicht mehr sehen.«
»Auch nicht wenigstens ab und zu?« Mit dem Boden ihres Glases drückte sie Kreise in das weiße Tischtuch, einen nach dem anderen. Sie flüsterte beinahe. »Wenn du sowieso in Paris zu tun hast. Ich brauche nur das, Aaron. Nur ab und zu, damit ich weiß, daß du mich noch willst. Das ist alles, was ich brauche. Nur damit ich weiß, daß zwischen uns nicht alles für immer aus ist.« Sie hatte gebettelt. Sie hatte sich zutiefst erniedrigt. »Ich verspreche dir, das ist alles.«
Wie sollst du der Frau, die du liebst, über alles liebst, schonend beibringen, daß deine Liebe sie zerstören könnte? Du kannst ihr doch nicht erklären, daß Bejerec, wenn er von ihrer Existenz erführe, unter allen Umständen und um jeden Preis seine amerikanische Investition schützen würde, indem er sie nach Prag zurückschickte und die tschechoslowakische Polizei aufforderte, sie auch dort zu behalten.
Er sah ihr nicht in die Augen, und das bedeutete, daß es keine Hoffnung für sie gab.
Schließlich hatte sie es hingenommen. Sie war sogar zu stolz gewesen, auch nur nach Juliets Namen zu fragen. Sie war davongegangen, den Boulevard St. Germain hinunter, die Hände in den Taschen, ihr Haar ein leuchtender Farbfleck in all dem Grau des Tages. Sie war um eine Ecke gebogen und verschwunden.
Lange Zeit hatte er gedacht, daß sie sich vielleicht umgebracht hatte. Vorstellungen überfielen ihn, wie sie tot und mit grotesk verrenkten Gliedern auf dem Küchenboden lag, mit vom Gas aufgedunsenem Gesicht. Oder halb über den Bettrand herabgeglitten, Schlaftabletten ringsum verstreut. Die Zeit hatte erst teilweise ihre heilende Wirkung ausgeübt, da hatte er kürzlich erfahren, daß sie lebte und noch in Paris war. Die alten Wunden waren wieder aufgebrochen.

»Aaron?« Juliet wandte sich vom Spiegel ab und ihm zu, ihr dunkles Haar glatt und glänzend.
Er sagte: »Komm her und bring deinen Drink mit. Du kannst dich doch nicht noch schöner machen.«
Sie schüttelte den Kopf. »Mach das Licht aus. Schau mal.« Sie deutete durchs Fenster. »Der Mond.«
Er gehorchte. Das Zimmer versank im Dunkel, nur durch das Fenster fiel ein ungewöhnlich goldener Schein.
»Komm her und schau dir das Wasser an«, sagte sie.
Er kam zum Fenster herüber und kniete nieder, einen Ellbogen auf das Sims gestützt. Sie war ganz nahe. Mit dem anderen Arm umschlang er ihre Oberschenkel, und ihre Beine preßten sich gegen seine Seite. Er schaute hinaus. Die Ulmen auf dem Rasen waren wie schlanke Halme, ihre hohen Wipfel hoben sich scharf umrissen gegen einen goldenen Streifen ab, der sich, unterbrochen nur von der schmalen schwarzen Silhouette des Segelboots, vom Ufer über die ganze stille Bucht bis zu der riesigen gelbweißen Kugel erstreckte, die sich genau über den Bäumen am jenseitigen Ufer erhob.
Er versuchte, jenen flüchtigen Augenblick liebevoller Intimität während des Dinners wieder einzufangen. Er drückte sein Gesicht in ihren Schoß und atmete den warmen fraulichen Duft ein. Sie streichelte seinen Kopf, und er dachte, das ist es, was mein Leben mir eingebracht hat. Ich muß lernen, mich damit abzufinden. Nach einer Weile ging er mit ihr ins Bett. Er hörte ihre Lustschreie, er fühlte die Hitze und die Kraft ihres Körpers, der sich so inbrünstig gegen den seinen drängte, und nachher ließ er ihre dankbaren Zärtlichkeiten über sich ergehen.
»Ich glaube nicht, daß ich ohne dich leben könnte«, flüsterte sie.
»Natürlich könntest du das.«
Sie richtete sich auf, stützte sich auf einen Ellbogen und knipste die Nachttischlampe an. Sie kuschelte sich eng an ihn, eine Brust schwer und weich an seiner Schulter, ein Bein über seinem, der Bauch fest und warm an seinem Schenkel. Sie betrachtete sein Gesicht und seinen Körper, ließ ihre Finger leicht an seiner Seite herabgleiten, wie um sich zu vergewissern, daß er da war. Dann löschte sie das Licht und preßte sich heftig an ihn. Er fühlte, wie ein leichtes Schaudern sie durchlief und wie sie das Weinen zu unterdrücken versuchte.
»Was ist denn los, Juliet?«
»Ich habe solche Angst.«
»Warum?«
»Wenn du fort bist, bin ich nie sicher, ob du wieder zu mir zurückkommst.«

»Was redest du da eigentlich?«

»Ich weiß nicht. Die Zukunft ist so leer, Aaron. Ich kann nicht mehr weiter vorausdenken, da gibt es nur ein großes Nichts. Ich habe schon seit Wochen dieses Gefühl. Ich habe solche Angst.«

Er nahm ihre Hand, fühlte ihre Verzweiflung in ihrer Umklammerung.

Als sie schließlich eingeschlafen war, setzte er sich auf und starrte blicklos durch das Fenster hinaus in die helle Nacht über der Bucht. Bejerec hatte gesagt, daß Larsen ihn vielleicht eines Tages dazu bringen würde, einen Fehler zu machen, und mit jedem Tag, der verging, nahm die Wahrscheinlichkeit dafür zu. Wann würde das passieren? Welchen Fehler würde er begehen? Bejerec hatte gesagt, er sei jetzt Amerikaner. War er das wirklich? Durch und durch? Und wenn nicht, was war er dann? Das Leben führt dich in jungen Jahren zu gewissen unmarkierten Wegen. Ahnungslos wählst du einen davon, und wenn du dann herausfindest, wohin er führt, ist es zu spät, dich noch anders zu entscheiden. Du mußt ihn bis zum Ende gehen, ob du willst oder nicht.

Juliet bewegte sich im Schlaf. Ihr Gesicht, feucht von der Hitze, schmiegte sich an seine Hüfte, und wie ein Kind begann sie wieder regelmäßig zu atmen.

Wieder flimmerte die Erinnerung auf, unzusammenhängende Teile eines alten Films. Dann wurden die Szenen klarer. Das nüchterne Polizeiwachzimmer am Hafen, die kahlen Wände und der spärliche Schreibtisch, das bleiche winterliche Sonnenlicht; Bejerec.

»Also, mein Junge, wer wirst du denn nun sein, in deinem neuen Leben?« Kalt und sachlich. »Wir werden dir nämlich ein neues Leben geben. Wir werden dir neue Eltern geben und eine neue Nationalität; eine neue Kindheit. Ein Leben, das niemand, ganz gleich wer, nicht einmal Gott selbst, jemals in Frage stellen kann. Verstehst du? Nicht einmal Gott.«

Ein spontan und willkürlich aus dem Aktenschrank gezogenes Dossier. »Da haben wir schon was Passendes. Das reicht für den Anfang. Aaron Zeismann, geboren am zwanzigsten August neunzehnhundertzwölf in Voiron, Departement d'Isère. Dreißig Jahre für bewaffneten Raubüberfall und Totschlag. Verstorben am achten September neunzehnhundertachtundvierzig im Zuchthausspital von Le Havre. Todesursache Messerstiche.« Und dann: »Ha! Keine Familienangehörigen. Perfekt. Dieses Dossier können wir für immer verschwinden lassen. Aaron Zeismann bekommt eine zweite Chance.« Er lachte und lehnte sich über den Schreibtisch; seinen abschätzenden grünen Augen entging nichts.

»Nun sag mir mal, mein kleiner Spitzel, hast du irgend etwas dagegen, ein Jude zu sein?«
Dann ein etwas unscharfes Bild aus der ferneren Vergangenheit. Die enge Küche in dem Fertighaus der amerikanischen Luftwaffenbasis bei Dijon. Die verzerrten Gesichter, die schrillen Stimmen. Sein Stiefvater schrie: »Arabische Hure«; seine blaue Uniform war blutbefleckt, die zerbrochene Flasche in seiner Hand. Die Schreie seiner Mutter, als das Glas ihr dunkles Gesicht zerfetzte und schwere Stiefel ihre Rippen brachen. Der fürchterliche Schlag, der das Kind traf, ihn; der salzige Geschmack seines eigenen Blutes im Mund und das Rot seines eigenen Blutes in den Augen. Der Knall und der Pulvergeruch des selbstmörderischen Schusses, die Unwirklichkeit des zerfetzten Kopfes. Nachbarn und Polizei, der weiße Glanz im Operationssaal der Unfallstation im Krankenhaus.
Und dann das bleifarbene Morgengrauen einen Monat später, als seine Mutter verschwunden war, und mit ihr die paar elenden Habseligkeiten; und die fünfzig Francs, die sie sich in der vorhergehenden Nacht mit zwei Soldaten verdient und für ihn auf dem Küchentisch zurückgelassen hatte.
Plötzlich war der Mond verschwunden, das Fenster umrahmte ein ähnlich graues Frühmorgenlicht. Jahre waren verflogen. Und Stunden. Er legte sich aufs Bett und vergrub das Gesicht im Haar seiner Frau, nahm Zuflucht bei der warmen Nähe ihres Körpers. Sie erwachte, und verzweifelt drang er in sie ein. Sie schrie auf, doch dann reagierte sie, zwar noch schlaftrunken, aber begierig, und für den Augenblick war er in Sicherheit.
Doch als es vorüber war, gähnte da wieder der lange, widerhallende Korridor der Zeit, der sich weit, weit zurückerstreckte, bis in die von Algeriern bewohnte *Bidonville,* dieses entsetzliche, armselige arabische Barackendorf am Rande von Paris, wo sich das Kind vor der Polizei und vor den Priestern verborgen hielt; zu den Ursprüngen seiner Herkunft zurückgekehrt, zum Volk seiner Mutter.
Juliet bat ihn flüsternd zu bleiben, doch sein Gefühl der Hoffnungslosigkeit war zu bitter geworden. Er rückte von ihr ab, ihr vermischter Schweiß erkaltete auf seiner Haut.
Das letzte, woran er dachte, bevor er schließlich einschlief, war die bittere Ironie seines jüdischen Namens.

10

Ende September in Paris, acht Uhr fünfzehn morgens: die Stadt war schon erwacht. In zahllosen Stationen spuckte die Metro ihre Fracht aus. Die Bahnsteige des Gare de Lyon und der anderen Bahnhöfe wimmelten von Pendlern. Seit mehr als sechs Stunden herrschte auf den Großhandelsmärkten draußen bei Orly reger Betrieb; auf der Rue de Clichy wurden die kleinen Billigläden aufgesperrt, während am Faubourg St. Honoré livrierte Portiere die messingbeschlagenen Türen öffneten und vor den Nobelgeschäften die Gehsteige reinigten.

In einem Stadtpalais aus dem achtzehnten Jahrhundert, in der Wohngegend von Levallois-Perret wälzte sich ein Hüne mit zerzaustem Haar aus dem Bett und durchquerte unsicher das prunkvoll möblierte Schlafzimmer. In seinem Kopf pochte und stach es fürchterlich, und das T-Shirt, seine einzige Bekleidung, das mit Wein- und Lippenstiftflecken besät war, war ein stummes Zeugnis für den vorherigen Abend.

Es war Henry Jedder. Im Badezimmer klappte er den Toilettendeckel hoch und erleichterte sich. Er fühlte sich von Sekunde zu Sekunde schlechter. Wo war er überhaupt gewesen? Bei Elsie? Und war da nicht auch ein Mädchen im Spiel gewesen? Er konnte sich weder an ihren Namen noch an ihr Aussehen erinnern. Er bediente die Wasserspülung, stützte sich auf das Alabaster-Waschbecken und zwang sich, ein Glas Alka-Seltzer zu trinken. Dann schlurfte er, noch immer fast nackt, aus seiner Suite und tapste die Marmortreppe hinunter. Die Teppichläufer waren derzeit in der Reinigung, und der Marmor übertrug die Kälte auf seine Füße, was ihn sich etwas besser fühlen ließ. Die Nächte wurden schon frischer, und das Haus war kühl. Unten schleppte er sich durch die stille Halle mit ihrem Springbrunnen und der stummen, neoklassizistischen Statue, drückte auf den Knopf des Thermostats für die Heizung und landete schließlich in der modernen Küche, die Rosemary in einem der überflüssigen Empfangssalons hatte installieren lassen. Er mußte sich seinen Kaffee selbst zubereiten. Das portugiesische Dienerehepaar war noch immer mit Rosemary in ihrer Sommerresidenz in Portimão an der Algarve. Der französische Chauffeur, der gleichzeitig die Hausmeisterpflichten erfüllte, hatte seinen Urlaub diesmal im September genommen, statt wie üblich im August. Ihr einziges Kind, Michèle, war in das Internat nach Grenoble und zu ihren beiden militanten Zimmergenossinnen zurückgekehrt. Er war allein.

Er setzte den Wasserkessel auf und versuchte, sich zu konzentrieren. Allmählich erinnerte er sich wieder an den gestrigen Tag: Ach Gott, ja,

Achille Reymond, der COPIC-Direktor, mißtrauisch, fast aggressiv, mit all seinen Fragen hinsichtlich der finanziellen Seite des Öl-Leasings, die kaum zu beantworten waren, ohne die ganze Sache platzen zu lassen. Und das ausgerechnet jetzt, nur einen Monat, bevor die IIC die COPIC völlig unter Kontrolle haben und es nicht das geringste mehr ausmachen würde, was Reymond dachte oder sagte, weil er dann nämlich längst abgesetzt wäre. Jedder fluchte leise vor sich hin. Hatte er Reymond nicht versprochen, am Samstag nochmals zu ihm nach Lyon zu kommen? Richtig. Lunch mit ihm und seiner Frau. Um zu verhindern, daß er womöglich heute nach Paris kam und in der Banque de France aufkreuzte und noch mehr peinliche Fragen stellte.

Während er seinen Kaffee trank, überfiel ihn plötzlich Panik. Diese Sitzung heute vormittag, wann sollte die stattfinden? Er schaute auf die Küchenuhr. Acht. Sollte nicht um halb zehn Collins von der Botschaft herüberkommen? Collins würde dort sein, Ender, Zeismann und er selbst. Nein, um zehn war es. Er hatte also noch Zeit. Es beruhigte ihn, daß Zeismann da war. Der sprach wenigstens französisch und wußte, was hier in Paris gespielt wurde. Der hatte den Kopf nicht nur voll von seiner eigenen Wichtigkeit. Was, zum Teufel, glaubten Ender und Collins eigentlich, wer sie waren? Cowboys! Und Collins, dieser Hurensohn, der unbedingt darauf bestehen mußte, daß dieser saublöde Buchhalter von der IIC die Bücher der COPIC überprüfte. War das nicht ein Belgier oder so etwas, dieser Buchhalter? Ja, richtig, Belgier. Kleiner Mistkäfer. Konnte sein verdammtes Maul nicht halten. Und deshalb war Reymond auf die Idee gekommen, daß das Geld für das Öl-Leasing ursprünglich exportierte Dollar waren und nicht Francs, wie sie ihn glauben machen wollten.

Er fühlte die Gegenwart des Mädchens, bevor er es erblickte. Sie war lautlos hereingekommen, und sie zitterte vor Kälte. Eine Asiatin, klein, flach, mit glattem, pechschwarzem Haar und etwas vorstehenden Zähnen, aber trotzdem ganz hübsch. Außer einem fast durchsichtigen winzigen Slip, der provozierende Schatten sehen ließ, hatte sie nichts an.

Die letzte Nacht fiel ihm wieder ein. Alles. »*Bon jour.*« Sie lächelte herausfordernd. »Kann ich auch was haben?«

Er zeigte auf die Tassen im offenen Küchenschrank.

»*Merci, alors.*« Sie stellte sich auf die Zehen und streifte seine Wange mit den Lippen, während ihn ihre Hände gleichzeitig rasch und intimvertraulich berührten.

Angewidert trat er einen Schritt zurück. Die Nacht, das war *eine* Sache. Der Tag war ganz etwas anderes. Sie lachte und richtete zwei Tassen

her. »Merde!« rief sie aus. »Ist das aber scheißkalt in dieser Leichenhalle hier!«
Da fiel ihm das andere Mädchen ein und daß er sie beide aufgelesen und mit hierher gebracht hatte. In abschließendem Ton sagte er: »In einer halben Stunde kommt die Putzfrau.« Das war eine glatte Lüge; sie kam erst zu Mittag. »Tut mir leid, aber sie darf euch nicht zu Gesicht bekommen.«
Das Mädchen ging mit dem Kaffee zur Tür. »Machen Sie sich nur ja keine Sorgen, *Monsieur.*« Das Wort war sarkastisch überbetont. »Wir werden Sie schon nicht bloßstellen.«
Dann war sie gegangen, und er war allein mit dem lauten Ticken der Küchenuhr.
Gleich nach dem Büro hatte er in Harry's Bar zu trinken begonnen. Wegen des Theaters mit Reymond. Zeismann, der ihn begleitete, hatte zu ihm gesagt: »Hören Sie, Jedder, Sie haben genug getrunken. Kommen Sie, gehen Sie mit mir zum Abendessen. Oder gehen Sie nach Hause. Könnte sein, daß es morgen hoch hergehen wird. Collins kann Sie so wenig leiden wie mich, und der wartet doch förmlich auf eine Gelegenheit, jemandem etwas am Zeug zu flicken.«
»Scheiß auf Collins. Der ist doch nur ein Lakai für Houston. Und dieser gottverdammte Ender wird bald der von Collins sein. Scheiß auf ihn, gleichfalls.«
»Trotzdem.«
»Solche Arschlöcher wie Ender und Collins habe ich schon dutzendweise gekauft und verkauft.«
Dann war er zu Elsie gegangen. Um zwei Uhr früh traf man da halb Paris, Jet-set-Bummler, Stewardessen, Modelle, spröde Debütantinnen. Raffinierterweise hatten sie erst dann Geld von ihm verlangt, als er sie schon mit nach Hause genommen hatte. Doch da war es ihm schon egal gewesen, daß ihn zwei Professionelle hineingelegt hatten, und er hatte sie wirklich dafür arbeiten lassen. Sie hatten Rosemarys Zimmer benutzt, und er erinnerte sich vage, daß es ihm ein perverses Vergnügen bereitet hatte, sich vorzustellen, daß Rosemarys Spiegel alles, was sich in ihnen widerspiegelte, irgendwie heimlich aufzeichnen würden, um Rosemary dann nach ihrer Rückkehr damit zu verhöhnen.
Verunsichert schlürfte er seinen Kaffee. Hatten sie etwa irgendeinen Schaden angerichtet? Diese kleinen Huren. Er würde das gleich überprüfen müssen.
Er ging durch das leere, widerhallende Haus die Treppe wieder hinauf. Er hörte Lachen und das Geplätscher von Wasser in Rosemarys Marmorbadezimmer. Er ging an der Tür zu ihrer Suite vorbei. Er konnte ja später noch nachsehen.

Jedder setzte sich auf die Kante seines prunkvollen Bettes. Es war erst acht Uhr fünfzehn. Ihm war kalt. Er haßte sein Zimmer. Ein Pariser Innendekorateur war dafür verantwortlich. Er haßte die Wuchtigkeit der Empire-Möbel, er haßte den glatten Parkettboden mit den orientalischen Brücken und die vergoldeten Nachttischchen mit den Barocklampen darauf. Es war ein Zimmer, in dem man sich nicht entspannen konnte. Am meisten haßte er die Galerie gerahmter Fotografien, die Rosemary über seinem Schreibtisch aufgehängt hatte: die mit Bob Vesco, er und diese Gruppe von Politikern aus Chicago, ein paar Schnappschüsse von ihm in Gesellschaft von französischen und Schweizer Bankiers, die er beraten hatte, und mit Präsident Pompidou, dann die persönlicheren mit Rosemary und ein paar Freunden an der Riviera. Jeder kleinkalibrige Manager hatte so eine Fotosammlung an der Wand.
Er ging ins Badezimmer und drehte die Dusche auf. Ender hatte gesagt: »Henry, sobald sich die Situation beruhigt hat, können Sie Reymonds Posten haben. Hundertfünfzigtausend Anfangsgehalt.« Er hatte Rosemary nichts davon erzählt. Ender hatte vorläufig äußerste Geheimhaltung gefordert. Aber er wußte genau, was sie gesagt hätte. Nimm an. Sie hätte nie begriffen, welche Fußangel möglicherweise dabei war. Wenn man nämlich erst einmal in eine spezifische Firmenstruktur eingebunden war, dann blieb einem wenig Spielraum, mit großen Einsätzen zu spielen und die wahren Erfolge zu erringen, die einen hervorhoben. Er konnte fast ihre Stimme hören: »Henry, ich möchte ja nicht negativ erscheinen, aber denkst du auch an uns? An unser Haus hier, und an Portugal? Und an alle unsere Freunde?«
Schließlich würde er einsehen müssen, daß sie recht hatte. Seine ständige, drückende Angst vor dem Versagen, vor dem absoluten Mißerfolg, würde den Sieg davontragen, denn auch viel Geld ist eines Tages einmal aufgebraucht. Und er hatte seit des Vesco-Sache nichts mehr verdient. Nicht viel jedenfalls. Andere zu beraten, machte die anderen reich, nicht den Berater. Und je mehr er über die COPIC nachdachte, desto mehr kam er zu der Überzeugung, daß es vielleicht gar keine so schlechte Idee war. Der Job würde ihm eine gute Grundlage bieten, auf der er wieder größere, bessere Dinge aufbauen konnte. Schließlich war ja da auch noch immer das Kohlekartell; seine Chancen, es wieder zu vereinigen, waren noch immer recht gut. Da war auch noch jene Marktlücke in Rußland, die er entdeckt hatte und aus der etwas zu machen wäre. Und dann das neue Schema des steuerfreien Wiederverkaufs von Eurodollars – was da an Möglichkeiten drinsteckte! Irgendwie würde er schon die Zeit finden, sich mit all dem zu befassen.

Wenn Reymond nicht alles zunichte machte. Gottverdammter Kerl! Irgendwer mußte da eine Lösung finden, damit der endlich aufhörte, Schwierigkeiten zu machen. Das fiel ja nun wirklich nicht unter seine Verantwortung, und, verdammt noch mal, er würde nicht dulden, daß Collins oder sonst irgendwer versuchte, ihm die Schuld dafür in die Schuhe zu schieben.
Nach der Dusche fühlte er sich bedeutend besser. Er hatte seinen Spaß gehabt, und Paris war voll von Männern, die mit schwerem Kopf aufstanden und Mädchen wegschickten. Er trocknete sich ab und ging ins Schlafzimmer, und da war das zweite Mädchen, nur mit einer offenen Strickjacke bekleidet, und stöberte in seiner Zigarettendose. Sie war Französin, groß und naturblond, und abgesehen von ihren schlaffen Hängebrüsten, die wie Fremdkörper an ihr wirkten, war sie auf sportlich-frische Weise sehr attraktiv. Doch plötzlich war er höchst beunruhigt. Sie war sehr jung. Jünger, als er gedacht hatte. Angenommen, sie wurde beim Verlassen des Hauses gesehen? »Oh, hello! Ich habe leider keine mehr«, sagte sie entschuldigend.
Er bedeckte sich mit dem Handtuch. Er war erstaunt über ihre guten Manieren und ihr ausgezeichnetes Französisch. Sie kam offensichtlich aus gutem Hause.
Sie zündete sich eine Zigarette an. »Ist das Ihre Frau?« Sie deutete auf ein gerahmtes Foto von Rosemary auf dem Toilettentisch. »Sehr attraktiv.« Unbefangen setzte sie sich rittlings auf einen hochlehnigen Stuhl. »Wir haben ihr Parfum und all das wieder aufgeräumt und die Betten abgezogen. Die Bettwäsche liegt draußen auf dem Sessel in der Halle. Machen Sie sich nur keine Sorgen. Ich bin es gewöhnt, das Zimmer meiner Mutter auch so in Ordnung zu bringen.« Sie lächelte und fügte hinzu: »Hören Sie, es tut mir wirklich leid, Sie um etwas bitten zu müssen, aber ich bin total abgebrannt.« Sie zögerte. »Könnten Sie nicht vielleicht noch ein bißchen was dazulegen?«
Sein Magen krampfte sich zusammen. Sie hatte zwar nicht von Erpressung gesprochen, aber es lief auf das gleiche hinaus. »Wieviel?«
Sie zuckte die Achseln und begann, ihre Strickjacke zuzuknöpfen. »Ganz wie Sie glauben.«
Er ging zu dem Teakholzkleiderständer, wo sein Anzug hing, und zog eine Fünfhundert-Franc-Note aus seiner Brieftasche. Sie starrte auf das Geld. »Sie könnten nicht vielleicht noch eine dazulegen?« Sie lächelte versonnen.
Er gab ihr eine zweite dazu.
»Danke. Sie sind wirklich sehr nett. Ich habe Ihnen meinen Namen und meine Telefonnummer auf Ihren Notizblock geschrieben. Am be-

sten erreichen Sie mich immer am späten Vormittag. Nachmittags arbeite ich nämlich. Papa hat mir einen Job in Orly verschafft.« Sie warf einen Blick zur Tür und senkte die Stimme. »Und wissen Sie was, wenn Sie nächstes Mal eine andere dabeihaben wollen, kann ich das auch ganz leicht arrangieren. Die da habe ich sowieso erst gestern nacht kennengelernt.«

Zehn Minuten später sah er ihnen nach, als sie durch die rückwärtige Garagentür hinausgingen, die zu den hügeligen Wiesen hinter dem Garten führte; zwei durchaus anständig wirkende Mädchen, die Blonde in sportlich engem Rock und mit einer kostspieligen St.-Laurent-Schultertasche. Niemand sah ihnen an, daß sie etwas anderes als Freundinnen von Michèle waren.

Er zog sich an, überschäumend vor plötzlichem Optimismus. Selbst wenn nur die Hälfte seiner Projekte Früchte trug, brauchte er sich keine Sorgen mehr zu machen. Was Reymond anging, so hatte Dallas schon viel bedeutendere Leute rechtzeitig und nachhaltig zum Schweigen gebracht. Er ging hinunter, trank noch eine Tasse Kaffee und verließ dann das Haus durch den Haupteingang. In diesem Viertel lag die dreispurige Straße noch in morgendlicher Stille. Es war etwas belebend Herbstliches in der Luft. Sein Mietwagen erwartete ihn, der Aushilfschauffeur grüßte respektvoll. Sie fuhren los und bogen in den Boulevard Viktor Hugo ein.

Die herbstlichen Bäume erinnerten ihn plötzlich an eine Zeit vor Jahren im New Yorker Oberland, seiner Heimat. Gleich nach der Vesco-Sache waren er und Rosemary zur Beerdigung seiner Mutter dort gewesen. Im Haus seiner Schwester, in einer stillen, mit Bäumen gesäumten Kleinstadtstraße, hatten er und Rosemary zum ersten Mal seit Ewigkeiten wieder gemeinsam in einem Bett geschlafen. Die dortige Universität hatte ihm einen Lehrstuhl für Wirtschaftskunde angeboten, und er hatte sich unendlich weit weg von Europa und voll Nostalgie an die Zeit ihrer ersten Liebe erinnert gefühlt. Aber sie war nicht darauf eingegangen. »Wenn du dir jemals wirklich das akademische Leben in einer kleinen Provinzstadt gewünscht hättest, mein lieber Henry, dann hättest du dich ja wohl auch von Anfang an dafür entscheiden können.« Auch über seinen Plan, ein Buch zu schreiben, hatte sie sich aufgeregt. Und vielleicht hatte sie sogar recht gehabt. Ein Buch, auch wenn es noch so erfolgreich war, das sich nur an einen bestimmten, begrenzten Leserkreis von Fachleuten wendete, konnte einem höchstens Ruhm, aber nicht das große Geld einbringen.

An einer Kreuzung mußten sie anhalten, und seine Gedanken kehrten in die Gegenwart zurück. Bald würde er in gewisser Weise die Geschicke all dieser alltäglichen Menschen in der Hand haben, die da in ihre Büros eilten, um ihre alltägliche Arbeit zu verrichten. Das war immerhin keine Kleinigkeit. Wieder dachte er an das blonde Mädchen. Sie war aufregend. Sicher war sie älter, als sie aussah. Vielleicht konnte er am Samstag in Lyon nach der Unterredung mit Reymond die Nacht in der COPIC-Suite des Hotel Royal verbringen und für sie und eine Freundin ein Zimmer am anderen Ende des Ganges nehmen. Aber es müßte schon eine andere sein, dachte er; diese Asiatin hatte ihm gar nicht gefallen; sie hatte keine Manieren.

11

Es gibt in Paris Stadtteile, die kaum ein Tourist kennt. Einer davon ist das neunzehnte Arrondissement, in der Nähe der Vieh- und Schlachthöfe, in dessen Zentrum der Knotenpunkt von zehn nach lokalen kommunistischen Funktionären benannten Straßen liegt, der *Place du Stalingrad.*
Rund um den Platz gibt es mehrere Brasserien, und um zehn nach acht Uhr morgens waren sie menschenleer. Die Stammkunden hatten schon längst ihren Kaffee oder Cognac getrunken und waren zur Arbeit gegangen.
Vor einer davon, der Brasserie du Cochon d'Or, befaßte sich ein unauffälliger Klempner in verblichener blauer Arbeitskluft eifrig damit, auf einer transportablen Werkbank Rohre zuzuschneiden. Er war mit seinem Gehilfen erst vor wenigen Minuten angekommen und hatte sie von einem uralten Peugeot-Lieferwagen abgeladen. Ein magerer Kellner, der mit hängenden Schultern, das Serviertuch in den Gürtel gesteckt, im Türrahmen lehnte und mit einem Streichholz in seinen vorstehenden Fernandelzähnen herumstocherte, sah ihnen gelangweilt zu.
Im Lokal saß Aaron Zeismann, der auch zusah. Er hatte einen Espresso bestellt und sich an ein vom Fenster etwas entferntes Tischchen gesetzt. Vor etwa zwanzig Minuten hatte er den Peugeot wieder entdeckt. Er hatte bereits vor zwei Tagen bemerkt, daß ihm die Männer in dem Auto ständig folgten, und so war er nun in die Brasserie gegangen, um sie endgültig abzuhängen. Sie arbeiten ganz schön schnell, dachte er: Wagen parken, Werkbank und Werkzeuge auspacken, so tun, als ob sie arbeiteten. Die offensichtliche Vertrautheit mit ihrer Ausrüstung deutete darauf hin, daß sie Europäer waren.
Um zehn Uhr mußte er zu einer Besprechung mit Ender, Collins und Henry Jedder bei der Dallas sein; der Fall Achille Reymond hatte sich

zu einem unerwartet peinlichen Problem entwickelt, und Jedder regte sich ziemlich darüber auf. Er war ein Bona-fide-Genie, dieser Jedder, in vielfacher Hinsicht, und es gab wohl kaum jemanden, der die ganze Operation Trikolore so genau und sorgfältig hätte planen können oder so erfolgreich die Anonymität der für die Bestechungen in Frankreich benötigten Schweizer Gelder durch Registrierungen auf den Bermudas, in Panama und Curaçao zu wahren gewußt hätte. Aber andererseits war er ein Neurotiker, der sich der Illusion hingab, in der hohen Finanz eine Macht darzustellen, und das machte ihn schwierig. Collins haßte ihn.

Aaron trank den Kaffee aus. Gab es vielleicht eine Möglichkeit, das schwelende Feuer auf subtile Weise zu schüren?

Er war jetzt seit über drei Wochen in Paris und hatte mit Ender ziemlich viel Zeit bei der IIC in Brüssel verbracht, aber er hatte noch immer niemanden ausmachen können, der als Zeuge für Julian Strachey in Frage kam. Bald könnte es überhaupt zu spät sein. Er mußte jetzt jede noch so geringe Unzufriedenheit ausnutzen, jede auch nur andeutungsweise Meinungsverschiedenheit fördern und hoffen, daß etwas für ihn Brauchbares dabei herauskam.

Er warf einen Blick auf die Klempner und ihren Peugeot, dann auf seine Uhr. Acht Uhr dreißig. Er zog eine Handvoll Kleingeld aus der Tasche, und seine Gedanken wanderten zu Juliet. Gestern hatte er sie angerufen, und sie war herzlich und liebevoll gewesen, aber in seinem Inneren war etwas blockiert. Es war ihm schwergefallen, sich auf all das zu konzentrieren, was sie ihm in allen Einzelheiten aus ihrer Welt berichtete, von ihrem Vater, dem irgendeine öffentliche Ehrung zuteil geworden war, und daß sie aus diesem Anlaß letztes Wochenende nach Yale geflogen war; von Esther, von der Gartenarbeit. Je länger sie gesprochen hatte, desto weniger vertraut war sie ihm vorgekommen; Oxford mutete ihn unerwartet fremd an, und sein amerikanisches Leben schien ihm langsam zu entgleiten. Das Telefongespräch verfolgte ihn auch heute noch und bedrückte ihn wie ein Alptraum.

Er erhob sich. Er hatte genau geplant, was er tun würde und auf welche Weise. Es war gefährlich, und es war abscheulich. Es würde geschehen, weil es notwendig war und weil er diese eiskalte Wut in sich spürte, die nichts mit dem respektablen Washingtoner Beamten in ihm zu tun hatte. Das war ein völlig anderer. Dieser hier war wieder das heimatlose Kind einer arabischen Hure, das in einer arabischen Bidonville ums Überleben gekämpft hatte, und der spätere Polizeispitzel in Le Havre.

Er brauchte den Rücken frei, zumindest für einen oder zwei Tage. Er mußte sich mit Bejerec treffen, und die beiden Typen da draußen wa-

ren nicht dieselben Gorillas, die Larsen ihm drüben in Washington nachgeschickt hatte. Sie waren sicherlich sehr gut, und es würde bestimmt auch Ersatzleute für sie geben. Aber auf das, was sie erwartete, waren weder sie noch Arnheimer Larsen vorbereitet.
Er legte zwei Francs für den Kaffee auf den Tisch, ging zu dem Telefon an der Wand und warf eine Telefonmünze ein. Er versuchte, sich zu entspannen. Am anderen Ende der Leitung klingelte es einige Male, bevor ein Mann sich meldete. Er hatte einen rauhen Marseiller Akzent.
»*Je vous écoute.*«
»*C'est moi.* Der Peugeot. Dieselbe Geschichte wie gestern.«
»*Putain!* Wo bist du jetzt?«
»Place du Stalingrad.«
»Stalingrad? Was gibt's denn da draußen? Eine Parteiversammlung?«
Aaron lächelte über den Sarkasmus seines Gesprächspartners. »Der Platz ist gut geeignet. Nicht zu viele Zeugen, und vielleicht wird die Sûreté den Roten die Schuld geben.«
»Du bist vollkommen verrückt, weißt du das? *Fou!* Wäre besser, du ließest mich das erledigen.«
»Danke. Aber ich will, daß ihr Boß weiß, daß ich es war. Hör mal, wenn irgend etwas schiefgeht, dann ruf die Nummer an, die ich dir gleich sagen werde, laß es dreimal klingeln, leg auf, ruf dann wieder an und laß es zweimal klingeln. Sag dem, der sich meldet, was los ist. Und dann vergiß es. *D'accord?*«
»*Oui, oui. Entendu, alors.*«
Aaron gab ihm Bejerecs Telefonnummer und legte auf. Sein Gesprächspartner war der Besitzer des *Relais Maritime.* Das war ein ständig ausgebuchtes kleines Hotel im elften Arrondissement, nicht weit vom Place de la Bastille. Es war sehr altmodisch, eines der letzten dieser typischen Pariser Hotels. Es lag in einer engen Gasse zwischen Bistros, Bäckereien und Lebensmittelläden, was dafür entschädigte, daß es im Hotel selbst kein Restaurant gab. Die Gäste waren meist Franzosen; Intellektuelle, Theater- und Filmleute, Provinzadel, Politiker aller Parteien, und nur gelegentlich stieg auch ein eingeweihter Engländer oder ein anderer Ausländer dort ab.
Als Aaron vor einem Jahr zum ersten Mal herübergekommen war, hatte ihm Ender eine Penthouse-Wohnung im noblen sechzehnten Arrondissement angeboten. Er hatte abgelehnt. »Wenn ich die Franzosen einschätzen lernen soll«, hatte er gesagt, »dann muß ich schon dort leben, wo die Ansichten nicht die der Reichen mit all ihren Vorurteilen sind.« Das war natürlich nicht der wahre Grund, warum er im

Relais Maritime wohnen wollte. Der wahre Grund war Louis Tattel, der Mann, mit dem er soeben telefoniert hatte.
Tattel, jetzt mittleren Alters und dick geworden, war Fallschirmjäger im Algerienkrieg und einer der Geheimdienstleute gewesen, die seinerzeit das Komplott zur Ermordung de Gaulles aufgedeckt hatten. In Anerkennung seiner Loyalität hatte de Gaulle persönlich veranlaßt, daß gewisse Konflikte, in die der alte »Para« mit dem Gesetz geraten war, aus der Welt geschafft wurden. Tattel hatte das kleine Hotel gekauft und war untergetaucht, hatte jedoch nach wie vor die besten Verbindungen zu so gut wie allen Leuten, von denen man kaufen konnte, was man so brauchte – von gefälschten Papieren bis zu illegalen Waffen. Außerdem hatte er ungefähr jeden zweiten Inspektor der Sûreté in der Hand.
Aaron hatte ihn kennengelernt, kurz nachdem er für Bejerec zu arbeiten begonnen und bevor er ihn nach Amerika geschickt hatte. Der SDECE hatte die Pyrenäengrenze gegen eindringende OAS-Leute, die zu Staatsfeinden geworden waren, bewacht. Eine Kugel aus dem Revolver eines Obersten hatte Tattels Schienbein zerschmettert, und Aaron hatte den Verwundeten unter Lebensgefahr zwanzig Kilometer weit durch Nacht und Sturm ins nächste Krankenhaus geschleppt. Louis Tattel fühlte sich ihm daher zeitlebens verpflichtet, und neben Bejerec war er der einzige Mensch, dem Aaron jemals vertraut hatte.
Im *Relais* konnte Aaron Tattels Privattelefon benutzen. Es stand in dem kleinen Wohn-Schlaf-Büro Tattels hinter der Hotelrezeption und war dank eines Technikers, der Tattel verpflichtet war, nicht einmal in der Telefonhauptzentrale registriert. Als Vorbeugung auch gegen die ausgeklügeltsten Abhörmethoden diente ein Spezialgerät, das Aaron aus den USA mitgebracht und in Tattels Fernsehapparat eingebaut hatte.
Schon vor ein paar Tagen hatten Tattel und Aaron über Larsens neuerliche Überwachungsaktivitäten gesprochen. Aaron wollte ganz sichergehen, daß es nicht etwa Bejerec war, der heimlich jemanden auf ihn angesetzt hatte – was Bejerec natürlich nicht zugeben würde, wenn er ihn fragte. Aaron war in Tattels Büro an dem kleinen, runden Tisch gesessen, der sowohl als Eß- wie auch als Spieltisch diente. Tattel selbst, der sofort durchschaut hatte, worum es ging, hatte sich auf dem algerischen Teppich ausgestreckt, der sein altes Eisenbett bedeckte. Die Wand über ihm war mit Fotos seiner alten Kameraden und mit ausgebleichten Pin-ups bedeckt. Die Atmosphäre hier drinnen war völlig anders als der altertümliche Charme der Hotelhalle draußen und der rustikale Charakter der Gästezimmer oben. Tattels ma-

kellose Portieruniform mit gekreuzten goldenen Schlüsseln auf den Revers, die an einem Haken hinter der Tür hing, war der einzige Hinweis auf den Hotelbetrieb.
»Das sind keine Franzosen«, sagte Tattel. »Zumindest keine Pariser. Unter Garantie.« Er schnippte die Kippe seiner Zigarette genau in eine 105-mm-Granathülse aus Messing. Dann erhob er sich und schenkte für Aaron und sich selbst noch ein Glas Eau de Vie ein.
»Könnten es vielleicht Belgier sein?« fragte Aaron.
Das fleischige Gesicht des Hotelbesitzers zeigte Überraschung. »*Tiens!* Tatsächlich, ja, ich glaube, Emile hatte auch den Eindruck. Hatte ich ganz vergessen. Ich muß ihn noch mal fragen.«
»Laß nur. Es paßt nämlich genau.«
Vielleicht war sein Zorn zu diesem Zeitpunkt erwacht. Die IIC in Brüssel also, französischsprachige, gedungene, belgische Schläger; nur ein echter Franzose würde den Unterschied ihres Akzents erkennen. Die IIC hatte der Dallas schon immer jede nur erdenkliche Unterstützung geboten.
Als er deshalb heute früh wieder den Peugeot in einer Ecke seines Rückspiegels entdeckt hatte, hatte er ihn absichtlich nicht abgeschüttelt, sondern ihn in gebührendem Abstand folgen lassen; dann war er nordwärts auf den Boulevard Sebastopol eingebogen und hatte seine Beschatter schließlich in diese relativ verkehrsarme Gegend am Stadtrand gelockt.
Er hatte seinen Citroën DS 21 ein paar Meter von der Brasserie du Cochon d'Or geparkt. Dann war er hineingegangen, hatte Kaffee bestellt und in Ruhe zugeschaut, wie der Peugeot heranfuhr und genau vor seinem Wagen geparkt wurde, wie dann die beiden Typen ausstiegen und vortäuschten, zu arbeiten. Sie waren ihm auf den Leim gegangen.
Jetzt verließ er die Brasserie. Er blieb neben dem Kellner stehen und beobachtete sie. Jedem anderen wären die beiden völlig normal vorgekommen. Doch die Werkbank war so aufgestellt, daß sie schnellstens wieder zusammengepackt werden konnte, falls er plötzlich einen Ortswechsel vornahm, und das Rohr, das sie abschnitten, war nicht dazu bestimmt, irgendwo verlegt zu werden, sondern würde in den Peugeot zurückgeworfen werden.
Ohne den Kellner anzuschauen, sagte er ihm leise, aber deutlich vier kurze Worte: *»Foute-moi le camp.«* Hau ab.
Es waren nicht die Worte oder ihre plötzliche Vulgarität. Es war sein Ton, die absolute Ausdruckslosigkeit seines Gesichts. Das Streichholz hielt fünf Zentimeter vor den schadhaften Zähnen inne, die Plattfüße versteiften sich in den abgetretenen Schuhen. Die wäßrigen

Augen starrten geradeaus, wie versteinert. Dann schlurfte der Kellner zurück ins Restaurant.
Aaron überquerte den Gehsteig. Die Haare in seinem Nacken waren wie elektrisiert. Zum ersten Mal war ihm der Gedanke gekommen, daß er sich vielleicht überschätzte. Wenn es hier wirklich ums Ganze ging, wenn sie den Auftrag hatten, ihn umzulegen, dann hatten sie das auch gut arrangiert, waren bestens vorbereitet, und der 25er in seinem Gürtel, den ihm Tattel letzte Nacht aufgedrängt hatte, würde ihm nicht viel nützen.
Doch unbehelligt erreichte er seinen Citroën. Er schlüpfte hinters Lenkrad, ließ den Motor an, setzte den Wagen ein paar Meter zurück, dankbar, daß der Platz hinter ihm frei war, und legte den ersten Gang ein. Er wußte, daß sie ihn beobachteten. Wenn er losfuhr, würden sie das im selben Moment über Funk ihrer Ablösung mitteilen, und eine andere Mannschaft, die wahrscheinlich irgendwo in der Nähe wartete, würde ihre Aufgabe übernehmen. Er hatte nicht vor, dieser anderen Mannschaft genügend Zeit dafür zu lassen.
Er begann, die Räder von der Bordsteinkante wegzudrehen. Dann riß er plötzlich das Lenkrad herum und trat den Gashebel durch.
Der DS 21 ist ein starker Wagen. Im nächsten Moment war er über den Bordstein, und den Klempnern blieb keine Zeit, aus dem Weg zu springen.
Er ließ den Fuß auf dem Gaspedal. Es gab ein scheußliches, knirschendes Geräusch, der Wagen überrollte die Werkbank und die Männer und kam hinter dem Peugeot wieder zurück auf die Fahrbahn. Einer der Männer wurde am Bein mitgeschleift, ehe er nach zehn Metern schreiend auf der Fahrbahn liegenblieb; der andere Mann lag auf dem Gehsteig, ein zerschmettertes, blaues Bündel inmitten der Trümmer der Werkbank.
Mitten auf der Place du Stalingrad erschien ein Polizist, unverkennbar mit seiner weißen Kappe, der blauen Uniform und dem Gummiknüppel. Er blieb wie angewurzelt stehen, ehe er sich faßte und die Trillerpfeife an die Lippen setzte.
Aaron schoß direkt auf ihn zu, den Daumen auf der Hupe. Innerhalb von Sekunden würde jemand seine Nummer notiert haben. Der Flic griff nach der Pistole, dann sprang er um sein Leben. Die Waffe schlitterte über das Straßenpflaster. Reifen und Bremsen kreischten, entsetzte Autofahrer starrten entgeistert. Der Citroën raste mit voller Geschwindigkeit diagonal durch den schwachen Verkehrsstrom. Nach drei weiteren Sekunden war er in einer Seitenstraße verschwunden.
Neben der Brasserie du Cochon d'Or kam als erste eine entsetzte, junge Stenotypistin aus einer Bäckerei. Sie rannte zu dem blauen Stoff-

bündel auf dem Gehsteig und beugte sich nieder, um zu helfen. Dann erblickte sie das, was einmal ein Gesicht gewesen war, und sie begann anhaltend und durchdringend schrill zu schreien.

12

Das Büro der Dallas Research Foundation war auf der anderen Seite von Paris, in der Avenue Kléber, einer breiten Prachtstraße mit teuren Läden und Büros, nicht weit vom Arc de Triomphe und vom Bois de Boulogne. Die Büroräume der Dallas erstreckten sich über mehrere umgebaute Wohnhäuser aus dem achtzehnten Jahrhundert, die einen gepflasterten, kleinen Innenhof umgaben, den man von der Avenue Kléber durch einen Arkadengang erreichte.

Es war Hauptverkehrszeit, und Aaron brauchte fast eine Stunde, um Paris zu durchqueren. Von den Champs-Élysées fuhr er in die Avenue Kléber, und nach ein paar hundert Metern verringerte er seine Geschwindigkeit und bog rechts in die Arkaden ein. Ein ältlicher Portier erschien in der Tür seiner Loge. Er erkannte Aaron und öffnete das hohe, eiserne Gittertor für ihn. Aaron fuhr hindurch und in den Innenhof.

Sein Blick überflog die dort auf den reservierten Parkplätzen abgestellten Wagen. Ender war da und auch Jedder. Der schwarze englische Rover auf dem Gästeparkplatz hinter dem steinernen Brunnen gehörte Collins. Um Ender gegenüber mit seinem Einfluß zu prahlen, hatte Collins den Konferenzsaal der Dallas für seine Zwecke in ein Privatbüro verwandeln lassen und bestand darauf, daß er bei jeder Sitzung, an der er teilnehmen mußte, benutzt wurde. Zu diesen Gelegenheiten, die glücklicherweise selten waren, pflegte er aber nicht mit der offiziellen Limousine der Botschaft zu kommen.

Aaron parkte seinen Wagen. Er hatte unterwegs angehalten, um den Schaden zu begutachten. Der linke Scheinwerfer war zerbrochen, der Kühler eingedrückt, die Stoßstange stark verbogen und zerschrammt. Er hatte Glück gehabt; er hätte den Wagen auch zu Schrott fahren können.

Er fragte den Sicherheitsbeamten am unteren Eingang, ob Larsen schon eingetroffen war.

»Ja, Sir.« Der Mann wies auf eine korrekte und leserliche Unterschrift im Kontrollbuch. »Vor zehn Minuten.«

Er würde schon Bescheid wissen, dachte Aaron. Und innerlich, hinter seinen albinoartigen Augen, würde er rasen vor Wut, weil er nicht das

Geringste tun konnte. Er trug sich ebenfalls ein und fuhr mit dem Lift nach oben. Zu seiner Erleichterung war er allein in der Kabine.
Die Büros im Erdgeschoß und in den unteren drei Etagen dienten Dallas' französischem Deckmantel, dieser Bona-fide-Institution für wirtschaftliche Forschung und Auswertung, die sowohl die französische als auch die amerikanische Regierung mit objektiven Informationen über das künftige Energieabkommen versorgte.
Aaron stieg in der vierten Etage aus. Schwindelerregend. Eine breite Wendeltreppe führte hinunter in die Eingangshalle. Um den oberen, ringförmigen Treppenabsatz waren sein eigenes sowie die Büros von Ender, Jedder und Collins und ihrer Sekretärinnen angeordnet, ferner eine Telefonzentrale, in der auch ein Fernschreiber und zwei Telefone mit direkter Verbindung zum Washingtoner Büro untergebracht waren. Er blickte auf die Uhr. Neun Uhr fünfundvierzig. Es blieben ihm noch fünfzehn Minuten.
Jedders Zimmer war das erste neben dem Lift. Die Tür stand offen, und Jedder saß hinter seinem Schreibtisch – eine bärenhafte Gestalt im Gegenlicht des auf den Innenhof hinausgehenden Fensters. Schon allein wegen seiner Körpergröße wirkte er bedeutend – und an diesem Morgen strahlte er noch zusätzliche Aggressivität aus. Aaron allerdings wußte, daß er einen fürchterlichen Kater haben mußte. Manchmal war es wirklich schwierig, den bedeutenden Finanzkaufmann mit dem Mann in Übereinklang zu bringen, der eine zerrüttete Ehe mit einer Frau des internationalen Jet-sets führte und eine unglückliche Schwäche für Alkohol und minderjährige leichte Mädchen hatte. Für die bürgerlichen Maßstäbe des Botschafters Collins aus Alabama war das einfach zuviel, da konnte man wirklich keine Harmonie erwarten.
Aaron legte so viel Fröhlichkeit wie möglich in seine Stimme. »Wollen Sie einen Revolver, oder tut's auch ein Alka-Seltzer?«
Langsam hob Jedder den Blick. Als er Aaron erkannte, brachte er ein Lächeln zustande.
»Sie sehen aus, als ob Sie gestern noch weitergemacht hätten, nachdem wir uns getrennt haben«, erklärte Aaron. Allerdings sah Jedders Anzug immer so aus, als ob er darin geschlafen hätte. Noch ein Punkt, den Collins ihm ankreidete.
»Ich hätte auf Ihren Rat hören sollen.«
»Niemand hört jemals auf den Rat eines anderen. Also, dann sehen wir uns ja in einer Viertelstunde drüben.« Aaron ging weiter zur nächsten Tür und in sein eigenes Büro.
Daß hier alles völlig normal und alltäglich war, empfand er als reinste Ironie. Dieses gediegen ausgestattete Direktionsbüro schien unvereinbar mit der Realität der Ereignisse auf dem Place du Stalingrad vor

fünfundvierzig Minuten. Der große Eichenholzschreibtisch, die geschmackvoll gerahmten Drucke an den tapezierten Wänden, der dicke Spannteppich; all das paßte nicht zu Mord.
Auf einem Tischchen lag ein Stapel europäischer Zeitschriften und französischer Tageszeitungen zur Durchsicht für ihn bereit. Ein teures Rundfunkgerät ermöglichte ihm den Empfang aller europäischen Stationen. Ein Fernsehapparat zeigte stumme Bilder; der Ton war abgeschaltet.
Er schloß die Tür hinter sich und setzte sich an den Schreibtisch. Seine Tagesarbeit war von seiner Sekretärin sorgfältig bereitgelegt worden; der Kalender war aufgeschlagen, damit ihm keine seiner rotumrandeten Verabredungen entging. In der Mitte der Schreibunterlage lag ein dünner, blauer Aktendeckel. Darin war – gegen alle Neugierigen sorgfältig verschlüsselt – der versiegelte, drei Seiten umfassende, streng geheime Wochenbericht über den letzten Entwicklungsstand des Unternehmens Trikolore in Frankreich. Es war seine Aufgabe, diese Berichte abzufassen. Den neuesten hatte er schon am Freitag abend geschrieben. Außer den Empfängern der einzigen drei Exemplare, nämlich Collins, Ender und Jedder, würde niemand den Zusammenhang verstehen können. Sobald sie den Bericht durchgelesen hatten, wurde jedes Exemplar sorgsam in den kleinen elektrischen Papierwolf gesteckt, mit dem jedes Büro ausgerüstet war; Collins benützte allerdings meistens den Shredder in der amerikanischen Botschaft, nachdem er den Bericht dort entweder von Ender oder Aaron selbst übernommen hatte.
Neben dieser Akte lag in einer roten Hülle ein zwanzigseitiger Entwurf, der noch umgeschrieben werden mußte – ein vertraulicher Bericht über die Ereignisse des letzten Vierteljahres, den der Staatssicherheitsbeauftragte und höchstwahrscheinlich auch der Präsident zu sehen bekommen würden, wenn Ender in zwei Wochen zur Berichterstattung nach Washington flog. Dieser Quartalsbericht war sorgfältig verschlüsselt und sah aus wie der Bericht über die Übernahme einer französischen Werkzeugmaschinenfabrik durch eine niederländische Aktiengesellschaft, mit angemessen reduzierten Zahlenangaben.
Es klopfte leise an der Vorzimmertür, und seine Sekretärin Jacqueline trat ein. Sie war zart und blond und nicht besonders hübsch, hatte aber einen breiten, sinnlichen Mund und große, klare Augen. Sie war mit einem Studenten der Technik verheiratet und half ihm bei der Finanzierung seines Studiums. Obwohl sie Französin war, sprach sie mit Aaron Englisch, da sie ihn natürlich für einen Amerikaner hielt. Eine Ironie, die ihm nicht entging.

»Guten Morgen! Ich habe Sie hereinkommen gehört.« Sie stellte eine Tasse Kaffee vor ihn auf den Schreibtisch.
»Bonjour, und vielen Dank.« Aarons Blick ruhte auf Jacquelines hochschwangerem Bauch. »Wann werden Sie denn das Ding da zum Vorschein bringen? In der Mittagspause?«
»Ich wollte, es wäre wirklich bald soweit. Fühlen Sie mal!« Sie legte seine Hand auf ihren Bauch. Überraschend nahe an der Oberfläche pochte etwas kräftig dagegen.
»Aua«, sagte er.
Sie lachte. »Vergessen Sie ihren Termin nicht. In fünf Minuten.«
Sie ging hinaus und schloß sachte die Tür hinter sich. Aaron mochte sie gern, und in ihrem Interesse war er froh, daß sie die Arbeit bald aufgeben würde. Anderseits würde er sich verlassen fühlen, denn sie hatten immer gut zusammengearbeitet, und sie würde ihm fehlen. Irgendwie verkörperte sie für ihn all die wirklich guten Eigenschaften, die er an Frankreich so liebte.
Als er ein paar Minuten später durch ihr Büro ging und die Kaffeetasse auf ihrem Schreibtisch abstellte, lächelte sie anerkennend, ohne aufzusehen. Sie steckte mitten in ihrer Arbeit, ihre Schreibmaschine ratterte mit Höchstgeschwindigkeit.
Die Tür zu Collins' Konferenzsaal stand noch offen, und er sah Collins hinter dem riesigen Schreibtisch sitzen, den er sich speziell hatte anfertigen lassen. Auch Ender war da, rekelte sich hemdsärmlig und mit hinter dem Kopf verschränkten Armen auf der Couch; er hatte ein Bein auf den Rauchtisch gelegt und das andere über die Seitenlehne der Couch gehakt. Ender streckte immer alle viere von sich, ganz gleich, wo er war. Nicht weit von ihm nahm Jedder gerade etwas steif und förmlich auf einem hochlehnigen Stuhl Platz; seine Umgangsformen waren eher europäisch. Er sah jetzt etwas weniger krank aus.
In Aarons Gedankengängen hatten sich ein paar Dinge herauskristallisiert. Unwissentlich hatte da ein halsstarriger Industrieller aus der fernen Industriestadt Lyon, fünfhundert Kilometer südlich von Paris, in diesem Raum hier Elemente potentieller Zwietracht gesät, die ohne große Schwierigkeiten zu nähren sein würden.
Collins wollte Ender abschießen und suchte krampfhaft nach einem passenden Vorwand dazu. Reymond und die COPIC waren Jedders Werk, und Jedder war von Ender herangezogen worden. Irgendwelche Schwierigkeiten mit Reymond würde Collins als Waffe gegen Ender benutzen. Ender war sich dessen vollauf bewußt und daher gereizt und auf der Hut. Auch Jedder selbst war gereizt, außerdem machte er sich Sorgen wegen Reymond, der zwar keine wirkliche Gefahr für das Unternehmen Trikolore an sich darstellte, aber mit Sicherheit eine

Menge unangenehmer Situationen verursachen konnte, wenn man ihn nicht sofort und gründlich niederbügelte. Außerdem hatte Jedder die ständige hinterhältige und absichtliche Unterminierung seiner Position und seines Prestiges satt.

Aaron nahm sich vor, besonders vorsichtig zu sein und nicht zuviel zu riskieren. Vor allem durfte er Collins nichts in die Hand spielen, was dessen ohnedies schon negative Meinung von ihm noch bestärken und glaubwürdiger machen könnte.

Er überschritt die teppichbelegte Schwelle und schloß die schwere Tür hinter sich. Sie war schalldicht und erinnerte an eine Tresortür. Sie gab ihm das unerwartete, eigenartige Gefühl der Isolierung und der Verwundbarkeit. Für einen Augenblick empfand er den überwältigenden Wunsch, sich umzudrehen und davonzulaufen. Für immer davonzulaufen. Aber wohin?

Er sagte freundlich und scheinbar unbeschwert »Guten Morgen!« zu Collins und Ender und nahm in einem bequemen Sessel Platz. Dann zog er Notizblock und Kugelschreiber aus der Tasche und wartete.

13

Ryan »Banjo« Collins war in derselben Anwaltskanzlei tätig gewesen wie der jetzige Sprecher des Weißen Hauses. Als Selfmade-Millionär aus dem Bezirk Pickens, Alabama, hatte er in Washington als Lobbyist sein Glück gemacht, indem er Gelder aus dem Süden und Südwesten gegen das festverwurzelte Kapital des Nordostens ausspielte. Vor etlichen Jahren hatte er durch eine intensive Propagandaaktion sein bis dahin politisch nachteiliges Image als ehemaliger überzeugter Anhänger sowohl des Ku-Klux-Klan als auch der konservativen Partei ausmerzen können. Heutzutage erinnerte nur noch sein Spitzname daran, daß er seine öffentliche Laufbahn eigentlich als Countrysänger begonnen hatte und dann, ohne seine Manier als »netter großer Junge« ganz abzulegen, mit der Zeit in Kreisen des amerikanischen Außenhandels den Ruf eines hochgeschätzten, erfahrenen Politikers erlangt hatte. Schließlich hatten ihm Wahlkampfspenden in der Größenordnung von etwa zweihunderttausend Dollar das Amt des Botschafters in Frankreich eingebracht. Seine zusätzliche und in der Öffentlichkeit unbekannte Nebenbeschäftigung als einer der Vorsitzenden der Dallas Research erlaubte es ihm, sich nach wie vor um seine ehemaligen Klienten zu kümmern, von denen mehrere auch bedeutende finanzielle Beiträge zum Unternehmen Trikolore leisteten.

Er war ein kleiner, drahtiger Mann, bibelgläubig bis zum Fanatismus und überzeugter Antialkoholiker. Er hatte ein schmales Gesicht, schütteres, eisengraues Haar und kalte, graue Augen hinter ungefaßten, getönten Gläsern. Trotz seines starken Alabama-Akzents verfügte er über eine erstaunlich sanfte Stimme und die typische Höflichkeit der Südstaatler, die gelegentlich ans Salbungsvolle grenzte.
Er erwiderte Aarons Gruß nicht. Seine Einstellung gegenüber Juden im allgemeinen und jüdischen Emporkömmlingen von der Ostküste im besonderen war bekannt.
Aaron setzte sich ans andere Ende der Couch, auf der schon Ender saß, und begann mit ihm einen kleinen, informellen Schwatz. »Ich war am Samstag zum Segeln in Dinard. Die anglo-französische Spätsommer-Regatta.« Dinard war der von der französischen Oberschicht frequentierte Jachthafen in der Bretagne, und seine Bemerkung wirkte, wie beabsichtigt, auf Collins wie ein rotes Tuch. Der Botschafter fühlte sich von den Briten nicht für voll genommen und konnte sie daher nicht ausstehen; und für die Franzosen, die er als dekadente Papisten ansah, fühlte er nichts als Verachtung. Aaron wußte, daß er eine formelle Einladung zu der Regatta abgelehnt hatte. »Zu schade, daß Sie nicht kommen konnten, Sir«, fuhr er fort. »Hätte Ihnen gutgetan.«
Collins' Augen glitzerten. »Ich fürchte, ich war dieses Wochenende durch mein Amt zu weniger erfreulichen Beschäftigungen verpflichtet, Mr. Zeismann.« Wie immer betonte er »Zeismann« besonders sorgfältig, so als ob etwas Unreines daran haftete.
Aaron fuhr fort, absichtlich fröhlich und mit betontem Sarkasmus: »Raten Sie mal, wen ich getroffen habe. Niemand anders als den verlorenen Sohn des Bergarbeiters. War von Cowes herübergekommen.«
Er war tatsächlich mit Strachey zusammengekommen, der vor einer Woche in London eingetroffen war. Sie hielten sich strikt an den Schein ihrer rein gesellschaftlichen Bekanntschaft und beschränkten ihre Unterhaltung auf einen unbedeutenden Schwatz über ihre Frauen und Segeln. Aaron fand, daß Strachey das recht gut gemacht hatte.
»Strachey?« Collins sah überrascht aus. Sein Telefon klingelte. Er hob den Hörer ab. »Ja?« Für einen verräterischen Moment blickte er Aaron an, was den vermuten ließ, daß Larsen der Anrufer war. Wenn er recht hatte, dann konnte Collins überhaupt nichts dazu sagen, ohne seine eigene Mitwisserschaft bei Larsens neuerlicher Überwachungsaktivität preiszugeben. Das wiederum konnte er nicht, wenn er nicht den offenen Bruch mit Ender riskieren oder diesen dazu zwingen wollte, sich an den Sicherheitsbeauftragten zu wenden. Dem Südstaatler waren die Hände gebunden.

Ender lehnte sich zu Aaron herüber und flüsterte: »Allmächtiger Gott, Aaron! Wissen Sie eigentlich, was, zum Teufel, Sie da anrichten?«
Aaron zuckte entschuldigend die Achseln. Er hatte es geschafft, Collins zu verärgern und Ender zu beunruhigen. Alles in weniger als einer Minute. Das war ein verdammt guter Anfang, dachte er.
Collins wies seine Sekretärin an, keine weiteren Anrufe durchzustellen, und legte auf. Leise sagte er: »Der Präsident wird sich schon etwas dabei gedacht haben, als er Julian Strachey nach London einlud.« Abrupt wandte er sich dann an Jedder. »Henry, was sollen wir Ihrer Meinung nach mit ihrem antiamerikanischen kleinen Freund da unten in Lyon machen?« Er hielt einen blauen Aktendeckel hoch, der genau wie Aarons auf der Schreibunterlage gelegen war. Irgend etwas in seinem Verhalten ließ Aaron plötzlich erkennen, daß es ihn im Grunde gar nicht besonders berührte. Collins hielt Achille Reymond nicht für eine ernsthafte Bedrohung. Zu seinem Vergnügen würde er Reymond allerdings als Köder benutzen, um Jedder zu reizen und mit dessen Reaktion Ender in Verlegenheit zu bringen.
Jedder biß prompt an. Seine Antwort war förmlich. »Ich nehme an, Sie meinen Reymond.«
Collins lachte. »Vielleicht haben Sie noch mehr französische Freunde in Lyon, die man des Yankee-Imperialismus verdächtigen könnte, aber ich möchte bezweifeln, daß die für uns von Interesse sind.«
Das war bereits ausgesucht grob. Jedder nahm sich zusammen. Kühl sagte er: »Dieser IIC-Buchhalter war derjenige, der die Katze aus dem Sack gelassen hat. Nicht ich.«
Collins stichelte weiter. »Das kann schon sein, Henry, das kann schon sein. Aber in der Situation, in der wir uns augenblicklich befinden, müssen wir alle darauf gefaßt sein, daß in den Bereichen, für die wir die Verantwortung tragen, des öfteren mal eine Katze aus dem Sack gelassen wird, wie Sie so schön sagen. Und je nach der betreffenden Katze muß der Betreffende von uns genauso die Verantwortung dafür tragen, daß diese Katze auch wieder in den Sack zurückgesteckt wird, aus dem sie kam. Nicht irgendein Untergebener. Im Falle Reymond waren Sie es, der ursprünglich von den vielen, durchaus gleichwertigen Firmen ausgerechnet die COPIC empfohlen hat, und Sie kennen Reymond schon seit Jahren. Sie können also wohl kaum behaupten, daß das *meine* Katze ist.«
Jedder gab keine Antwort. Ender sah seinen wachsenden Unmut und kam ihm zu Hilfe. »Ich glaube nicht, daß das wirklich von Bedeutung ist, Banjo. Viel wichtiger ist, daß Henry als einziger von uns in der Lage ist, die Situation noch zu retten.« Er wandte sich wieder an Jedder. »Henry, nehmen wir mal an, wir könnten Reymond davon über-

zeugen, daß die Dollar, die dieser Buchhalter da anscheinend ausgegraben hat, französisches Eigentum waren. Das könnten zum Beispiel Dollar sein, die die USA Frankreich schulden, auf Grund irgendeines Zahlungsausgleichs oder so. Oder sagen wir, es ist eine Rückzahlung von zuviel gezahlten französischen Kreditzinsen. Wir könnten Reymond doch erzählen, das französische Schatzamt hielte das Öl-Leasing der COPIC für einen willkommenen, praktischen Weg, dieses Geld der französischen Wirtschaft wieder zuzuführen. Irgend etwas in der Art. Sie können am besten beurteilen, was er schlucken würde.«

Das war gut, dachte Aaron, wahrscheinlich sogar die Lösung. Er merkte, daß Jedders verletzter Stolz teilweise wiederhergestellt war. Doch Collins hatte nicht geantwortet, und das hieß, daß er andere Vorstellungen hatte und nicht überzeugt war. Aaron fand es an der Zeit, noch ein bißchen destruktiv zu wirken, und sagte zu Ender: »Das müßte aber absolut hieb- und stichfest sein, Richard. Achille Reymond ist nicht auf den Kopf gefallen.«

Ender reagierte gereizt. »Was haben denn Sie als Alternative vorzuschlagen?«

Aaron zuckte die Achseln und stellte absichtlich die Frage, von der er annahm, daß sie Collins beschäftigte.

»Was glauben Sie, Henry, wie hoch wäre Achille Reymonds Preis?«

Das traf Jedder unvorbereitet. Reymond zu kaufen, war ihm einfach überhaupt nicht in den Sinn gekommen. Und schon allein diese Tatsache verriet Aaron eine Menge. Das konnte durchaus bedeuten, daß Achille Reymond ein Mann war, den man nicht kaufen konnte. Es gab noch immer solche Menschen. Nicht viele, aber sie existierten.

»Sein Preis?« fragte Jedder dumm.

»Sie kennen ihn besser als wir.«

»Ich glaube, der würde ziemlich hoch sein«, antwortete Jedder schließlich. »Ich könnte da nichts Bestimmtes sagen. Ich bin mit seinen persönlichen Referenzpunkten nicht so vertraut.«

»Mit seinen Referenzpunkten?« Collins stellte sich verwundert und betonte seinen Alabama-Dialekt.

Voller Groll versteifte sich Jedder noch mehr. »Genau das habe ich gesagt.«

»Also, Henry, was soll denn das heißen? *Referenzpunkte.* Ist das vielleicht ein extravaganter Ausdruck aus höheren Kreisen, den ein armer Hinterwäldler wie ich nicht zu verstehen hat?«

Jedder errötete. »Manche Leute messen Geld eben eine andere Bedeutung bei als andere.«

Collins hatte sich über den Schreibtisch nach vorne gebeugt und demonstrierte unendliche Geduld. Sein Dialekt war jetzt fast unerträglich. »Henry, mit Ihrer gütigen Erlaubnis möchte ich sagen, und Sie entschuldigen doch wohl die gute alte südstaatlerische Ausdrucksweise: Sogar der beschissenste Nacktarsch-Nigger im fernsten Baumwollfeld kennt seinen Preis. Und nun, mein lieber Henry, bitte ich Sie inständig, erzählen Sie uns in einfachem, schlichtem Englisch, *bitte,* wieviel Ihr Blutsbruder da wird haben wollen.«

Jedder saß sehr still, aufrecht und leichenblaß da. Er tat Aaron leid, aber anderseits war das genau der richtige Augenblick, noch weiter zu schüren. »Herr Botschafter«, sagte er zu Collins. »Vielleicht ist das Wieviel ein Punkt, den Henry erst noch abtasten sollte. Es besteht noch immer die Möglichkeit, daß Reymond zu den Burschen gehört, die man überhaupt nicht kaufen kann.«

Da ließ Collins die Maske fallen. »Scheißdreck, Zeismann!« explodierte er. »Sie reden reinen Scheißdreck, und das wissen Sie auch! Es gibt keinen Menschen, den man nicht kaufen kann.«

»Wie Sie meinen«, erklärte Aaron fröhlich, und lachte. Kurz zuvor hatte er gesehen, wie Collins unauffällig auf die Uhr geschaut hatte, und da wußte er, daß der Botschafter plötzlich genug von dem Spiel hatte und daß es an der Zeit war, ihm da herauszuhelfen. »Wissen Sie, es gibt da noch eine andere Möglichkeit, die Sache zu betrachten«, sagte er. »Wir könnten aufhören zu überlegen, wieviel Reymonds Schweigen für *ihn* wert ist, und uns lieber ausrechnen, wieviel es *für uns* wert ist.«

Wie er nicht anders erwartet hatte, gab Collins jetzt schnell nach. Scheinbar überrascht, starrte er zunächst vor sich hin. Schließlich sagte er: »Also gut. Wieviel glauben *Sie* denn?«

Aaron zögerte ein paar Sekunden, um den Anschein zu erwecken, er denke ernsthaft darüber nach. »Fünf Millionen«, sagte er dann.

Ender explodierte. »Mein Gott, Aaron! Sie machen wohl Witze?«

»Vielleicht sechs oder sieben«, sagte Aaron, »für uns.«

»Sie haben wohl den Verstand verloren. Soviel hat bis jetzt niemand bekommen.«

»Bis jetzt haben wir es ja auch noch mit niemandem zu tun gehabt, dessen Weigerung uns zwingen könnte, eine Menge anderer Leute zu bestechen«, konterte Aaron. »Wen müssen wir beispielsweise alles zum Schweigen bringen, wenn Reymond weiterhin nach Paris kommt und Fragen stellt?« Er stand auf. »Sie haben mich gefragt, was ich denke – ich habe Ihnen gesagt, was ich denke. Und deshalb bin ich schließlich hier. Um die Franzosen einzuschätzen. Um Ihnen zu sagen«, er grinste Collins an, »was ihre Referenzpunkte sind.«

Collins Blick war eisig. Für einen Moment fürchtete Aaron, daß er zu

weit gegangen war. Doch plötzlich wandte sich Collins an Jedder. »Zeismann hat recht. Versuchen Sie es zunächst mit drei Millionen, Henry. Schön verpackt, damit er es nicht wirklich als Bestechung bezeichnen kann. Aktienbonus, Pensionsplan – erfinden Sie was. Fünf ist Ihre oberste Grenze, falls er handeln sollte. Aber ich schlage vor, daß Sie es zuerst mit Richards Idee versuchen, also die Dollar legal erscheinen zu lassen.« Er wandte sich an Aaron. »Ich bin arm geboren und habe es nicht leicht gehabt, mich hochzuarbeiten. Wir daheim in Pickens mußten genauso schwitzen wie die Nigger, um einen Dollar zu verdienen. Und ich habe immer Wert darauf gelegt, nicht einen einzigen davon auszugeben, wenn ich nicht unbedingt mußte.«
»Hört sich gut an«, stimmte Aaron zu. Dann fragte er Jedder: »Für Richards Plan werden Sie Belege brauchen, oder?«
»Ja, natürlich«, sagte Jedder.
»Was wollen Sie damit sagen?« fragte Ender.
»Etwas Schriftliches«, erklärte Aaron. »Ist doch so, Henry, oder? Vielleicht etwas Korrespondenz zwischen der Banque de France und – sagen wir – dem US-Schatzamt. Als Beweis dafür, daß Henry das nicht nur erfunden hat. Und natürlich in streng vertraulicher Form – als Erklärung dafür, warum die weniger hochrangigen Beamten, die Reymond befragen konnte, nicht über die ganze Geschichte informiert sind. Die Unterschriften müßten natürlich von Spitzenleuten sein, sonst glaubt er es nicht.«
»Jemand wie Roche-Corbon?«
»Als Präsident der Banque de France sollte er wohl genügen.« Aaron lachte. »Wenn Sie glauben, daß das nicht der richtige Weg ist, dann sagen Sie es nur offen, Henry.« Das war reine Höflichkeit, um Jedder zu helfen, das Gesicht zu wahren. In Wirklichkeit hatte Jedder keine Wahl.
Er lächelte matt und zuckte die Achseln. »Ich werde mich darum kümmern.« Er erhob sich und ging auf die Tür zu.
Es war alles vorbei, nur Collins konnte sich einer letzten sarkastischen Bemerkung nicht enthalten. »Wollen Sie das tatsächlich für uns tun? Also, das ist wirklich sehr nett von Ihnen, Henry. Da sind wir dann wohl alle weiteren Sorgen los.«
Jedder, fast an der Tür angekommen, drehte sich um, und in seinem groben Gesicht ging etwas vor. Jeder der Gesichtszüge schien sich individuell zu verzerren. Für einen Moment hatte er etwas Tierisches, etwas beinahe Irrsinniges an sich. »Geh und leck dich selber am Arsch, du hinterwäldlerischer Bauernlümmel. Was glauben Sie eigentlich, wen Sie vor sich haben? Ich habe Freunde in diesem Land. Eine ganze Menge. Wenn das hier vorbei ist, werden Sie nie mehr einen Fuß auf

Frankreichs Boden setzen können. Dafür werde ich sorgen, und darauf können Sie Gift nehmen.«
Collins hatte gewonnen. Triumphierend lehnte er sich zurück und lächelte. »Wie es Ihnen beliebt, Henry. Als patriotischer Amerikaner könnte ich mir sowieso vorstellen, daß ich mir ein Dasein im Exil wie das Ihre ersparen und lieber in den guten alten Vereinigten Staaten von Amerika bleiben werde. Sehen Sie, ich bin, genau wie Sie sagen, nur ein Bauernlümmel und gehöre zu der Sorte von Dorftrotteln, die daran glauben, daß schlichte, altmodische Loyalität zu ihrem Heimatland eine Tugend ist.«
Jedder verließ den Raum.
Ender sagte kühl und verärgert: »Das war ja wohl kaum nötig, Banjo.« Auch er hatte sich erhoben. »Er ist nämlich nicht darauf angewiesen, für uns zu arbeiten, wissen Sie.«
Collins tat unschuldig überrascht. »Wirklich nicht? Na ja, vielleicht nicht. Vielleicht kann er wirklich seine Hypotheken, die einen Rockefeller an den Rand des Ruins treiben würden, mit den Einkünften aus seinen üblichen Luftschloßprojekten zurückzahlen. Was glauben Sie?« Sein Lächeln verschwand. Er lehnte sich vor und sprach sehr leise. »Außerdem hurt er mit kleinen Mädchen herum, Richard. Sie wissen das, ich weiß das. Erst heute nacht hatte er wieder zwei in seinem Luxuspalast, eine davon gerade erst sechzehn. Die eine war gerade sechzehn und die andere ein schlitzäugiges Hippiemädchen, das mit zwei süchtigen Negern in St.-Germain haust. Wir sprechen über eine Schlüsselfigur des Dallas-Teams, Richard, eine Schlüsselfigur!« Dann kehrte sein Lächeln zurück. »Aber das geht schon in Ordnung. Und ich glaube, aus diesen Gründen wird der Herr Professor Henry Jedder weiterhin schön brav tun, was wir ihm sagen.« Er stopfte den blauen Wochenbericht in seinen Aktenkoffer und verschloß die Tasche. Dann bemerkte er den kalten Haß in Enders Gesicht, erkannte, daß er weit genug gegangen war, und wurde versöhnlicher. »Was soll's, Richard. Ist doch völlig unnötig, daß wir beide uns wegen eines verdammten Yankees wie Henry in die Haare kriegen.« Er lachte. »Wann wird er denn nun mit Reymond reden?«
»Er will zum Wochenende hinunterfahren«, sagte Ender.
»Falls es wegen der Papiere irgendwelche Schwierigkeiten geben sollte, kann ich Ihnen über die Botschaft Unterstützung leisten.«
In seinem Büro überlegte Aaron, daß Enders Verdruß recht bitter sein mußte. Collins spielte sich mehr und mehr als Boß auf und konnte sich damit immer besser durchsetzen. Von seiner eigenen Warte aus war die Sitzung allerdings ein voller Erfolg gewesen. Pickens berühmter Sohn war so damit beschäftigt gewesen, die anderen zu schi-

kanieren, daß ihm völlig entgangen war, wie er selbst überlistet wurde, und Ender mit ihm. Aaron hatte in Trikolores Fundament einen Sprung entdeckt und die Feindschaft zwischen den beiden Männern dazu benutzt, einen Keil hineinzutreiben. Eigentlich hatte er zum ersten Mal seit seinem Gespräch mit Strachey etwas Konkretes und Positives geleistet.

Er sagte Jacqueline, daß er auf einen Kaffee hinausgehen würde, und ging heiter-beschwingt über den Gang zum Lift. Jedder saß wieder hinter seinem Schreibtisch und starrte ausdruckslos vor sich hin. Seine großen Hände lagen in unnatürlicher Haltung rechts und links neben seiner Schreibunterlage. Er war noch immer zutiefst bestürzt. Aaron ging an seiner Tür vorbei, ohne gesehen zu werden.

Der Fahrstuhl war besetzt. Also benutzte er die Treppe. Auf dem nächsten Absatz stieß er fast mit Arnheimer Larsen zusammen, der gerade aus seinem eigenen Büro kam, tadellos gepflegt und elegant gekleidet wie immer. Aaron blieb stehen. »Ach, da sind Sie ja. Ich war gerade auf dem Weg zu Ihnen.«

Larsen wartete ab. Aaron fuhr fort, in autoritärem Ton. »Es hat da einen kleinen Zwischenfall gegeben, heute morgen. Ich mußte zu eher radikalen Mitteln der Selbstverteidigung greifen. Bin mir nicht sicher, um wen es sich handelt. Wahrscheinlich Franzosen. Ich glaube zwar nicht, daß irgendwer meine Autonummer notiert hat, falls aber doch, werden Sie im Justizministerium ein bißchen was ausbügeln müssen. Falls Sie da niemanden kennen, kann ich Ihnen ein paar Namen geben. Place du Stalingrad, okay? Schönen guten Tag.« Er lächelte. Larsen starrte zurück, ohne mit der Wimper zu zucken. Aaron lief leichtfüßig die Treppen hinunter.

14

»Du hättest das mir überlassen sollen«, knurrte Bejerec. »Ich habe schließlich Spezialisten für solche Sachen.«

Aaron erklärte es noch einmal. »Nein. Ich bin derjenige, der das erledigen mußte. Wenn das irgendein anderer gemacht und womöglich verpatzt hätte, wäre Larsen sofort klar geworden, daß ich nicht allein bin. Wir hätten ihm selbst den Beweis geliefert, daß sein Verdacht gerechtfertigt ist.«

»*Quand même*«, knurrte Bejerec noch einmal. Trotzdem.

Sie hatten sich im Zoo am Stadtrand von Paris getroffen, im Bois de Vincennes. Bejerec kam oft hierher. Er behauptete, der Zoo strahle eine gewisse natürliche Vernunft aus, die ihm dabei helfe, alles aus der richtigen Perspektive zu betrachten. Gewöhnlich verbrachte er die meiste Zeit bei den Pavianen, die zu Hunderten ein riesiges, felsiges Freigehege bevölkerten, das durch einen tiefen, breiten Graben gegen Ausbruchsversuche und vor dem Publikum abgesichert war. Die verschiedenen Horden hatten da ihre jeweiligen Gebiete abgegrenzt und schauten von dort von Zeit zu Zeit über den Graben hinüber zu den Vertretern jener anderen, fremdartigen Zivilisation, die solche Faxen machten und ihr Gehabe imitierten, ohne zu ahnen, wie sehr sie ihnen ähnelten.

»Schau sie dir an«, rief er fröhlich und winkte mit seinen kurzen Armen hinüber. »Du, ich, jedermann.«

Das war ein ganz anderer Bejerec als drüben in Washington. Er trug einen beinahe feierlich wirkenden Nadelstreifenanzug, darüber einen dreiviertellangen, taillierten Mantel und einen Seidenschal um den Hals, denn es war inzwischen grau und kühl geworden und sah nach Regen aus. Er wirkte sehr französisch, der typische übergewichtige, bürgerliche Geschäftsmann alter Schule. Nur das zerzauste Haar und die Veilchenpastillen, die er aus dem verbeulten silbernen Zigarettenetui nahm, waren vertraut. Und die blaßblauen Augen, die in diesem Moment einen seltenen Ausdruck annahmen.

»Die menschliche Rasse«, sagte er, zog ein Sandwich aus der Tasche und entfernte sorgfältig die Plastikhülle.

Aaron warf einen kurzen Blick auf die Paviane, dann drehte er sich automatisch um. Es war erst elf Uhr, ein Werktag. In den wenigen Minuten, die sie schon hier waren, hatten die anderen Zoobesucher um sie herum nicht gewechselt. Da war noch immer dieselbe Mutter mit demselben kleinen Jungen, dieselben beiden koketten Teenager, die zweifellos die Schule schwänzten, derselbe müde Mann mit seiner Familie, wahrscheinlich ein Nachtschichtarbeiter oder auch arbeitslos.

Sein radikales Vorgehen auf der Place du Stalingrad hatte ihm zweifellos erst einmal eine Atempause verschafft. Trotzdem hatte er äußerste Vorsicht walten lassen, als er hierher gekommen war, um Bejerec zu treffen. Er hatte das Dallas-Büro in seinem Citroën verlassen, den er dann in einer Seitenstraße in der Nähe der Bastille geparkt hatte. Von da war er zu Fuß zum Gare de Lyon gegangen, in einen Zug gestiegen, aus dem er auf der anderen Seite wieder hinausschlüpfte und auf einen leeren Bahnsteig lief; dann hatte er die Metro genommen.

»Na schön«, sagte Bejerec, »und abgesehen von deinem kleinen Vormittagsausflug ins Makabre, was gibt's denn sonst noch Neues? Übrigens, der indiskrete Buchhalter ist von der Bildfläche verschwunden, ganz wie du vorhergesagt hast. Wir haben in Brüssel angefragt. Bei der IIC hat er sich freigenommen, was überhaupt nichts besagt. In seiner Wohnung wird weder die Tür geöffnet noch das Telefon abgehoben. Seine Frau ist bei ihren Eltern in Bruges; und die lehnen es ab, irgendwelche Auskünfte zu geben.« Er zuckte die Achseln. »Vielleicht hält er sich nur versteckt. Es gibt doch keinen vernünftigen Grund, jemanden zu liquidieren, der höchstwahrscheinlich sowieso nie wieder wagen würde, den Mund aufzumachen. Anderseits sind Larsen und Konsorten natürlich nicht gerade dafür bekannt, besonders vernünftig zu handeln.«

»Das macht gar keinen Unterschied«, sagte Aaron. »Der hat sowieso nicht das richtige Format für Strachey. Selbst wenn er Amerikaner wäre. Aber hör mal, da gibt es etwas viel Wichtigeres.« Er berichtete über die Sitzung wegen Reymond.

Noch bevor er geendet hatte, begann Bejerec zu lächeln.

»*Tiens*«, rief der SDECE-Chef, »ist denn das die Möglichkeit? Die sind doch nicht etwa auf einen Patrioten gestoßen? Ich habe ja gar nicht gewußt, daß es so etwas überhaupt noch gibt!« Dann schwand sein Lächeln. »Ich glaube, ich weiß schon, was du von mir willst. Gegenbeweismaterial.«

»Richtig.«

»Auch bekannt unter der Bezeichnung ›Sand ins Getriebe streuen‹, glaube ich.«

»Wieder richtig. Wenn Jedder nach Lyon kommt und Beweise vorlegt, daß die Dollars französische Dollars und legal sind, Reymond aber schon Belege von dir hat, daß sie das nicht sind – ja, dann muß doch unvermeidlich irgend etwas passieren!«

Bejerec ignorierte das Schild, das klar und deutlich das Füttern der Tiere untersagte, und warf einen Brocken seines Sandwiches über den Graben einem Pavian zu. Mehrere Affen stürzten sich darauf, und ein kleines Weibchen, das am schrillsten kreischte, gewann.

»Ich werde ein paar Dokumente anfertigen lassen, die unwiderlegbar sind.«

»Und wer soll sie ihm übergeben? Ich kann das nicht machen.«

»Anonym.«

»Wird sie das nicht fragwürdig erscheinen lassen?«

»Das hängt davon ab, wer du bist, stimmt's? Für manche bedeutet Anonymität Authentizität. Für andere bedeutet sie Verleumdung. In diesem Fall macht es sowieso keinen Unterschied. Wir brauchen ja nicht Jedders Schuld zu beweisen, sondern nur Zweifel an seiner Glaubwürdigkeit erwecken. Achille Reymond und Henry Jedder werden den Rest selber besorgen. Jedder wird zur Bestechung Zuflucht neh-

men müssen oder in Panik geraten und sich einbilden, daß er muß. Das wird seine Glaubwürdigkeit dann ganz zerstören, weil Reymond nämlich in Anbetracht des ungeheuren Betrages, den du da festgesetzt hast, erst recht davon überzeugt wird, daß da irgend etwas mehr als faul ist, und daß es sich um eine wirklich verdammt wichtige Sache handelt. Das war wirklich eine schlaue Idee von dir – diese irrsinnig hohe Summe. Wie stellst du dir eigentlich vor, daß die ganze Sache ausgehen soll?«
»Ich weiß nicht«, gab Aaron zu. »Aber wenn du einen Stein in den Teich wirfst, dann bilden sich Ringe, die irgendwann das Ufer erreichen. Meine Hoffnung ist, daß es schließlich bei der IIC zu irgendeinem Eklat kommt. Immerhin soll ihnen die COPIC demnächst gehören. Das wird ihnen die Augen öffnen. Und, wie Strachey sagt, muß ich nur einen einzigen Amerikaner da oben in Panik versetzen, und die Sache läuft. Die anderen werden wie die Schafe folgen.«
»Die beste Ironie wäre ja, wenn Trikolore von der gleichen Art feiger Mentalität, die sie geschaffen hat, nun auch zu Fall gebracht würde«, sagte Bejerec. »Wann fährt Jedder denn hinunter?«
»Er hat sich mit Reymond für Samstag zum Mittagessen verabredet.«
Bejerec war nachdenklich. »Drei Tage. Ganz schön knapp, um die Papiere ordentlich hinzukriegen. Aber wir werden das schon schaffen. Du hast jedenfalls gute Arbeit geleistet, Aaron Zeismann.«
Dann schwieg er und warf noch ein Stück von seinem Sandwich in Richtung der Affen, doch er warf zu kurz, und es landete im Graben. Während die anderen Affen vor Enttäuschung kreischten, kam ein großes Männchen gelassen heran, um die Lage in Ruhe zu begutachten; das Tier kratzte sich lange, akzeptierte aber schließlich das Unabänderliche.
Aaron wartete geduldig. Irgend etwas schien dem Franzosen schwer auf der Seele zu lasten.
»Hör mal«, sagte Bejerec plötzlich. »Die haben schon wieder de Gaulles Maulwurf von mir verlangt.«
Das war es also, dachte Aaron. Das hatte er nicht erwartet.
Noch ein Stück Sandwich segelte über den Graben, und diesmal fiel es richtig. Mehrere jüngere Männchen meldeten wild schnatternd ihren Anspruch an, doch das große Männchen schnappte ihnen den Brokken weg, bevor sie reagierten. Bejerec lächelte.
»Dein Minister?« fragte Aaron.
»Natürlich.« Bejerec zuckte die Achseln. »Ich erzähle dir das nur deshalb, mein Junge, um zu illustrieren, daß die Reymond-Geschichte sie wirklich beunruhigt.«

Aaron versuchte, sich die Szene vorzustellen. Das hohe Amtszimmer des Innenministers am Quai d'Orsay, die hohen französischen Fenster mit den Brokatportieren, der Louis-quinze-Schreibtisch, der polierte Parkettboden mit dem kostbaren Orientteppich, der allgegenwärtige Sekretär; Bejerec ausdruckslos lauschend, während der Minister ihm und sich einzureden versuchte, daß er nur aus Patriotismus korrupt war. Dann der persönliche Appell, das Schweigen, dann der Befehl. Denn schließlich, wo gab es denn so etwas, daß Verbündete einen tatsächlich aufforderten, einen Spion aus ihrer Mitte zu entfernen! Außerdem war es ja wohl durchaus legitim, von einem Untergebenen Gehorsam zu verlangen. Der Minister war schließlich im zivilen Bereich derjenige, dem der SDECE unterstand.
Ein Pavian brach in lautes Geschnatter aus. Aaron hörte Bejerec sagen: »Natürlich habe ich deine Existenz abgestritten. Aber darum geht es gar nicht. Es geht vielmehr darum, daß sie ihre Besorgnis und damit ihre Schwäche gezeigt haben. Du darfst niemals außer acht lassen, daß sie schwach sind – unter keinen Umständen! Schwach, und daher so verwundbar wie wir. Du mußt dich nicht mit den Larsens dieser Welt umgeben, wenn du deiner selbst sicher bist. Und wenn du einen Larsen hast, dann setzt du dich de facto einer noch größeren Gefahr aus. Es ist eigentlich paradox, daß Männer von überragender Intelligenz, wenn sie zu üblen Methoden greifen, sich immer die größten Idioten dazu aussuchen, die schmutzige Arbeit für sie zu erledigen. Denk nur an Watergate!«
Aaron stellte sich die Auseinandersetzung vor. Der Minister war relativ jung und stets exquisit gekleidet und geschniegelt, wie das nur französische Beamte sind. Doch wichtiger war, daß er die exklusive ENA absolviert hatte, die Ecole Nationale d'Administration, und aus einer bedeutenden Adelsfamilie stammte, wie so viele der jungen Männer in der französischen Regierung. Zuerst würde er Bejerec überaus zuvorkommend behandelt haben. Als nächstes hätte er wahrscheinlich nachsichtige Gereiztheit zur Schau getragen. Schließlich, angesichts seines unnachgiebigen Schweigens, würde er sich höchst unangenehm und drohend gezeigt haben. Niemand auf der Welt konnte so grob, so arrogant, so schikanös sein wie die französischen Aristokraten, wenn sie einmal die Maske fallen ließen.
Bejerec jedoch würde nicht nachgegeben haben. Und er hatte immerhin eine Schlüsselposition inne und war nicht leicht zu ersetzen. Wie sollte man also mit ihm fertig werden? Wenn man der Innenminister war, wenn man so dachte wie ein Collins oder wie ein Ender? Welchen Preis war ein Bejerec wert?
Bejerec fuhr fort: »Ich glaube, wir sind jetzt lange genug zusammen.

Und es fängt an zu regnen. Halt mich auf dem laufenden. Vielleicht sollten wir uns das nächste Mal im Bois de Boulogne treffen, nachts. Das ist immer noch am sichersten.«
Er warf sein Butterbrotpapier in einen Papierkorb und wollte davongehen, doch Aaron legte ihm eine Hand auf den Arm und hielt ihn zurück.
»Wieviel haben sie dir geboten?«
Die blaßblauen Augen blitzten ihn kurz an und wanderten dann ein letztes Mal zu den Pavianen. »Nicht genug«, sagte Bejerec und lächelte liebenswürdig.

15

Aaron schaute Bejerec nach, bis er, eine winzige Gestalt, um eine Wegbiegung in Richtung des Giraffenhauses verschwand, ein sanfter, barhäuptiger, übergewichtiger, anonymer Mann, mit dem ihn all die Jahre seit seinen Jünglingsjahren nichts Stärkeres verbunden hatte als das zarte Band gegenseitigen Vertrauens.
Er verließ den Park und trieb sich eine Weile in der Nähe des Metro-Eingangs Vincennes herum. Er bemerkte keinerlei Anzeichen, daß er beschattet würde, doch wartete er trotzdem so lange, bis ein fernes Dröhnen einen Zug ankündete. Er rannte die Treppe hinunter, stieß die Plattformtür auf und überquerte den Bahnsteig gerade noch rechtzeitig, um in den Zug zu springen, bevor die Türen zuglitten.
Niemand folgte. Auf dem Place de la Nation stieg er um und verließ die Metro endgültig in Denfert-Rochereau, am äußersten Rand des Rive Gauche. Mit einem Taxi fuhr er dann zurück zum Place d'Italie. Von da ging er zu Fuß in die Seitengasse, wo er seinen Wagen gelassen hatte. Das lange Herumfahren hatte sich gelohnt, da es ausschloß, daß man ihm gefolgt war.
Er bog in die Gasse ein und lächelte unwillkürlich bei dem flüchtigen Gedanken, daß sein Wagen gestohlen worden sein könnte und welche Schwierigkeiten der neue Besitzer dann mit der Polizei haben würde, falls heute morgen jemand seine Nummer notiert hatte.
Er blieb wie angewurzelt stehen, und die heitere Vorstellung verschwand schlagartig. Sein Wagen stand da, wo er ihn geparkt hatte. Doch da stand noch etwas anderes. Der unerwartete Anblick nahm ihm fast den Atem. Es war der verbeulte alte Peugeot, den sie auf dem Place du Stalingrad benutzt hatten. Seine vordere Stoßstange berührte die hintere seines Citroën.

Er versuchte, schnell und klar zu denken. Wenn sie einen Anschlag auf ihn vorhatten, wäre es dumm, ihn vorher zu warnen. Der Peugeot mußte als Drohung gemeint sein, dachte er.
Larsen rächt sich und verbucht gleichzeitig ein paar weitere Pluspunkte auf seinem Psychoterrorkonto. Fast gleichzeitig dachte er, es würde durchaus zu Larsen passen, sein Opfer zu warnen, um seine Überraschung und Angst auszukosten.
Er hatte die Wahl. Noch konnte er umkehren und davonlaufen. Oder er konnte alles riskieren und einfach hingehen. Irgend etwas ließ ihn das Risiko wählen – vielleicht ein plötzlicher, überwältigender Überdruß, der eine irrationale, falsche Tapferkeit erzeugte. Langsam ging er auf sein Auto zu und versuchte, über das Dach hinweg durch die Windschutzscheibe des Peugeot zu sehen. Er konnte nichts erkennen und ging weiter. Sein Körper war ihm völlig fremd, eine zerbrechliche Hülle, die einem anderen gehörte und in der er nur deshalb steckte, weil sie die einzige erreichbare Zuflucht war.
Die Straße blieb leer, abgesehen von dem Besitzer einer schäbigen kleinen Drogerie, der seine Waren auf dem Gehsteig anordnete.
Dann war er bei seinem Wagen angekommen und konnte noch immer nicht erkennen, ob jemand in dem Peugeot saß. Und dann, wie in einem endlosen Alptraum ohne Ausweg, der ihn unausweichlich zwang, dem Schrecklichen ins Gesicht zu sehen, stand er am Heck des Peugeot.
Die Zeit stand still. Er riß die Tür auf.
Der Wagen war leer.
Er fuhr aus der Gasse hinaus. Jetzt noch auf eventuelle Verfolger zu achten, wäre wirklich lächerlich gewesen. Langsam rollte er den Boulevard de l'Hôpital hinunter, bis er eine Bar entdeckte, vor der ein Parkplatz frei war.
Er stellte den Wagen ab, ging hinein und bestellte einen doppelten Scotch. Irgendwie, dachte er, wäre es weniger unheimlich gewesen, wenn er im Laderaum des Peugeot einen der Männer vorgefunden hätte, die er überfahren hatte; selbst wenn es der Tote gewesen wäre.
Plötzlich brachen die Ereignisse des Morgens über ihn herein. Er begann, unkontrolliert zu zittern. Er kippte den Whisky hinunter und bestellte noch einen.
Er hatte eine Mittagsverabredung für ein Arbeitsessen zum Thema Meinungsumfragen. Zum Teufel damit. Er hatte genug. Genug von der Dallas Research, genug von den USA, genug von Frankreich. Genug von Collins und Ender und Larsen und Reymond und Strachey. Genug auch von Bejerec. Er wollte mit seinem eigenen innersten Ich allein sein, das nicht Aaron Zeismann hieß. Er wollte nicht mehr den-

ken. Er wollte bloß noch existieren, ein Tier ohne Verstand sein. Er wollte sich betrinken und mit einer Frau ins Bett gehen. Da hing ein Telefon an der Wand. Er rief in seinem Büro an und wurde mit Jacqueline verbunden.
»Sagen Sie das Essen ab. Unter irgendeinem Vorwand. Wird schließlich von uns bezahlt. Sagen Sie auch alles andere ab.«
»Ist was nicht in Ordnung mit Ihnen?«
»Ich habe mir den Magen verdorben. Muß irgend etwas Schlechtes gegessen haben.«
»Soll ich das auch Mr. Ender berichten?«
»Sagen Sie ihm, es war die Dallas Research.«
Sie lachte.
Er legte auf. Sollte Ender doch herausfinden, wo er seinen Nachmittag verbrachte. Er trank noch einen Whisky und ging dann zu seinem Wagen. Wieder sparte er sich die Mühe, sich umzuschauen. Er fuhr Richtung Bastille und zu Tattels Hotel. Da war doch dieses Mädchen, dem er letzte Woche in Fontainebleau einen Korb gegeben hatte. Sie war groß und attraktiv und hatte wunderschöne lange Beine. Sie war schick und anregend und lachte gern. Und Lachen brauchte er jetzt, bei Gott. Er hatte die Telefonnummer ihres Büros. Er wußte, sie würde nicht nur ja sagen, sondern sich sogar den Nachmittag freinehmen. Und sie war nicht Juliet, die ihm ein Gefühl der Schuld gab, oder der Geist von Margita, die noch immer einen dumpfen Schmerz im dunkelsten Innern seines Herzens bildete.
Er parkte den Citroën vor dem Fleischerladen und ging ins Hotel. Er wollte duschen, den Morgen wegwaschen und noch einen Whisky trinken, bevor er mit irgend jemandem sprach. Er hatte noch immer den leeren Laderaum des Peugeot vor Augen. Diese Runde ging an Larsen, dachte er.
Er ging durch die Drehtür in die altmodische Halle mit der Stuckdecke und dem viktorianischen Empfangstisch und dem ratternden, von einem Drahtkäfig umgebenen, verglasten Aufzug.
Louis Tattel stand höchstpersönlich in der Rezeption an dem altmodischen Klappenschrank der Telefonvermittlung und sprach mit einem Gast. Er sah höchst imposant aus in seiner schwarzen Livree mit den gekreuzten goldenen Schlüsseln auf den Revers.
»Mais oui, Madame. Vous ne risquez rien. Das ist völlig ungefährlich.« Er verdrehte die Augen, um Aaron seine Verzweiflung über die Kundin zu signalisieren.
Aaron trat hinter den Tresen, um seinen Schlüssel selbst vom Haken zu nehmen. Er war nicht da. Tattel fing seinen Blick auf, deutete nach oben, bedeckte dann schnell die Sprechmuschel des Hörers mit der

Hand und sagte: »Deine Frau hat ihn genommen. Vor zwanzig Minuten. Zumindest hat sie gesagt, daß sie deine Frau ist.« Er zwinkerte ihm zu. »Ich habe sie jedenfalls hinaufgehen lassen.«
Das Telefon erforderte wieder seine volle Aufmerksamkeit. *»Oui,* Madame. Paris ist ja nicht *le Congo, alors.* Wir sind doch keine *sauvages.«*
Aaron stand noch immer wie angewurzelt. Darauf hätte er eigentlich gefaßt sein müssen. Juliet hatte das ja schon am Telefon angedeutet. Und sie hatte das schon einmal getan, als er für zwei Wochen nach Quebec gefahren war, um zu untersuchen, welches Ansehen de Gaulle dort genoß. Und ein anderes Mal war sie ihm nach San Francisco gefolgt.
Er sparte sich die Mühe mit dem alten Aufzug. Mit dem brauchte man eine Ewigkeit, falls er überhaupt im richtigen Stockwerk anhielt. Er lief die vier Treppen hinauf, die sich um den staubigen, offenen Liftkäfig wanden, immer zwei Stufen auf einmal nehmend.
So ein Dummkopf! Kein Telegramm, kein Anruf – genau die Art von impulsivem, idiotischem romantischem Blödsinn, den nur die Amerikaner fertigbrachten. Keine Andeutung, keine Vorwarnung. Einfach so hereinschneien.
Sein Zimmer war am Ende des Ganges. Er lief ihn entlang und stieß die Tür auf.
Sie stand am Fenster und blickte auf die Straße hinunter. Dann wandte sie sich um. Er blieb auf der Türschwelle stehen. Die knabenhaft schlanke Gestalt, der breite Mund und die klaren grauen Augen, die ihn mit unverhülltem Wohlgefallen anstrahlten.
Das kurze hellbraune Wuschelhaar. Es war nicht Juliet.
»Hello, Aaron«, sagte Margita. Ein schwaches Lächeln umspielte ihre Lippen, und der delikate Duft ihres Parfums drang bis zu ihm. Über den Raum und über die einsamen Jahre hinweg, die zwischen ihnen lagen.
»Ich habe dem Portier gesagt, ich sei deine Frau. Ich habe gesagt, daß ich mein Gepäck am Flugplatz gelassen habe, bis ich sicher wäre, das richtige Hotel gefunden zu haben. Aber ich fürchte, er hat mir nicht wirklich geglaubt. Wie geht es dir?«

16

Der Kellner brachte frischen Kaffee und gleichzeitig, als diskreten Wink, die Rechnung. Die Leute, die zur Mittagszeit das kleine Restaurant am Rive Gauche bevölkert hatten, waren längst in ihre Büros oder Geschäfte zurückgekehrt und hatten den Mantel der Sicherheit mit fortgenommen, den die Menschenmenge ihm geboten hatte. Der Besitzer hatte sein Jackett abgelegt, nachdem seine Gäste gegangen waren, und half dem Kellner, die Stühle zusammenzustellen, während er gleichzeitig mit dem Koch stritt, der neben der Küchentür saß und eine wohlverdiente Zigarette und ein Glas Rotwein genoß.

»Was macht deine Frau?« fragte Margita.

Aaron machte schweigend eine abwehrende Geste. Mehr denn je war er sich des Abgrunds bewußt, den die letzten sechs Jahre geschaffen hatten.

»Bist du inzwischen Vater geworden?«

»Nein.«

Sie lächelte schüchtern, ihr Kinn in eine Hand gestützt, während die andere mit dem Kaffeelöffel kleine, kreisförmige Vertiefungen in das Tischtuch drückte. Sie hatte offensichtlich gezögert, bevor sie die Frage stellte, zu der sie das Schweigen zwischen ihnen gedrängt hatte. Wieder stellte sie eine Frage. »Ist das so, weil du nicht willst?«

»So ungefähr.« Er blickte kurz auf und dann wieder auf den Tisch. Auch sie hatte den Blick abgewandt.

Er war praktisch sofort mit ihr essen gegangen, um dem panikartigen Gefühl zu entgehen, mit ihr allein zu sein. Es war wie ein schwerer Druck in der Brust gewesen. Ihre Gegenwart überwältigte ihn. Er hatte vergessen gehabt, wie schön sie war. Und wie bezaubernd und verlockend.

»Weißt du, Aaron, ich wäre niemals gekommen«, hatte sie erklärt, »wenn Gisèle mir nicht erzählt hätte, daß du sie nach mir gefragt hast und mich sehen wolltest. Du hast sie doch gefragt, oder?«

»Ja, ich habe sie gefragt.« Es stimmte. Gisèle war eine Pariser Künstlerin, und sie hatte ihn seinerzeit mit Margita bekannt gemacht. Vor einer Woche hatte er in einem Anfall tiefster Einsamkeit und Nostalgie in ihrem Atelier angerufen. »Aaron! Ich habe schon gehört, daß du in Paris bist.« Sie hatten seit Jahren nicht miteinander gesprochen. Sie hatte ihr tiefes, rauhes Lachen gelacht, und er hatte sich ihre dunkle, herbe Schönheit vorgestellt. Sie war damals selbst in Margita verliebt gewesen. »Du hättest dich längst mal melden können, Liebling«, sagte sie. »Du hättest nach Bordeaux kommen sollen. Das Wasser war herrlich warm diesen Sommer. Wie Suppe.« Sie hielt sich ein verstecktes

Liebesnest in der Nähe dieser Stadt an der langen, flachen Atlantikküste, die sich ununterbrochen südwärts bis nach Biarritz und nach Spanien erstreckte, dreihundert Kilometer weit. Dort hatte er mit Margita in der ersten Zeit ihrer Liebe so manches Wochenende verbracht, sie waren zusammen geschwommen und über den harten Sand gerannt, nackt und Hand in Hand, und nachts waren sie einander in den Armen gelegen und hatten dem Rauschen der Wellen gelauscht, die sich hier brachen, nachdem sie fünftausend Kilometer Ozean hinter sich gebracht hatten, den ganzen weiten Weg von Amerika herüber.

Da war wieder eine lange Pause zwischen ihnen. Es gab hundert Fragen, die er Margita gern gestellt hätte, doch nach dem, was ihm Gisèle erzählt hatte, fehlte ihm der Mut. Außerdem, welches Recht hatte er überhaupt, neugierig zu sein. Oder sich ein Urteil zu erlauben.

Plötzlich wurde sie ungeduldig und ärgerlich. Ihr geduldiger Gesichtsausdruck verschwand. »Du hast dich verändert, Aaron«, sagte sie. Als er die Achseln zuckte, fragte sie herausfordernd: »Findest du, daß ich mich verändert habe?«

Er sah auf, umfaßte sie mit seinem Blick. Er war noch immer nicht sicher. Sie wirkte weniger mädchenhaft, mehr fraulich. Ihre Kleidung war salopp und sehr kostspielig, ihr Make-up dezent. Sie wirkte erfahrener, selbstsicherer. Und doch war sie noch immer Margita.

Er wich aus. »Ich weiß nicht«, sagte er. »*Hast* du dich verändert?«

Ihr Lächeln war leicht spöttisch. »Das war aber eine vorsichtige Antwort. Du warst doch früher nicht vorsichtig. Überhaupt nicht. Oder rücksichtsvoll. Wenn es um andere Menschen ging, da gab es bei dir doch nur das eine.« Sie deutete eine Ohrfeige an. »Du hast niemanden nötig gehabt. Du wolltest niemanden. Dir war alles egal.« Sie lachte. »Was ist denn mit dir passiert? Zuviel Amerika?«

»Es ist immerhin sechs Jahre her«, sagte er. »Vielleicht fühlen wir uns beide einfach nur als Überlebende.«

Sie wiederholte das Wort und dachte darüber nach. Es machte sie traurig. Eine Weile saß sie schweigend da, dann hob sie trotzig das Kinn. »Ja, *überlebt* haben wir, ganz recht. Bist du vielleicht überrascht, daß ich überlebt habe? Das habe ich nämlich, und nicht einmal schlecht, da mach dir nur ja keine Sorgen. Aber das weißt du ja wohl, oder? Gisèle wird ja wohl dafür gesorgt haben, daß du es erfährst.«

Gisèle hatte ihm tatsächlich alles erzählt. Sie hatte ihm nie so ganz verziehen, daß er ihr Margita ausgespannt hatte, obwohl ihre eigene Affäre mit Margita für beide nur oberflächlich und von kurzer Dauer gewesen war. Ihre rauhe Telefonstimme war gnadenlos hart geworden. »Du hast sie zum Teufel geschickt, unsere Margita Magerová«, hatte sie gesagt. »Und dabei hat sie Liebe gebraucht.«

Am schwersten war es ihm gefallen, Guy Roche-Corbon, den Präsidenten der Banque de France, zu akzeptieren. Das grenzte zu nahe an seinen eigenen Bereich, und er hatte den Bankier nie leiden können. Doch es war durchaus nicht verwunderlich, sondern sogar irgendwie natürlich, daß Margita bei jemand wie ihm landen würde. Gisèle war bester Herkunft und hatte Zugang zur Welt der Superreichen, die ja immer zusammenhielten. Wahrscheinlich hatte Margita sich wie ein verirrtes Lamm an sie geklammert, nachdem er zerstört hatte, was zwischen ihnen gewesen war, und Gisèle würde sie schon dahin gesteuert haben, wo es ihren eigenen Interessen am besten zustatten kam.
Wieder hörte er Gisèles Stimme, kühl triumphierend. »Sie trinkt zuviel Wodka, sie raucht zuviel und nimmt zuviel Pillen. Doch abgesehen davon geht es ihr ausgezeichnet. Warum auch nicht? Roche-Corbon ist entsetzlich reich. Sie hat nicht die geringsten Sorgen, sie kann meistens kommen und gehen, wann sie will. Und er ist einflußreich. Sie ist nämlich noch immer tschechoslowakische Staatsbürgerin, sie gilt hier immer noch als Ausländerin. Wenn sie jemals mit der Polizei in Konflikt käme, und die würden sie abschieben wollen, kann könnte er das für sie in Ordnung bringen. Mit Leichtigkeit.«
Während er sich das anhörte, sah er im Geiste den großen, überheblichen, grauhaarigen Aristokraten vor sich, der sich stets so gönnerhaft gebärdete.
Margita unterbrach seine Gedanken. »Sie hat dir ja wohl von Guy erzählt, nehme ich an.« Ein bitterer Ton lag jetzt in ihrer Stimme. »Baron Guy Jean Philippe Valois de Roche-Corbon. Er hat ein großes Haus in Paris und ein Schloß an der Côte d'Or und zweihundert Millionen Francs auf Schweizer Bankkonten.«
»Das weiß ich alles.«
»Und seine Frau ist die Herzogin von Vezelay, und sie haben zwei häßliche Töchter, für die sie keine Ehemänner finden können.«
Aaron sagte brutal: »Und du hast eine Penthouse-Wohnung auf der Ile St. Louis.«
»Ja«, sagte sie.
Gisèle hatte gesagt: »Natürlich brauchst du dir keine Sorgen zu machen, daß sie ihn wirklich gern hätte. Jeder weiß, daß er praktisch impotent ist. Er hält sie sich nur, weil er alles Schöne besitzen muß, das er sieht.«
»Laß uns das alles vergessen, Margita«, sagte er.
»Und begraben? Schön säuberlich und ordentlich aus dem Weg räumen?«
Ihre Augen blitzten ihn an. »Also kein Grund zur Beunruhigung? All meine widerwärtigen Sünden?«

Sein eigener Ärger gewann die Oberhand. »Gottverdammtnochmal, ich habe doch gesagt, es macht mir nichts aus!«
Sie nahm es nicht zur Kenntnis. Sie blickte auf das Tischtuch hinunter und sprach leise und schnell. »Nach dir habe ich mit halb Paris geschlafen, stimmt's? Hat sie dir das auch erzählt? Die liebe Gisèle?«
»Ja, hat sie«, antwortete er dumpf.
»Eine Zeitlang hatte ich praktisch jeden Monat einen anderen Liebhaber.«
Zum allerersten Male sah er Tränen in ihren Augen. Plötzlich hörte er sich selbst losschreien: »Na und? Soll ich mich vielleicht dafür verantwortlich fühlen?«
»Ich weiß nicht«, weinte sie. »Ja, ich glaube. Warum, zum Teufel, glaubst du denn, habe ich das getan?«
»Andere Frauen überstehen auch Trennungen, ohne über Bord zu gehen.«
»Andere Frauen! Ich bin keine andere Frau! Ich bin ich! Und viele tun das und geben es nur nicht zu.«
Über den Tisch hinweg starrten sie einander haßerfüllt an. Zornig wischte sie sich die Tränen ab. Aaron trank den Kaffee aus. Er war kalt und schal. Der Wirt kam heran. »Wir schließen jetzt, Monsieur.«
»Wir wollen sowieso schon gehen.« Aaron erhob sich. Margita nahm ihre Schultertasche und ging hinaus. Er zahlte und folgte ihr. Sie hatte ihren Trenchcoat angezogen und wartete an der Tür, ins Leere starrend. Es nieselte, und ihr Haar war schon mit feinen Wassertropfen bestäubt.
Sie gingen los, ohne einander zu berühren. Unvermittelt fragte Aaron: »Was war denn mit Prag?«
»Prag?«
»Du wolltest doch damals zurückgehen, dich vielleicht der Konterrevolution anschließen.«
Sie blickte ihn verständnislos an. »Revolution? Ach ja, richtig.«
Es regnete stärker. Plötzlich blieb sie stehen, die Hände tief in den Taschen, und schaute zu ihm empor. Sie studierte sein Gesicht eine Weile, dann brach es aus ihr heraus, mit überraschender Vehemenz. »Es hat doch nicht mehr viel Sinn, sie zu bekämpfen, oder? Ich meine, es ist doch hoffnungslos. Da ist doch eine ganz neue Generation herangewachsen, in den kommunistischen Schulen, und die wollen doch überhaupt nicht ›befreit‹ werden. Die fühlen sich doch *wohl* als gottverdammte Kommunisten. Stell dir vor, ich kenn da eine Studentin, die könnte ohne weiteres in den Westen, um einen Jungen zu heiraten, in den sie verliebt ist. Wann immer sie will. Aber sie will nicht. Und weißt du, warum? Du wirst lachen. Sie fühlt sich verpflichtet, erst

einmal dem Staat alles für ihre Ausbildung zurückzuzahlen. Diesem gottverdammten Kommunistenstaat! Kannst du dir das vorstellen? Und natürlich wird sie niemals in der Lage sein, soviel Geld zusammenzusparen. In ihrem ganzen Leben nicht.«

Sie schüttelte den Kopf und lachte. Da war nichts mehr von der Frau in ihr, die sich voller Trotz selbst erniedrigt hatte. Zum ersten Mal erkannte Aaron in ihr die Margita wieder, die er geliebt hatte.

Sie gingen am Seine-Ufer entlang zum Boulevard St. Michel, vorbei an der Ile St. Louis mit ihren ehrwürdigen Gebäuden aus dem sechzehnten Jahrhundert, die wie mittelalterliche Ritter in zerbeulten Rüstungen stolz aus dem graubraunen Fluß ragten. Dort war ihre Wohnung, irgendwo da mitten drin, der Ort, wo sie das Geschöpf von Guy Roche-Corbon war. Das war die eine Margita.

Und da gab es noch eine andere, das Mädchen von damals, das jetzt neben ihm schritt und dessen dunkelgraue Augen im Widerschein ihrer leidenschaftlichen Gedanken glänzten, während ein kalter Windstoß ihr feuchtes Wuschelhaar über den ausgeprägten slawischen Wangenknochen ihres unbeschreiblich schönen Gesichts zerzauste. Er erinnerte sich an ihre erste Begegnung. Sie war gerade erst aus der Tschechoslowakei geflohen, und ihr Französisch war mangelhaft und ihr Englisch noch schlechter gewesen.

»Wie bist du denn überhaupt herausgekommen?«

Ein Lachen als Antwort, wie bei einem Schulmädchen. Eine hervorgesprudelte, geradebrechte Erzählung von einem gefälschten diplomatischen Visum und von jemandem mit privilegiertem Status in der Partei; von russischen Soldaten an der österreichischen Grenze und gespielter Mißachtung für vorgehaltene Maschinenpistolen und blutrote Sowjetsterne auf Militärmützen. Und schließlich einfach sture tschechische Entschlossenheit.

»Ich sagen, rossisches Ofisier gehen in Hölle. Hier diplomatisches Paßport. Parteiauftrag. Du nicht können lesen und schreiben in Scheiß-Moskau?«

Und jetzt standen sie hier bei einem Bücherstand am Boulevard St. Michel, umgeben von Studenten, jung und lebhaft, wie sie es einmal gewesen war, und wieder lachte sie. Sie warf ihr Haar zurück und neckte einen alten Bouquinisten. Nichts hatte sich verändert.

Plötzlich wich der Druck in Aarons Brust. Er ergriff ihren Ellbogen, drehte sie herum und zog sie wortlos an sich. Er schaute in ihr Gesicht hinab und sah sie so, wie sie immer gewesen war, und sie weinte wieder. Dann nahm sie sanft seinen Kopf in ihre beiden schmalen Hände und berührte seinen Mund mit den Lippen.

Er nahm sie mit zurück ins *Relais Maritime* und in sein Zimmer. Er erinnerte sich an das letzte Mal, als sie zusammengewesen waren, und die Jahre zwischen damals und jetzt gab es nun nicht mehr. Doch irgendwann, spät am Abend, nachdem sie zum Abendessen ausgegangen und zurückgekommen waren, um wieder ineinander zu versinken, vom Herzschlag des anderen umhüllt; irgendwo in der nackten Dunkelheit ihrer Ekstase erinnerte er sich an Larsen und dann an Bejerec und Juliet und an den Grund seines Hierseins. Ein kalter Funke der Unschlüssigkeit sprühte kurz in ihm auf. Dann erlosch er und geriet wieder in Vergessenheit.

17

»Ich muß heute mittag in Brüssel sein«, sagte er ihr am nächsten Morgen. »Ich habe da heute nachmittag und wahrscheinlich auch morgen ein paar Besprechungen. Aber zum Wochenende bin ich wieder frei, da könnten wir uns in Amsterdam treffen.«

»Oh, ja bitte, Aaron! Könnte ich nicht gleich jetzt mit dir kommen?«

Aaron verfluchte Ender im stillen. »Ich werde mit meinem Chef zusammen reisen.«

»Ich kann mir gar nicht vorstellen, daß du einen Chef hast.«

»Kann ich manchmal selbst nicht.« Er wußte, daß Ender fürs Wochenende Gesellschaft haben wollte. Er würde also irgendeine Ausrede erfinden müssen, um ihn loszuwerden. Er entschied sich für familiäre Gründe: eine Cousine von Juliet, die zu Besuch in London war.

Sie liebten sich wieder, und Louis Tattel brachte ihnen eigenhändig Croissants und Kaffee ans Bett.

Später setzte er sie vor ihrer Wohnung auf der Ile St. Louis ab. Es war ein sehr altes, fünfstöckiges Gebäude, an das sich rechts und links andere anlehnten, mit einem abfallenden Schieferdach und einem Ausblick über die Kastanienbäume am Quai hinweg auf die Notre Dame und über das schmale Stück Fluß, das die Ile St. Louis von der Ile de la Cité trennte.

Er gab sich unbeschwert. »Nicht schlecht.«

Sie sah ihn gerade an. »Aaron, ich habe dir gestern alles gestanden, was ich zu sagen hatte. Du mußt dich entscheiden, ob du mich auf dieser Grundlage willst oder nicht.« Sie blickte an dem Haus hinauf. »Ich wohne im obersten Stockwerk. Da, die Atelierfenster zum Fluß hin.«

Mit seltsamer Bitterkeit in der Stimme fuhr sie fort: »Da gibt es alte Balken in der Decke und Spannteppiche und ein versenktes Bad. Und einen blauen Maserati in der Tiefgarage.«

Er konnte nichts anderes tun als es hinnehmen. Er fuhr davon und sah im Rückspiegel, wie sie noch vor der Haustür stand und ihm nachschaute.
Er holte Ender vom Büro ab, und sie flogen vom Charles-de-Gaulle-Flugplatz, nordöstlich von Paris in Roissy nach Brüssel. Zwei Stunden später trafen sie in dem riesigen Turm nahe dem Gelände der Weltausstellung von 1958 ein, der Zentrale der International Investment & Credit Bank.
Trotz einer ausgewogenen Anzahl von Europäern in leitenden Positionen war die IIC ein sonderbares Stückchen amerikanischer Welt, wie es sich eine Gruppe Amerikaner im Ausland manchmal schafft und wie es oft zu einer peinlichen Parodie des echten Vorbildes ausartet. Sie waren voller gönnerhafter Überheblichkeit und taten ostentativ so, als ob sie keine führende Wirtschaftsmacht darstellten, sorgten aber dafür, daß man trotzdem davon überzeugt war. Aaron genierte sich ein bißchen für sie.
Auf dem Programm dieser Woche standen Besprechungen über die allmähliche endgültige Versetzung von geschultem IIC-Personal zur COPIC, die eventuelle Verlegung der COPIC-Zentrale von Lyon nach Brüssel und Sicherheitsfragen; ferner über die Aufteilung der verschiedenen Ressorts, so daß nicht ein einzelner über alles Bescheid wissen würde, und über die künftige Vermeidung von undichten Stellen, die zu Schwierigkeiten wie denen mit Achille Reymond führen könnten.
Der IIC-Präsident war ein farbloser, kleiner Mann, der wie die meisten führenden Bankiers Wert auf Lippenbekenntnisse zu einem Sozialbewußtsein legte, das er nicht besaß. Außerhalb der Finanzwelt existierte für ihn einfach nichts. Er war so, wie Henry Jedder gerne wäre, dachte Aaron. Doch Jedder war trotz all seiner skrupellosen Träumereien viel zu menschlich und daher zu schwach. Während des Frühstücks am folgenden Morgen sagte der Präsident, der seine Position zum großen Teil Jedders brillanter Beratung verdankte: »Wenn es Jedder dieses Wochenende nicht gelingt, Reymond auf Vordermann zu bringen, dann werft ihn raus.« Jedders erste menschliche Schwäche war, daß er nicht genug Brutalität aufbrachte, auf gleiche Weise eine persönliche Schuld zu quittieren; seine zweite war, dies nicht als Schwäche zu erkennen.
Aaron schien es eine Ewigkeit, bis er Ender endlich soweit hatte, daß er seine Ausrede für das Wochenende schluckte, und er konnte gerade noch eine frühe Nachmittagsmaschine nach Amsterdam erwischen. Die Tatsache, daß Larsen zweifellos erfahren würde, wohin er wirklich flog, störte ihn nicht. Wenn es nicht anders ging, könnte er

Ender gegenüber seine Lüge immer noch als Tarnung einer ganz normalen männlichen Schwäche ausgeben. In Anbetracht seiner eigenen Seitensprünge würde Ender das akzeptieren müssen.
Er traf sich mit Margita in der Bar des Donen-Hotels. Es war ein intimer, dreiseitiger Raum mit viel altem Holz und Delfter Porzellankacheln, und man sah durch bleigefaßte Butzenscheiben hinaus auf den Zusammenfluß zweier mit Bäumen und alten holländischen Wohnhäusern gesäumter Grachten. Es war noch nicht Cocktail-Zeit, und nur wenige Tische waren besetzt.
»Ich dachte schon, du kommst nie an. Ich bin schon seit heute früh da, und ich habe stundenlang geschlafen.«
Ihr rehbraunes Haar war frisch und wunderschön geschnitten, ganz offensichtlich von einem Friseur, wie man sie nur in Paris findet. Es schien unmöglich, daß sie vor sechs Jahren noch so heimatlos und allein gewesen war, zu niemandem gehörig. Und die sechs Jahre waren jetzt ausgelöscht, als hätte es sie nie gegeben. Aaron wußte, daß er seinen Gefühlen machtlos ausgeliefert war.
»Ich will, daß du mit mir in die Staaten kommst.«
»Nach Washington?«
»Zuerst nach Washington, ja.« Er hatte diesen Entschluß während des Fluges gefaßt. Er würde aussteigen. Vollkommen, mit allen Konsequenzen. Mit allem Schluß machen und neu beginnen. Bejerec würde keine Schwierigkeiten machen. Bejerec würde ihn gern gehen lassen, und de Gaulles Maulwurf würde aufhören, wie ein Damoklesschwert über ihm zu hängen. Er dachte an Bejerecs Rat. Er würde noch so lange bei der Dallas bleiben müssen, bis es gerechtfertigt erschien, Strachey gegenüber sein Versagen einzugestehen. Dann würde er in den Nationalen Sicherheitsrat zurückkehren, zumindest für eine Weile. Er würde sich scheiden lassen. Juliet fühlte sowieso schon, daß das unvermeidlich war, das hatte er gespürt.
Er hörte Margita sagen: »Es würde mir nicht leichtfallen, von Paris wegzugehen.«
»Das kommt dir nur so vor, weil du so daran gewöhnt bist.« Er legte seine Hand auf die ihre. »Paris ist nicht der einzige schöne Platz auf der Welt.«
»Das nicht, aber es könnte doch sein, daß jeder andere nur zweite Wahl wäre.«
»Wie wär's denn mit San Francisco?«
»Ich bin nie dort gewesen.« Glücklich verschränkte sie ihre Finger mit den seinen.
Er erzählte ihr von San Francisco, beschrieb die Hügel und die Hafenanlagen und die Bucht. Und die Wälder und die grünen Felder im Nor-

den, die Klippen, die steil in die donnernde Brandung des Pazifik abfielen. »Nicht gleich, aber in ein paar Jahren.«
Sie lachte. »Aber da wird doch jetzt jeden Moment alles zusammenfallen. Die ganze Stadt, in Schutt und Asche. Jedenfalls behaupten das doch diese Experten.«
»Wir würden bestimmt zu denen gehören, die Glück haben und davonkommen.«
»Ach ja?« Sie schien ernsthaft darüber nachzudenken und sagte dann plötzlich: »Aaron, was ist mit Juliet?«
Er erschrak. Es war das erste Mal, daß er sie Juliet beim Namen nennen hörte. Die Außenwelt stürzte auf ihn ein.
»Was soll mit ihr sein?« Er war auf der Hut.
»Du hast jetzt acht Jahre lang mit ihr gelebt. Da muß doch etwas sein zwischen euch. Liebt sie dich?«
Er zuckte die Achseln und dachte ärgerlich, man braucht schließlich nicht mit jemandem verheiratet zu bleiben, bloß weil der einen liebt. Nicht, wenn man nicht selbst liebt. Wenn man es doch tat, dann steckten beide in der Sackgasse, und das war für beide schlecht.
Statt einer Antwort sagte er: »Sie war kein Kind mehr, als ich sie geheiratet habe.« Das war feige, und er wußte es auch, und das machte die Sache nur noch schlimmer. Er wollte so gerne die Stimmung festhalten, die sie gerade vorher noch umfangen hatte, und er rief den Kellner und bestellte noch zwei Drinks. Aber es half nichts. Die Stimmung war verflogen.
»Wenn du mich nicht liebtest«, fragte Margita, »würdest du sie dann auch verlassen?«
»Eines Tages bestimmt.« Das war wieder eine ausweichende Antwort, und ihr Ausdruck verriet, daß sie beide durchschaut hatte – und auch sein Schuldgefühl. Er fragte sich, wie viele Paare das schon durchgemacht hatten und ob irgendwer jemals die richtige Antwort gefunden hatte. Es schien so unfair. Es hatte doch nicht das Geringste mit dem zu tun, was er für sie empfand. Oder was er sich für sie beide wünschte.
»Margita, ich verstehe das nicht«, sagte er ärgerlich. »Wir haben doch darüber gesprochen, daß du mit mir nach Amerika kommst. Soweit es dich betrifft, hat Juliet doch überhaupt nichts damit zu tun.«
Margita schwieg nachdenklich. Schließlich sagte sie: »Nein, Aaron, das stimmt nicht. *Du* hast darüber gesprochen, daß ich mit nach Amerika kommen soll. *Ich* habe überhaupt nichts gesagt. Und Juliet hat sehr viel damit zu tun.« Der Blick ihrer tiefgrauen Augen traf den seinen. »Es tut mir leid, Aaron. Bitte, versuch mich zu verstehen. Ich bin egoistisch geworden. Ich könnte das alles nicht noch einmal durchma-

chen. Ich habe das alles gerade erst begraben. Verstehst du nicht, daß ich erst ganz sicher sein muß, bevor ich noch einmal alles aufs Spiel setze?«

Vor ein paar Augenblicken hatte er noch tiefe Eifersucht auf Roche-Corbon empfunden. Jetzt richtete sich sein Zorn auf die acht Jahre, die er mit Juliet gelebt hatte, diese ganze vergebliche Lüge, die nun auf ihn zurückfiel. Widerwillig gab er nach. »Was soll ich also tun?« fragte er.

»Sprich mit ihr«, verlangte Margita. »Und dann komm wieder nach Paris und sag mir, daß es aus ist. Das ist doch wohl fair, oder?«

Er wußte keine Antwort darauf. Es war fair.

Nach einer Weile fragte Margita:

»Was ist mit unserem Wochenende?«

»Was soll damit sein?«

»Wenn du jetzt alles abblasen willst, hätte ich volles Verständnis dafür.« Sie wirkte sehr niedergeschlagen.

»Das ist doch lächerlich!«

Sie schwiegen wieder, beide verlegen, Aaron verärgert über sich selbst. Entlang der Gracht gingen die Lichter an. Die Bar begann sich zu füllen. Plötzlich legte Margita ihre Hand auf die seine. »Aaron, könnten wir jetzt hinaufgehen? Ich möchte mit dir schlafen.«

Ihr Ausdruck war ganz sanft. Sie war, wie sie immer gewesen war. Der schlimme Augenblick war vorüber, die Außenwelt zog sich zurück, und alles war wieder in Ordnung. Alles andere wurde bedeutungslos, es gab nur noch sie beide, ihn und Margita.

Am Samstag morgen saßen sie in ihrem riesigen Hotelbett, in hoteleigene Frotteebademäntel gehüllt, und aßen Kaviar und tranken Champagner zum Frühstück. Und sie sprachen über die alten Zeiten und erzählten Geschichten über Gisèle und ihre Liebhaber und lachten wie die Kinder.

Am Nachmittag spazierten sie an den Grachten entlang und durch die windigen alten Straßen Amsterdams. Sie aßen Crêpes in einem winzigen Restaurant und schauten gründlich die Auslagen der Antiquitätenhändler an. Es regnete wieder. Welke Blätter fielen von den Bäumen an den Grachten und auf das graue Wasser, wo sie sich zu einem langsam treibenden bunten Teppich vereinigten.

Sehr früh am Sonntagmorgen wurde er unsanft vom Läuten des Telefons auf seinem Nachttisch geweckt. Vorsichtig löste er seinen Körper von Margita und hob den Hörer ab. Aus gewohnheitsmäßiger Vorsicht sprach er nicht sofort. Er überlegte angestrengt, wer denn wissen konnte, daß er hier war.

Louis Tattels rauhe Stimme krächzte ungeduldig aus dem Hörer.

»Tu es là, alors? Reveille-toi!«
»Qu'est-ce qu'il y a, donc, bon dieu?«
Louis Tattel sagte es ihm.
Die Frühausgaben der Pariser Tageszeitungen brachten die Nachricht vom Selbstmord Achille Reymonds. Der Lyoner Industrielle war am Vorabend um zweiundzwanzig Uhr dreißig aus dem Fenster seines Büros im siebzehnten Stockwerk in den Tod gesprungen. Laut Aussage seiner Frau war er noch ins Büro gegangen, um ein paar dringende Briefe auf Band zu diktieren und Akten zu holen, die er am Sonntag zu Hause bearbeiten wollte.
Noch bevor er den Hörer aufgelegt hatte, wußte Aaron instinktiv, daß Collins und Ender, wahrscheinlich dank Larsen, schließlich den Fehler begangen hatten, den Strachey vorausgesagt hatte, und daß für ihn und Bejerec jetzt endlich der Durchbruch gekommen war, auf den sie so lange gewartet hatten. Er wußte, daß er jetzt etwas unternehmen mußte, ob es ihm nun paßte oder nicht, und zwar sofort. Es war mehr als nur seine Pflicht oder die Mahnung der letzten zwanzig Jahre. Wenn er das jetzt nicht konsequent zu Ende führte, könnte das einmal auf irgendeine Weise zwischen ihm und Margita stehen.
Er weckte sie und bestellte Kaffee, und dann duschten sie gemeinsam. Es war vier Uhr fünfzehn. Sie erreichten die Sechs-Uhr-Maschine nach Paris. Am Flugplatz setzte er sie in ein Taxi, und dann, nachdem er einige ausgeklügelte Vorsichtsmaßnahmen gegen eine mögliche Beschattung befolgt und mit Hilfe eines speziellen Polizeiausweises die am Abfertigungsschalter wartende Schlange umgangen hatte, nahm er den Airbus um sieben Uhr dreißig nach Lyon und war um acht Uhr dreißig dort.

18

Das Leben eines Menschen ist mit der Existenz einer einzigartigen Gedankenwelt verknüpft, eingeschlossen in der relativen Sicherheit seines Körpers. Die Menschen nennen sie Seele und behaupten, sie zu kennen; doch das stimmt nicht. Sie wissen nicht, wo sie beginnt und wo sie endet oder ob und wie sie von ihrer Körperhülle trennbar ist. Nur zwei Dinge sind klar: Der Körper stellt gewisse Anforderungen an die von ihm eingeschlossene Gedankenwelt, und diese wiederum verlangt etwas vom Körper. Zur Existenz ist beides notwendig, und wenn die Kette des Lebens, die beides zusammenhält, schließlich zerreißt, dann wird auch das Denken, obwohl grenzenlos abstrakt, plötz-

lich begrenzt und endlich und wird ebenfalls ausgelöscht. Es erlischt wie eine ausgeblasene Kerzenflamme, und mit ihm erlischt die Persönlichkeit, die es der individuellen Wärme und dem Temperament des Körpers verliehen hatte. Das Ganze wird einfach zu nutzlos vermodernder organischer Materie; ohne Gefühl, ohne Wissen, in absoluter unpersönlicher Gleichheit mit allen anderen toten Körpern.
Achille Reymond bildete keine Ausnahme, so dynamisch er auch sein ganzes Leben lang gewesen war. Das verstümmelte Etwas, das einmal der Industriekapitän und Mensch gewesen war, lag ausgebreitet auf dem leicht korrodierten Zinktisch des Lyoner Leichenschauhauses. Am Fußende hing ein Zwanzig-Liter-Eimer für *matière détachée,* für Körperteile also, die je nach Art des Unfalls vom Körper abgetrennt wurden. In diesem Falle handelte es sich um eine größere Menge Eingeweide, hoffnungslos mit dem oberen Teil einer Parkuhr verschlungen, auf die der Körper gestürzt war. Sie war gerade oberhalb des Beckenknochens in den Unterleib eingedrungen und zwischen den Schulterblättern wieder ausgetreten. Um sich die Sache zu erleichtern und den unangenehmsten Teil der Arbeit denen zu überlassen, deren Aufgabe es war, hatte die Polizei die Parkuhr mit dem Schneidbrenner abgeschnitten und ins Leichenschauhaus mitgeschickt, so als ob sie ein Leben lang Bestandteil des Körpers gewesen wäre. Sie war noch nicht vom Leichnam getrennt worden.
Die Szene war in das weißlich blaue Licht der für Leichenschauhäuser typischen Neondeckenleuchten getaucht, das den Tod möglicherweise noch steriler erscheinen ließ, als er ohnehin war.
Aaron dachte über das Licht und über Reymond nach, über das, was Reymond einmal gewesen war und was er jetzt war, über Leben und Tod. Dem Pathologen, dessen Jugend und modischer Schnurrbart seinen Beruf Lügen straften, schenkte er wenig Aufmerksamkeit. Er wußte schon, was er sagen würde. Kein Alkohol im Blut, abgesehen von den angemessen geringen Spuren eines Glases Wein zum Abendessen, keine Drogen. Man hatte der Witwe den Anblick der Überreste des Mannes erspart, den sie einst zärtlich in ihren Armen gehalten hatte und dessen einstige Wärme sie vielleicht freudig in der Intimität ihres eigenen Körpers empfangen hatte. Ein Sohn Reymonds hatte die notwendige Identifizierung vorgenommen und anschließend ärztliche Hilfe gebraucht. Die Polizei war gekommen und hatte Finger- und Fußabdrücke genommen. Gewebsproben wurden entnommen und für künftige Laboruntersuchungen konserviert, die ergeben würden, daß der Mann zum Zeitpunkt des Aufpralls gesund gewesen war, abgesehen von einem massiven Adrenalinschub in seinem Gefäßsystem. Die Überreste würden im Laufe des Nachmittags von einem Be-

stattungsunternehmen abgeholt werden. Man konnte alles genau vorhersagen.
Lyon thront wie ein alter Riese über dem Zusammenfluß von Saône und Rhône. Es ist eine von Frankreichs modernsten Industriestädten und gleichzeitig eine der ältesten. Sofort nach seiner Ankunft am Flughafen war Aaron im Polizeipräsidium gewesen. Er sprach mit dem Kommissar, der den Selbstmord Reymonds untersuchte, und zeigte ihm einen Ausweis, aus dem hervorging, daß er einen hohen Sous-Préfet-Rang bekleidete und in Sachen Staatssicherheit direkt dem Innenminister unterstellt war. Es war einer der vielen nützlichen Ausweise, mit denen Bejerec ihn ausgestattet hatte.
Er erhielt die geforderte Unterstützung, doch sonst nichts. Das bedeutete Telefonate zum Leichenschauhaus, um seinen bevorstehenden Besuch zu avisieren, eine Aufforderung an Reymonds Sekretärin, auf ihren freien Sonntag zu verzichten, um ihn in Reymonds Büro zu treffen, sowie die Benutzung eines Dienstwagens mit Fahrer. Mehr nicht. Polizeibeamte in der Provinz pflegten Einmischungen hochrangiger Pariser Kollegen in ihre Angelegenheiten nicht allzu freudig zu begrüßen.
Nach dem Besuch im Leichenschauhaus ließ er sich in jene Welt bringen, über die Reymond einst geherrscht hatte, die Compagnie Occidentale des Pétroles Industrielles et de Chimique.
Der Hauptsitz der COPIC war ein angemessen eindrucksvolles Hochhaus im ausgedehnten modernen Geschäftsviertel gegenüber den ehrwürdigen Steinmauern und steilen Ziegeldächern der Altstadt am Ostufer der Rhône.
Der Gehsteig war bereits gründlich gereinigt worden. Einige städtische Arbeiter montierten gerade eine neue Parkuhr. Sonntägliche Spaziergänger bummelten in der warmen Herbstsonne dahin. Die Nacht war vorbei, und mit ihr das schwere rauschende Geräusch eines fallenden Menschen.
Die Direktionsräume befanden sich im siebzehnten Stock und machten, wie alle leeren Büros, einen geisterhaften Eindruck. Reymonds Sekretärin erwartete ihn am Lift, der direkt in den hypermodern eingerichteten Empfangsraum führte. Sie hatte einige Kilo Übergewicht und graumeliertes Haar. Hinter dunklen Brillengläsern und zuviel Make-up war ihr Gesicht verhärmt. Offensichtlich hatte sie geweint.
»Ich verstehe das nicht, Monsieur. Ihre Kollegen waren die halbe Nacht hier und haben uns ausgefragt. Viele von uns sind mitten in der Nacht aus dem Bett geholt und herbeordert worden.«
Schroff sagte Aaron: »Ich möchte Monsieur Reymonds Büro sehen.«

Empört öffnete sie den Mund, um zu protestieren, überlegte es sich dann jedoch anders. »Wie Sie wünschen«, murmelte sie.
Sie gingen einen stillen Flur entlang und kamen in einen weitläufigen modernen Raum. Reymond war ein ausgezeichneter Amateurfotograf gewesen. An den Wänden hingen Vergrößerungen seiner Werke, größtenteils französische Landschaften mit lyrischem Einschlag. Ein Zeichenbrett stand mitten im Raum. Er hatte gern im Stehen gearbeitet und auf den wuchtigen Direktionsschreibtisch verzichtet, der freitragend über dem üppigen Direktionsteppich zu schweben schien.
Ein Schnappschuß von Madame Reymond beherrschte den Schreibtisch: eine sympathische, naturblonde Frau von Anfang Vierzig. Das Bild war an einem Swimmingpool aufgenommen und zeigte ihre für ihr Alter recht gute Figur.
»Ich liebe dich. Yvonne«, stand in schwungvoller Schrift auf dem unteren Teil des Bildes.
Vier Fenster boten einen prächtigen Ausblick über Lyon. Er fragte sich, welches davon Reymond wohl benutzt hatte. Er schaute hinunter. Die Straße wirkte entsetzlich weit entfernt. Er wandte sich ab. Die Sekretärin rieb nervös ihre Unterarme. »Sagen Sie, wie lange haben Sie eigentlich für Monsieur Reymond gearbeitet? Fünf Jahre?«
»Zehn«, sagte sie voll Stolz.
»Zehn«, wiederholte er. Er wußte genau, was er erfahren wollte. Es kam nur darauf an, die Formulierung der Fragen der betreffenden Person anzupassen. Er spürte, daß er sie nun zur Genüge abgetastet hatte.
»War er ein Mensch mit sehr starken Grundsätzen?«
»Ich – ich bin nicht sicher, daß ich weiß, was Sie meinen.« Sie war auf der Hut. Sie wußte genau, was er meinte.
»Ich glaube doch.«
Zögernd gab sie nach. »Nun ja. Ich denke schon.«
»Zum Beispiel?«
»Wie bitte?«
»Nennen Sie mir bitte ein Beispiel. Etwas, woran er besonders stark glaubte.«
»Also . . .«
Er sah ihr an, daß sie sich bemühte, etwas möglichst Unverfängliches zu finden. In seinen Unterlagen über Reymond im Dallas-Büro hatte er eine ausführliche Charakteristik von ihm. Der Industrielle war ein positiver, entschlossener Mensch gewesen und hatte sich durch das starre Festhalten an seinen Prinzipien viele Feinde gemacht. Aaron begann, ihn zu mögen.
Er war sich darüber im klaren, daß er Hilfe brauchen würde. »Er war

Widerstandskämpfer im Krieg«, sagte er. »War er jetzt noch immer besonders patriotisch?«
Sie sah erleichtert aus. »Aber ja! Ja, natürlich.«
Er lächelte. »Er war doch Gaullist, nehme ich an?«
Für einen Moment vergaß sie ihre Zurückhaltung. »Soviel ich weiß, haben die Gaullisten nicht das alleinige Recht auf Patriotismus gepachtet!«
»Ich will etwas über Ihren Chef wissen, nicht über Sie.«
Sie senkte den Blick. »Ja, er war Gaullist.«
»Welche Einstellung hatte er denn dann zu den Amerikanern?«
»Zu den Amerikanern?«
Aaron machte eine allumfassende, verallgemeinernde Geste. »Multis, der allmächtige Dollar und so weiter.«
»Monsieur Reymond«, antwortete sie, wieder auf der Hut, »hatte manchmal Schwierigkeiten, seine Gefühle gegenüber den Amerikanern für sich zu behalten. Das ist allgemein bekannt.«
»Er mochte sie wohl nicht besonders?«
Sie zögerte. Dann ließ sie alle Vorsicht beiseite. »Er hat sie gehaßt.«
»Aha?«
»Er sagte immer, wenn die Welt nicht bald irgend etwas unternimmt, dann werden sie uns alle verschlingen.«
»Ich verstehe«, sagte Aaron mild und lächelte wieder. »Und Gaullist oder nicht, Sie scheinen sein Gefühl zu teilen.« Er nahm keine Notiz von ihrem offensichtlichen Schmerz und fuhr fort. »Ich glaube, er machte sich Sorgen wegen einer möglichen amerikanischen Einmischung hier bei der COPIC. Er ist extra nach Paris gefahren, um darüber mit den Leuten von der Banque de France zu reden. Haben meine Kollegen Sie darüber schon befragt?«
Er wartete. Sie war sichtlich blaß geworden, ihre Hand fuhr nervös zum Haar. »Nein, Monsieur.«
»Aber es stimmt doch?«
»Woher soll ich das wissen? Ich bin nur seine Sekretärin.«
»Hat er mit irgend jemand in der Firma über einen derartigen Verdacht gesprochen?«
Sie überlegte. Dann sagte sie wahrheitsgemäß: »Ich glaube nicht.«
»Er hat vor einigen Tagen ein Detektivbüro auf einen Buchhalter angesetzt, der zusammen mit einem Amerikaner namens Henry Jedder bei ihm gewesen ist. Können Sie mir darüber etwas erzählen?«
»Nein, Monsieur.«
»Natürlich können Sie das nicht. Ich weiß, Sie waren nur seine Sekretärin, und kein Geschäftsmann erzählt seiner Sekretärin jemals irgend etwas.«

Sie errötete, gab aber keine Antwort.
»Ich nehme an, Sie können mir wenigstens darüber Auskunft geben«, sagte Aaron und deutete auf das Foto auf dem Schreibtisch. »Ist das seine Frau?«
»Ja, Monsieur.«
»Haben sie sich gut verstanden?«
»Monsieur Reymond hat sie sehr geliebt. Vom ersten Tag an, als sie einander kennenlernten. Er hat nie eine andere Frau auch nur angeschaut.«
Offenbar hatte die Lyoner Polizei sie darüber ausgehorcht, ob da vielleicht eine Geliebte im Spiel gewesen war. »Wie sind Sie mit ihr ausgekommen?« fragte Aaron.
»Ich?«
»Ja.«
»Sehr gut.« Wieder verfärbte sie sich, diesmal aus Entrüstung. Irgendwer hatte also auch angedeutet, daß sie vielleicht diese Geliebte war. »Sie ist eine liebenswürdige Frau, und ich empfinde größte Hochachtung für sie.«
Aaron sagte: »Ich danke Ihnen vielmals. Vielleicht könnten Sie mich zum Lift zurückbegleiten.«
Sie sah ihn überrascht an. Offenbar hatte sie mehr erwartet. Sie gingen durch den Flur zum Empfang und warteten in peinlichem Schweigen auf den Fahrstuhl. Als er kam, sagte Aaron auf Wiedersehen und dann, die Lifttür schon offenhaltend, fragte er plötzlich: »Warum, glauben Sie, hat Monsieur Reymond das getan?«
Ihre Augen füllten sich mit Tränen. »Ich weiß es nicht. Monsieur Reymond war sehr überarbeitet und erschöpft. Er kann nicht mehr er selber gewesen sein.«
Ihre Gemütsbewegung war echt, doch die Worte klangen unwahr. Sie sprudelte sie zungenfertig heraus, eine gut einstudierte Lüge. Er war ziemlich sicher, daß er wußte, was sie verbarg. Aber er konnte sie nicht fragen; es würde zu lange dauern, die Bestätigung aus ihr herauszubekommen – wenn er sie überhaupt jemals bekam. Er drückte auf den »Abwärts«-Knopf.
Die neue Parkuhr war bereits aufgestellt. Einer der Arbeiter probierte sie aus, und sie schluckte ihren ersten Franc.
Er schickte den Chauffeur mit dem Dienstwagen fort, und sobald der Wagen um die nächste Ecke bog, wandte er sich wieder zum COPIC-Haus und ging in das Büro der AVIS-Autovermietung in der Eingangshalle.
Er wollte nicht, daß sein nächstes Ziel aktenkundig wurde.

19

Er fuhr zu Reymonds Haus, einem umgebauten alten Kornspeicher mit Mühle, dreißig Kilometer außerhalb der Stadt.
Er brauchte vierzig Minuten, bis er vor dem schmiedeeisernen Tor ankam, das die kiesbedeckte Auffahrt von der kurvenreichen Landstraße trennte. Das Tor war verschlossen, das Haus hinter einer Baumreihe kaum sichtbar.
Er überlegte noch, wie er hineinkommen sollte, als ein VW-Lieferwagen hinter seinem Mietauto anhielt. Ein grauhaariger, untersetzter Mann in blauer Arbeitskleidung lehnte sich heraus. »*Mais alors!* Was wollen Sie hier?« Sein Ton war unfreundlich.
Aaron wies seinen Polizeiausweis vor. »Ich nehme an, Sie sind der Gärtner?«
»Ja, Monsieur.« Der Mann stieg aus und öffnete widerstrebend das Tor. »Tut mir leid, aber wir hatten so viele Reporter hier, verstehen Sie?«
Aaron fuhr hinein.
Die Mühle war sehr alt. Die Mauern trugen die Spuren des Wetters von fünfhundert Jahren, und die ehemals roten Ziegel der Dächer waren von der Sonne fast weißgebleicht. Dahinter und jenseits des schläfrig dahinmurmelnden Mühlbaches lagen der langgestreckte, scheunenartige Kornspeicher und daran anschließend einige kleinere, in Ställe umgewandelte Gebäude. Auf dem ganzen, sorgfältig gepflegten Anwesen herrschte absolute Stille.
Aaron stellte seinen Wagen neben einigen Autos ab, die offenbar den Hausbewohnern gehörten, und ging zu dem massiven Haustor, dessen Eichenbohlen mit handgeschmiedeten Nägeln beschlagen waren.
Er drückte auf die Klingel. Sofort waren drinnen Schritte zu hören, und die Tür wurde von einer stämmigen Hausangestellten mittleren Alters geöffnet. Ihr Blick war abweisend und ihre Augen, wie die der Sekretärin, vom Weinen gerötet.
Er wies seinen Ausweis vor. »*Sûreté Paris, Préfet de Police Silva.*«
»Ihre Kollegen waren schon die ganze Nacht hier. Können Sie uns denn nicht in Ruhe lassen?«
»Ist schon gut, Marie-Louise.«
Ein Mädchen erschien im Hintergrund. Sie war ungefähr siebzehn und trug einen Morgenrock. Ihr erschöpftes Gesicht sah aus, als sei ihre Seele zerstört. Aaron vermutete, daß sie Reymonds Tochter war.
»Mademoiselle Reymond?«
»Ja.«

Kalter Zorn stieg in ihm auf. Gestern war Reymond der Mann gewesen, den sie Vater nannte und liebte, ein vertrauter Mensch, den sie für immer um sich zu haben glaubte. Heute war er nur mehr eine verschwommene Vorstellung, die ihr unaussprechlichen Schmerz bereitete, den nichts lindern konnte.
»Ich muß darum bitten, Ihre Mutter sprechen zu dürfen.«
»Jetzt?«
»Ja. Es tut mir sehr leid.«
Sie zögerte, doch seine Autorität gewann die Oberhand. Müde sagte sie: »Kommen Sie bitte herein.«
Er folgte ihr durch die gewölbeartige Halle und dann durch ein großes, gemütliches, rustikales Wohnzimmer hinaus auf eine alte Steinterrasse, die mit herbstlichem Laub übersät und vom Mühlbach durch eine niedrige, mit Herbstblumen gesäumte Mauer getrennt war. Astern und Chrysanthemen. Um einen riesigen Mühlstein, der als Tisch diente, standen einige Gartenstühle, am Rand zwei abgenutzte Steinbänke.
»Ich werde meine Mutter holen.«
»Danke.«
Das Mädchen verschwand. Aaron wartete mit einem Gefühl der Unwirklichkeit. Von hinter dem Kornspeicher hörte er das regelmäßige Geräusch eines Tennisspiels. Es schien absurd. Doch wenn man jemanden verliert, den man liebt, dann muß man sich um jeden Preis zum Weitermachen zwingen, dachte er, denn die Alternative wäre unausdenkbar. Gleich darauf hörte das Geräusch auf, dann kam Yvonne Reymond um die Ecke des Kornspeichers und überquerte den Mühlbach auf einem schmalen Steg. Ihr Sohn, untersetzt und athletisch, wie sein Vater gewesen war, blieb beobachtend auf der anderen Seite stehen.
»Monsieur Silva?« Sie ließ keinerlei Gemütsbewegung erkennen. Ihr Blick war direkt und ehrlich, ihr Mund fest. Sie war etwas weniger schlank als auf dem Foto im Büro ihres Mannes und ein bißchen blonder. Ihr Tennisdreß sah aus, als ob sie darin geschlafen hätte, und der Schweiß rann ihr am Hals herunter und verursachte dunkle Flecken in den Achselhöhlen.
»Es kommt Ihnen sicher brutal vor, daß ich Sie störe«, sagte Aaron, »nachdem die hiesige Polizei Sie ja schon mehr als genug belästigt hat. Es tut mir sehr leid.«
Sie runzelte die Stirn. »Sie sind extra aus Paris gekommen?« Er konnte förmlich sehen, wie sie das zu verarbeiten versuchte. Paris pflegte sich normalerweise nicht einzumischen – es sei denn, etwas war sehr faul an einem Fall.

»Ja; vom Büro des Innenministers.«
Ihr Blick wurde wachsam. Er sah zu ihrem Sohn hinüber.
»Ich muß mit Ihnen allein reden, Madame Reymond. Ich soll einige Fragen mit Ihnen besprechen, die einzig und allein für Ihre Ohren bestimmt sind.«
Für einen Augenblick schien sie verblüfft, dann rief sie ihrem Sohn zu, auf den Tennisplatz zurückzukehren. Nachdem er gegangen war, ließ sie sich in einen Gartensessel sinken und entschuldigte sich mit einem schwachen Lächeln für ihr Tenniskleid. »Gestern habe ich es in den Wäschekorb gestopft. Ich habe nicht gedacht, daß ich es heute anziehen würde. Es gibt Zeiten, wo man einfach in irgendeiner Weise weitermachen muß.« Sie schien ihn momentan zu vergessen, dann war sie wieder da. »Also gut, worum handelt es sich?«
Aaron sagte: »Was ich Ihnen sagen muß, ist wahrscheinlich sehr schmerzlich für Sie. Aber ich will erst alle meine Karten auf den Tisch legen. Ich habe keine Zeit, lange um den heißen Brei herumzugehen, und ich glaube, das würden Sie auch gar nicht wollen.«
Sie zögerte zunächst, dann nickte sie schwach.
»Der Präfekt in Lyon«, fuhr er fort, »hat den Tod Ihres Mannes offiziell als Selbstmord bestätigt. Sind Sie damit einverstanden?«
Was auch immer sie erwartet hatte, das war es nicht. Sie hatte nervös ihr kurzes Kleid glattgestrichen. Jetzt erstarb jede ihrer Bewegungen. Es herrschte Totenstille.
»Nein, Sie sind nicht damit einverstanden, oder?«
»Nein«, flüsterte sie.
»Ich auch nicht. Wissen Sie, wer ihn getötet hat?«
»Nein. Das weiß ich nicht.« Sie griff sich an die Kehle.
»Aber Sie haben einen Verdacht, *warum* er ermordet wurde?«
»Muß ich das beantworten?«
»Nein. Weil ich weiß, wie Ihre Antwort lauten würde. Vorausgesetzt natürlich, daß Ihr Mann seine geschäftlichen Angelegenheiten mit Ihnen zu besprechen pflegte. Aber das hat er doch wohl getan, oder? Es ist bekannt, daß Sie einander sehr nahestanden.«
»Ja, das hat er getan.«
»Hat die Lyoner Polizei irgendwelche Fragen bezüglich der COPIC gestellt?«
»Nein. Keine.«
»Und Sie haben auch von sich aus nichts dazu gesagt?«
»Ich habe mir gedacht, das führt ja doch zu nichts. Das könnte höchstens die Kinder noch mehr belasten, als es so schon der Fall ist.«
»Ich nehme an, daß Sie sich diesbezüglich mit der Sekretärin Ihres Mannes telefonisch abgesprochen haben.«

Sie errötete. »Ja«, sagte sie. »Ich habe mit ihr gesprochen. Aber nicht am Telefon. Sie ist hierhergekommen, sobald sie es erfahren hatte.«
»Machen Sie sich deshalb keine Sorgen«, sagte Aaron. »Alles, was Sie sagen, bleibt unter uns.«
Sie wirkte ein wenig erleichtert.
»Sie beide sind also übereingekommen, zu schweigen.«
»Ja.«
»Und die offizielle Selbstmordversion nicht anzufechten. Ihr Mann war äußerst überarbeitet, zeitweise nicht mehr er selber . . .«
»Ja.«
»Sie haben sehr weise gehandelt«, sagte Aaron.
»Monsieur Silva?« Sie wußte nicht, worauf er hinauswollte.
Er fiel ihr ins Wort.
»Madame Reymond, ich möchte vorschlagen, daß ich Ihnen kurz berichte, was ich weiß. Vor zehn Tagen begann Ihr Mann, sich darüber Gedanken zu machen, daß auf der finanziellen Seite des von der COPIC geplanten Leasings bedeutender staatlicher Ölreserven etwas höchst Regelwidriges vorzugehen schien. Man hatte ihm zu verstehen gegeben, daß möglicherweise amerikanische Gelder dahintersteckten. Als er von Henry Jedder keine befriedigende Antwort bekam, wurde er noch mißtrauischer und beauftragte eine Privatdetektei mit der Überprüfung. Liege ich soweit richtig?«
Sie war völlig verblüfft. »Ja.«
»Diese Detektei bestätigte ihm, daß ein belgischer Buchhalter, der als erster diesen Verdacht geäußert hatte, tatsächlich bei der von den Amerikanern kontrollierten IIC-Bank in Brüssel arbeitete. Nicht bei einer unabhängigen Firma. Praktisch zur selben Zeit erhielt er anonym Unterlagen zugesandt, die seine Befürchtungen bestätigten und den Schluß zuließen, daß die IIC tatsächlich in eine getarnte Übernahme der COPIC verwickelt war. Falls er da mitmachte, muß er sich gedacht haben, würde er in hochverräterischer Weise dazu beitragen, französisches Öl einem amerikanischen Kartell auszuliefern. Als Henry Jedder gestern zum Essen kam und gegenteilige Beweise vorlegte, glaubte er ihm kein Wort, und als Jedder ihm schließlich sogar eine Menge Schweigegeld anbot, hat er die Fassung verloren und Jedder hinausgeworfen.«
Er wartete. In der Ferne wieherte ein Pferd, und von der Küche klangen klirrende Geräusche herüber.
Beinahe monoton sagte sie: »Achille war furchtbar zornig. Er hat den Innenminister angerufen. Der Minister und er waren Klassenkameraden in der Ecole Nationale d'Administration. Aber der Minister war über das Wochenende weggefahren.«

Aber sie wußten, daß Reymond ihn zu erreichen versucht hatte, dachte Aaron. Das bedeutete, daß sein Telefon abgehört wurde. Es war ein glücklicher Zufall, daß Madame Reymond und die Sekretärin persönlich miteinander gesprochen hatten.
Yvonne Reymond sagte: »Was ihn am tiefsten verletzte, war Henry Jedders Verhalten. Achille hat Henry immer nach besten Kräften unterstützt. Er hat ihm Dutzende Geschäfte zugeschanzt. Und jetzt dahinterzukommen, daß Henry ihn einfach nur benutzt hat . . .« Hilflos brach sie ab, ihre Hand glättete wieder das Kleid.
»Warum ist Ihr Mann gestern abend in sein Büro gegangen?« fragte Aaron.
»Er wollte ein Memorandum diktieren«, antwortete sie. »Solange er alles noch frisch in Erinnerung hatte. Alles, was Henry gesagt hatte.«
»Oder auch nicht gesagt hatte?«
Sie zuckte mit den Achseln. Plötzlich war sie den Tränen nahe. Aaron wußte, wie schwer es für sie war, sich die letzten Augenblicke ihres Mannes nicht vorzustellen.
Der breite Rücken, über das Diktaphon gebeugt, das Klopfen an der Tür, die besorgte Überraschung beim Anblick von drei oder vier ihm völlig unbekannten Männern. Und der Schock der Erkenntnis dessen, was ihm bevorstand, als man ihn packte und zum Fenster schleifte, seine ohnmächtigen Hilfeschreie, wirkungslos dank der modernen Schallisolierung des Gebäudes.
Schließlich dann der unvorstellbare letzte Augenblick lähmenden Entsetzens, als das Fenster aufgerissen und er in die nächtliche Leere hinausgestoßen wurde.
Aaron fragte sich, ob die gleichen Gedanken wohl auch durch die Köpfe derer gehen, die letztlich dafür verantwortlich waren. Einige Regierungsmitglieder und Schlüsselfiguren wie Roche-Corbon? Manche von ihnen mußten sicherlich, genau wie er selbst, sofort Verdacht geschöpft haben, daß der »Selbstmord« Reymonds allzu gelegen kam. In der abgeschirmten, geborgenen Atmosphäre ihrer Direktionsbüros, in privaten Salons oder bei Kerzenlicht im Maxim hatten sie sich darauf eingelassen, durch Machenschaften, die zunächst nur nach diplomatischer und finanzpolitischer Schiebung aussahen, ihr Land zu verkaufen. Nicht Menschen. Niemand hatte sie über den kriminellen Charakter aufgeklärt, der hinter der glatten institutionellen Fassade der Dallas Research Foundation lauerte. Mord und Bestechung und Erpressung und Folter waren Dinge, von denen man las, daß sie irgendwo weit entfernt vorkamen, bei irgendwelchen rückständigen Völkern, wo die Presse unterdrückt wurde und die Wahr-

heit nicht verbreiten konnte. Ganz gewiß nicht in gesitteten, zivilisierten Städten wie London oder Rom oder New York oder Paris.
Doch jetzt wußten sie, daß diese Dinge auch hier geschahen. Und es war zu spät, sie zu verhindern. Sie hatten unwiderruflich dem Terror zum Ausbruch mitten unter ihnen verholfen.
Er konzentrierte sich wieder auf Madame Reymond. Sie sprach seine Gedanken aus. »Ich kann das einfach nicht fassen. Dies ist doch Frankreich!« Ihre Stimme brach. »Sie haben meinen Mann ermordet, um ihn zum Schweigen zu bringen«, sagte sie. »Wer hat das getan? Die IIC?«
Aaron mußte vorsichtig sein. Wenn er ihr die volle Wahrheit erzählte, würde sie ihm niemals glauben. Doch er war darauf angewiesen, daß seine Glaubwürdigkeit ihr gegenüber erhalten blieb, um sich ihr für ihn lebenswichtiges Schweigen zu sichern. Aber irgend etwas mußte er ihr erzählen, denn sein Schweigen wäre ebenso gefährlich.
»Nicht direkt«, sagte er. »Es handelt sich da um Elemente innerhalb der IIC, die ihre Macht zu politischer Subversion mißbrauchen wollten. COPICs Leasing der Ölreserven sollte einen Teil der Transaktion bilden. Wir arbeiten jetzt eng mit Brüssel zusammen, um die ganze Sache zu stoppen. Der Tod Ihres Mannes hat dazu beigetragen, daß sich viele Dinge für uns herauskristallisiert haben. Er hat seinem Vaterland keinen geringen Dienst erwiesen.«
»O mein Gott!« Endlich begann sie zu weinen. »Achille, Achille! O mein Gott. In was ist er da nur hineingeraten.«
Aaron konnte nur versuchen, einen kleinen Teil ihres Alptraumes zu lindern. »Ich glaube, Sie sollten wissen, daß er nicht mehr lebte, als er hinunterstürzte. Er starb an seinem Schreibtisch.« Da entlud sich ihr Schmerz in einem wilden Ausbruch.
Sobald er sich mit Anstand zurückziehen konnte, verabschiedete sich Aaron. »Es würde Sie und Ihre Familie in allergrößte Gefahr bringen, wenn Sie diese Sache irgend jemandem gegenüber erwähnten, und das gilt ganz besonders für die hiesige Polizei«, sagte er zum Schluß. Sie versprach ihm zu schweigen.
Als er die Terrasse verließ, warf er einen letzten Blick zurück. Sie saß noch auf dem Gartenstuhl und starrte ins Leere, ihre Schultern vornübergebeugt, die Hände im Schoß ineinander verkrampft. Sie würde nicht noch einmal tapfer versuchen, Tennis zu spielen. Ihre ganzen Gedanken gehörten nun den zerschmetterten Überresten ihres Mannes, den sie geliebt hatte und den sie morgen begraben würde.
Aaron fuhr in die Stadt zurück, gab den AVIS-Wagen zurück und nahm ein Taxi zum Flugplatz. Mitten in seinem Gespräch mit Madame Reymond hatte er plötzlich erkannt, daß er den Zeugen, nach dem

er so lange geduldig gesucht hatte, vielleicht schon längst gefunden hatte. Er wollte jetzt so schnell wie möglich zu Henry Jedder, bevor jemand anders diesen Entschluß faßte und ihm zuvorkam.

20

Bejerec wohnte am Montmartre, unweit der Sacré-Coeur, die wie ein großer weißer Schutzengel von ihrer hohen Warte aus über das Dächermeer von Paris blickte, das wie unendlich in einen dunstigen Horizont überging. Seine kleine Wohnung war mit einem Sammelsurium von Antiquitäten und Bildern ausgestattet, die einen gewissen Hang zur Erotik verrieten, und befand sich über einem auf Malerutensilien spezialisierten Schreibwarengeschäft. Denn der Montmartre, einst Domäne großer Künstler, wimmelte noch immer von deren Imitatoren, die ihre Produkte schamlos an begeisterte Touristen verkauften, denen die malerischen altertümlichen Straßen, das Kopfsteinpflaster der engen Gäßchen und die versteckten kleinen Läden ungemein gefielen. Bejerec kündigte immer wieder an, daß er hier fort und in einen realistischeren, moderneren Stadtteil ziehen wolle. Doch das war eine leere Drohung. Montmartre hatte sich seinen verführerischen Charme bewahrt, und er blieb ihm treu.
Er war früher als sonst nach Hause gekommen, nachdem er sein Büro schon um sechs verlassen hatte. Er würde mit alten Freunden zu Abend essen, einem Botaniker und seiner Frau. Nachher würden sie vielleicht ein bißchen Schach spielen.
Er wollte in Ruhe nachdenken, bevor er ausging. Um vier hatte er eine verschlüsselte Nachricht von Aaron Zeismann erhalten, der dringend um eine Zusammenkunft noch am selben Abend bat. Das hatte höchstwahrscheinlich mit Achille Reymonds »Selbstmord« zu tun. Der Dallas, wahrscheinlich Collins persönlich, war ein übler Schnitzer unterlaufen, indem man Larsen freie Hand ließ. Einen Menschen aus dem Fenster der siebzehnten Etage zu stoßen, gehörte zu der Art unvorstellbarer Brutalität, die gewöhnlich eine Kettenreaktion von Panik auslöste und sich so als Bumerang erweisen konnte.
War es Aaron gelungen, diese Situation irgendwie für sich auszunutzen? Er mußte ja praktisch unmittelbar danach in Lyon gewesen sein. Wen würde er aufgesucht haben? Geschäftspartner, die Polizei, wahrscheinlich das Leichenschauhaus. Vielleicht sogar die Witwe. Natürlich würde er festgestellt haben, ob der »Selbstmord« in direktem Zusammenhang mit dem Besuch Henry Jedders am Samstag und mit den

gefälschten Briefen stand, die sie beigesteuert hatten. Wenn dem so war, dann würde er höchstwahrscheinlich mit Jedder in Verbindung treten, und zwar so schnell wie möglich. Das Finanzgenie gehörte nicht zu den Leuten, die Terrormethoden standhielten. Außerdem war Jedder in letzter Zeit ohnehin einem Nervenzusammenbruch schon recht nahe gewesen. Es war durchaus vorstellbar, daß er in irgendeinem Versteck kauerte, überzeugt, daß auch er sterben würde, weil Ender und Collins ihm nicht mehr trauten, ihn aber nicht offen feuern konnten, da er zuviel über Dallas und Trikolore wußte.

Aaron würde hinter ihm her sein, um ihn für Strachey zu gewinnen. Tatsächlich wäre Jedder natürlich der ideale Zeuge. Und wahrscheinlich brauchte er seine Hilfe, um Jedder außer Landes zu bringen. Was sich als schwierig erweisen könnte. Wenn Collins und Ender nur einen Funken Verstand besaßen, konnten auch sie voraussehen, daß Jedder möglicherweise in Panik geraten und aussteigen würde. Über den Innenminister hatten sie die Polizei in der Hand. Alle wichtigen Grenzübergänge, Flug- und Seehäfen würden hermetisch abgeriegelt sein.

Bejerec ging zum Barschrank ins Wohnzimmer hinüber, schob ein paar dicke Handbücher über Computeranwendung in der Pathologie beiseite und mixte sich einen Cocktail, einen süßen roten Martini-Wermut mit Eis, zwei Zitronenscheiben und einem Schuß Bitter.

Jedder, dachte er, war mehr denn je ihre letzte Hoffnung. In jenem Gespräch mit dem Minister, kurz vor seinem Treffen mit Aaron Zeismann, war einwandfrei klargestellt worden, daß der Kopf des berühmten De-Gaulle-Maulwurfs endgültig und unwiderruflich auf dem Block lag. Der Minister hatte seine Weisungen empfangen.

»Sie müssen bitte versuchen, das zu verstehen, Bejerec. Weder Ihr Maulwurf noch irgendwelche Aufklärungsarbeit, die er vielleicht leisten könnte, sind den Verlust von viel wichtigeren Informationen an anderer Stelle wert.«

Bejerec hatte es besonderes Vergnügen bereitet, dem Mann eine Erklärung zu entlocken. Er stellte sich unwissend. »Was sind denn das für Informationen?« hatte er gefragt.

Die Stimme des Ministers hob sich vor Erbitterung. »Ich spreche von dem enormen Wissen über Satellitentechnik und Elektronik, das wir uns selbst nicht leisten können und an dem sie uns teilhaben lassen. Dazu sind sie nicht verpflichtet, wissen Sie.«

»Aber, Monsieur le Ministre«, hatte er weitergebohrt, »können die Amerikaner denn *beweisen,* daß wir sie infiltriert haben?«

»Sie brauchen keinen Beweis.«

»Da genügt also ein bloßer Verdacht?«

»Ja!« hatte der Minister gebrüllt. Um seine Fassung wieder zu erlangen, hatte er auf seinem Schreibtisch herumgeräumt. Bejerec hatte still abgewartet.
Plötzlich hatte der Minister aufgeblickt. Sein Gesicht zeigte einen ganz neuen Ausdruck. »Ich bin bevollmächtigt«, sagte er mit Sorgfalt, »Ihnen einen wesentlichen Teil des Jahresbonus zukommen zu lassen, wenn Sie Ihre Einstellung ändern.«
Da war sie also, die Bestechung. Er hatte große Mühe gehabt, nicht offen zu grinsen. »Wieviel denn, Monsieur le Ministre?«
Der Betrag mußte dem armen Mann fast die Kehle zugeschnürt haben. »Eine Million Francs«, sagte er nach einer kurzen Pause.
Das war fast so viel, wie seines Wissens der Minister selber eingestrichen hatte.
Einen Moment lang hatte er den Mann sich in der Hoffnung wiegen lassen. Dann hatte er ruhig erklärt: »Ein höchst verlockendes Angebot, Monsieur le Ministre. Aber wie die Dinge nun mal liegen, fürchte ich, es nicht annehmen zu können. Wie ich schon immer betont habe, garantiere ich dafür, daß wir keinen Agenten im amerikanischen Geheimdienst haben oder je hatten. Und einfach jemanden zu erfinden, um ihn feuern zu können, wäre meines Erachtens nicht nur lächerlich, sondern auch höchst unehrenhaft.«
Es hatte nicht funktioniert. Der Minister hatte Haltung bewahrt, und seine Antwort war eisig und abschließend gewesen. »Sie brauchen niemanden zu erfinden, Monsieur, und ich verlange seinen Namen und einen überprüfbaren Beweis für seine sofortige Entfernung. Innerhalb dieser Woche. Wenn nicht, sehe ich mich gezwungen, Ihren Posten anderweitig zu besetzen.«
Das war es also. Zwanzig Jahre halsbrecherischer Akrobatik auf dem Drahtseil waren zu Ende. Ausgelöscht durch den Verrat und die Käuflichkeit eines Ministers. Jetzt hieß es also, er oder Aaron Zeismann. Es war keine Frage, wofür er sich entschied. Senator Strachey bedeutete eine letzte Chance, und da war auch Aarons Zukunft mit Juliet zu bedenken. Er konnte nur den Minister beim Wort nehmen und das Beste hoffen. Sie würden sich entscheiden müssen, was ihnen wichtiger war: den Amerikanern ihr Opferlamm zu präsentieren oder weiterhin bei anderen Einsätzen von seiner langjährigen hervorragenden Erfahrung und seinen umfassenden Kenntnissen auf dem Gebiet der Spionage zu profitieren. Er würde nicht so leicht zu ersetzen sein.
Er zuckte mit den Achseln. »Ich werde sofort mein Rücktrittsgesuch einreichen, Monsieur le Ministre.«
Abgesehen von einer eisigen Abschiedsfloskel wurde seine Antwort kommentarlos und mit einem seltsamen rachsüchtigen Lächeln auf-

genommen, das er sich nicht erklären konnte. Das war beinahe doch etwas beunruhigend.

Von Bejerecs Wohnzimmerfenster aus hatte man einen Ausblick über ganz Paris. Die hereinbrechende Nacht ließ die Stadt vor dem malvenfarbigen Horizont wie schwarzen, von Lichterbändern durchzogenen Samt erscheinen. Die Bäckerei unten hatte schon ihre Fensterläden geschlossen, der Drogist holte seine ausgestellten Waren herein, und auf dem Gehsteig vor dem Bistro stellte ein Kellner Tische und Stühle auf. Die Menschen waren auf dem Heimweg, hastende Schatten, wenn sie aus dem Lichtkreis der Straßenlaternen entschwanden. In tausend anderen französischen Städten, in tausend anderen Straßen taten andere Menschen das gleiche.

Er ging zu seinem Plattenspieler und legte Pietro Mascagnis Cavalleria rusticana auf. Letztes Jahr hatte er während seines Urlaubs eine Aufführung in der Mailänder Scala erlebt. Mit leichter Wehmut erinnerte er sich nun daran. Er hatte all die malerischen shakespearischen Städte Norditaliens besucht und für eine kurze Weile Frankreich und seine Belange vergessen können.

Er nahm sich noch einen Drink, und während der vertraute Chorgesang durch die Räume schallte, nahm er ein Bad und zog sich langsam an, leise mitsummend, und dachte darüber nach, was er mit seinem Leben anfangen würde, wenn sich sein Bluff als erfolglos erwies und sie seinen Rücktritt akzeptierten. Dann blieb ihm noch die Computer-Pathologie. Welche Ironie, wenn er schließlich als Anthony Williams Vorlesungen an irgendeiner amerikanischen Universität halten und womöglich sogar dort leben würde! Das wäre wirklich der reinste Hohn. Aber so war das Leben. Ein Karussell. Du kannst nicht ein- und aussteigen, wann du willst. Du mußt auf den unbekannten Ort und Zeitpunkt warten, da es von selbst zum Stillstand kommt. Und während du wartest, dich Runde um Runde drehst, mußt du zuhören, wie die Drehorgel unaufhörlich deine Schicksalsmelodie dudelt. Du weißt nie, wann was kommt, und das ist es, was es so interessant macht.

Das Telefon läutete. Er rührte sich nicht. Viermal, dann hörte es auf. Vor einem Louis-quinze-Spiegel zupfte er seine Krawatte zurecht. Wieder klingelte das Telefon, sechsmal, bevor es diesmal abbrach. Das war Aaron, und sie würden einander um zehn Uhr treffen, und zwar, wie schon abgesprochen, auf halber Höhe der Route des Lacs im Bois de Boulogne. In den letzten Jahren war der ausgedehnte Park zu einem nächtlichen Treffpunkt derjenigen herabgesunken, die hedonistische Vergnügungen jeder erdenklichen Spielart suchten, sei es umsonst oder für Geld. Und die vielen Menschen und Autos auf den

dunklen, gewundenen Straßen und Wegen bildeten eine ideale Tarnung für eine geheime Zusammenkunft.
Bejerec schlüpfte in sein Dinnerjackett. Er sah sich prüfend im Wohnzimmer um, ließ eine Lampe brennen und einen kleinen Fernsehapparat laufen, dessen einziger Zweck es war, etwaige Einbrecher davon zu überzeugen, daß jemand zu Hause war, und stellte die Cavalleria rusticana ab.
Dann öffnete er die Tür.
Zwei Männer standen auf der Schwelle. Respektabel aussehende Männer in gewöhnlichen Straßenanzügen. Er hatte sie noch nie gesehen. Darum und weil er sich für niemanden einen plausiblen Grund vorstellen konnte, um diese Zeit bei ihm aufzutauchen, fühlte er die unmittelbare ernste Gefahr. Der Gedanke durchfuhr ihn, daß er einmal in Erwägung gezogen hatte, einen Revolver zu tragen.
Ein dritter Mann tauchte im Gang hinter ihnen auf. Trotz des gedämpften Lichts erkannte Bejerec sofort die hohe Gestalt, das blasse Gesicht, die albinoartigen Augen, das kurze weißblonde Kraushaar.
Ihm blieb keine Zeit mehr zum Überlegen.
Schweigend trat er zurück, als sie hereinkamen, und während er sich zur Seite drehte, ließ er die Hand in die Brusttasche seines Dinnerjacketts gleiten. In dem alten silbernen Zigarettenetui lag zwischen den Veilchenpastillen eine Cyanid-Kapsel. Das Etui sprang auf, und die Kapsel rollte in seine Hand.
Die Tür schloß sich hinter den Männern. Bejerec wandte sich ihnen zu und fühlte, wie eine Woge überwältigenden Bedauerns ihn durchdrang. Wie nahe er und Aaron Zeismann ihrem Ziel doch gewesen waren! Jetzt war Aaron auf sich allein gestellt, und er, Paul Henri Bejerec, würde den Ausgang nie erfahren.

21

Kurz vor diesen Ereignissen stand Aaron auf der Freitreppe von Henry Jedders pompöser Villa, dem hohlen Monument seiner finanziellen Machenschaften und der gesellschaftlichen Ambitionen seiner Frau. Kein Lebenszeichen kam aus dem verdunkelten Innern. Er drückte noch einmal auf die Klingel, hörte schwach das Läuten in der Halle hinter der schweren, massiven Haustür. Er stand jetzt schon eine ganze Weile hier und wagte gar nicht daran zu denken, daß Jedder vielleicht nach ihrem Telefongespräch in Panik geraten und davongelaufen war. Oder daß Larsen ihm zuvorgekommen war und Jedder abgeholt hatte. Ein Stück die Straße hinunter hatte er etwas entdeckt, was durchaus ein Beobachterposten sein konnte, einen ungepflegten mattgelben Renault mit zwei Männern. Kein Mensch mit redlichen Absichten würde jemals so ein Auto in dieser noblen Umgebung parken.

Er war am Nachmittag mit dem ersten Flugzeug nach Paris geflogen, doch hatte er Jedder bereits von Lyon angerufen. Er hatte es mehrmals probiert und lange klingeln lassen, ohne daß abgehoben wurde. Zwischendurch jedoch kam zweimal das »Besetzt«-Signal, woraus er schloß, daß Jedder zu Hause war, sich aber nicht melden wollte. Schließlich, als er schon zu verzweifeln begann, hatte Jedder doch noch abgehoben und nervös und vorsichtig geantwortet. Aaron machte die Sache so undramatisch wie möglich, um ihn nicht kopfscheu zu machen. Außerdem fiel ihm ein, daß sein Telefon ja angezapft war.

»Ich nehme an, Sie haben schon das von Reymond gehört. Es ist ein Jammer, aber keine Katastrophe. Es könnte sich sogar zu unseren Gunsten auswirken. Ich glaube, wir sollten uns so schnell wie möglich darüber unterhalten.«

»Ich bin gerade im Weggehen.«

»Also wirklich, Henry, die wird doch wohl noch ein Stündchen warten können. Rufen Sie sie einfach an. Collins könnte unangenehm werden. Ich komme bei Ihnen vorbei und hole Sie ab, und wir gehen in eine nette, ruhige kleine Bar und überlegen uns, wie wir seine Befürchtungen zerstreuen können. Dann können Sie Ihren Abend unbeschwert genießen, okay? Vielleicht hat sie eine Freundin, dann könnte ich auch mitkommen.«

Jedder hatte nachgegeben. Hauptsächlich, glaubte Aaron, um ihn nicht als Verbündeten zu verlieren, solange er nicht einen sicheren Weg gefunden hatte, dem möglichen Terror zu entkommen. Es wäre typisch Jedder, sich selbst in einer so kritischen Situation nach beiden Seiten hin abzusichern.

Sobald er in Paris angekommen war, hatte Aaron seine Verabredung mit Bejerec getroffen und sich dann einen Moment Zeit genommen und Margita angerufen.

»Wie war es in Lyon?« Sie klang besorgt.

»Scheußlich. Hör mal, ich muß da dringend ein paar Dinge erledigen und werde erst einmal eine Weile keine Zeit haben.«

»Ich werde hier sein und auf dich warten. Und – Aaron!«

»Ja?«

»Ich liebe dich.«

Wieder läutete er an Jedders Tür und betätigte dann verzweifelt den schweren Messingtürklopfer. Er fühlte sich unaussprechlich müde. Alles, was er wollte, war Margita in den Armen halten und Schlaf. Dann hörte er zu seiner großen Erleichterung schwache Geräusche aus dem Hausinnern, die zu Schritten wurden und sich mit jenem sonderbaren, für leerstehende Häuser typischen, dumpfen Klang der Tür näherten.
Eine Kette klirrte, die massive Klinke senkte sich, und die Tür öffnete sich einen Spalt. Es war Jedder selbst. »Ich hole nur meinen Mantel«, sagte er. »Das Haus ist noch nicht wieder hergerichtet. Rosemary kommt erst nächstes Wochenende zurück. Wohin gehen wir?«
Er sah fürchterlich aus. Aaron hatte keinen Zweifel, daß der Financier durch die jüngsten Ereignisse tatsächlich zutiefst verängstigt war. Alles hing jetzt davon ab, daß er schnell und entschieden handelte. Er trat rasch ein und verriegelte die Tür hinter sich.
»Wir können genauso gut hier reden«, sagte er, »und dabei die Straße im Auge behalten.« Er deutete auf die Tür zu einem der vorderen Zimmer. »Was ist da drin?«
»Das Arbeitszimmer meiner Frau«, sagte Jedder.
»Das dürfte gehen.« Bevor Jedder protestieren konnte, riß Aaron die Tür auf. Wenn es ihnen irgendwie gelungen sein sollte, Abhörgeräte ins Haus zu praktizieren, dann hatten sie Rosemarys Zimmer sicher ausgelassen. Er trat ein. Das Licht einer Straßenlaterne fiel durch die Ritzen der Jalousie eines hohen Fensters auf die formlosen, unheimlichen Möbel unter ihren Schutzhüllen.
Er schaute hinaus auf die Straße. Einer der beiden Männer aus dem Renault ging langsam am Haus vorbei. Sonst nichts.
Jedder erschien zögernd an der Tür. »Nun hören Sie mal . . .«, begann er. Aaron ignorierte ihn, zog die Hülle von einem hochlehnigen Stuhl und setzte sich. »Henry«, sagte er, »Sie sitzen ganz schön in der Patsche. Fangen wir von Anfang an. Was hat sich am Samstag mit Reymond abgespielt?«
Eine Weile herrschte Stille, bevor Jedder antwortete. Er gab sich trotzig. »Mit Reymond? Nichts. Es gab keine weiteren Probleme.«
»Ist er auf die Dokumente eingestiegen, die wir Ihnen mitgegeben haben, oder mußten Sie ihm die Bestechung anbieten?«
»Die Dokumente haben vollauf genügt.«
Aaron gestattete sich, sarkastisch zu werden. »Aha, und um das zu beweisen, geht er dann in den siebzehnten Stock in sein Büro und springt aus dem Fenster?«
Jedders Stimme klang belegt. »Hören Sie, ich möchte wirklich lieber nicht darüber reden.«

Aaron unterdrückte sein heftiges Verlangen zu lachen. »Henry, diese Sache erledigt sich nicht von allein. Und ich bin nicht Collins oder Ender. Irgendwem müssen Sie doch vertrauen. Sie können das nicht allein durchstehen. Also gehen wir der Sache auf den Grund.«
»Bedaure«, beharrte Jedder steif. Er stapfte schwerfällig in die Halle. »Wenn Sie noch immer auf einen Drink gehen wollen . . .«
Aaron wußte, daß es Zeit war, alle Umschweife beiseite zu lassen. Kalt unterbrach er: »Ich komme gerade von einer Unterredung mit Yvonne Reymond. Ihre Besprechung mit Reymond war nicht nur kein Erfolg, sie war eine Katastrophe. Er hat Sie rausgeschmissen. Und jetzt will ich Ihnen noch was sagen. Etwas, das Sie nicht wissen, nur vermuten. Nachdem Sie weg waren, ist er sofort ans Telefon gegangen, um den Innenminister anzurufen.« Er wartete. Jedder konnte unmöglich wissen, daß Reymond den Minister gar nicht erreicht hatte. Langsam kam Jedder aus der Halle zurück und ins Arbeitszimmer.
Gnadenlos fuhr Aaron fort. »Reymond hat nicht Selbstmord begangen, und Sie wissen das auch. Dazu war er viel zu empört.« Da war ein scharrendes Geräusch, als Jedder nach einem Stuhl tastete und sich schwer darauf niederfallen ließ. Aaron konnte seine Augen sehen. Die durch die Jalousie einfallenden Lichtstreifen ließen sie weit aufgerissen und unwirklich erscheinen.
Etwas weniger schroff fuhr er fort. »Mit solchen Dingen haben Sie nicht gerechnet, stimmt's, Henry? Daß einer den Mund aufmacht und deshalb aus einem Hochhausfenster gestoßen wird. Daß Leute wie Collins und Ender sich auf solche Methoden einlassen. Aber früher oder später mußte man ja auf einen stoßen, den man nicht bestechen konnte. Oder erpressen. Und bei einem Spiel, wie wir es spielen – wie sonst wollen Sie da jemanden zum Schweigen bringen?«
Der andere rührte sich nicht. Aaron sah wieder durch die Jalousie zu dem gelben Renault hin. »Sie haben doch die beiden da draußen schon bemerkt, oder?« fragte er. »Wann sind die da aufgetaucht?«
Wieder antwortete Jedder nicht. Sein Atem ging schwer.
Aaron sagte: »Hören Sie mir gut zu, Henry. Collins und Ender sind der Meinung, daß Sie die Sache mit Reymond vermasselt haben. Und nachdem sie ihn zum Schweigen gebracht haben, fürchten sie, daß Sie in Panik geraten und genauso gefährlich werden könnten wie Reymond. Wenn Sie kein ausgesprochener Dummkopf sind, dann haben Sie sich das selbst schon zusammengereimt. Sie werden diese beiden Schlägertypen da draußen so lange auf den Fersen haben, bis entschieden ist, ob Sie ihnen noch was wert sind, ob sie Sie noch behalten wollen oder nicht. Und wahrscheinlich wird es auf ein ›nicht‹ hinauslaufen, denn im Grunde brauchen sie Sie ja nicht mehr. Sie haben ja

alles schön vorbereitet und in die Wege geleitet, nicht wahr? Den schwierigsten Teil erledigt. Der Rest ist reine mechanische Fleißarbeit, die auch irgendein Drahtzieher von der IIC durchführen kann.«
Plötzlich war ein erstickter Laut zu hören. Jedders bärenhafter Körper sackte vornüber, und seine Hände umklammerten den Sitz des Stuhles. Ein heiseres Flüstern brach aus ihm hervor. »Was, zum Teufel, wollen Sie von mir? Warum sind Sie hier?«
»Ich möchte ein Geschäft mit Ihnen machen«, sagte Aaron. »Collins und Ender sind dabei, alles kaputtzumachen. Schnell und gründlich. Dallas und Trikolore sind geliefert, und ich will auf der richtigen Seite stehen, wenn alles zusammenbricht. Mein Vorschlag ist, daß ich Sie hier raushole und mitnehme, ohne daß Ihnen ein Haar gekrümmt wird. Ich garantiere Ihnen für die Zukunft absolute Sicherheit und optimales Wohlergehen, physisch und finanziell. Als Gegenleistung reden Sie, was das Zeug hält.«
Jedder brauchte einen Moment, bevor er begriff. Dann brach er in mißtönendes Lachen aus. »Reden? Zu wem?« schrie er. »In diesem Land wird nicht geredet. Dafür haben wir ja gesorgt, oder?«
»Ich meinte nicht Frankreich, sondern Washington«, erklärte Aaron. »Genauer gesagt, ich meinte Julian Strachey.«
Jedder war völlig verblüfft. »Strachey??«
»Sein Komitee über internationales Bankwesen«, erläuterte Aaron, »seine politische Karriere. Er braucht unbedingt dringendst einen Aufmacher für den Wahlkampf. Hinter der IIC ist er schon seit Jahren her, das wissen Sie ja, und es würde genügen, Trikolore und IIC in einem Atemzug zu flüstern, und ich bin überzeugt, daß er daraus Schlagzeilen für die nächsten sechs Monate macht. Genau das, was ein Präsidentschaftskandidat braucht. Ganz zu schweigen von den Auswirkungen, die das auf die Aussichten des Amtierenden hätte.«
Eine Ewigkeit schien zu vergehen, bevor Jedder sprach. »Da ist aber schon mehr nötig als Ihre Überzeugung, Zeismann«, flüsterte er. »Da bräuchte ich schon Garantien. Hieb- und stichfeste Garantien.«
Aaron wußte, daß er endlich den Punkt erreicht hatte, an dem es kein Zurück mehr gab. Jetzt oder nie. Entschlossen wagte er den endgültigen Sprung. »Die habe ich schon. Ich bin schon in Washington bei Strachey gewesen.« Er zitterte innerlich. Er hatte alle Brücken hinter sich verbrannt. Er hatte auf die Angst eines anderen Menschen gesetzt und sich selbst vollkommen bloßgestellt. Er wollte nicht daran denken, was passieren würde, wenn es nicht klappte. Wenn Jedder nicht einverstanden war, würde das nicht nur das Ende für Bejerec und seine eigene letzte Hoffnung bedeuten. Es würde auch bedeuten, daß

Jedder zu einer tödlichen Gefahr wurde. In Selbstverteidigung, in Notwehr und mit dem damit verbundenen tödlichen Risiko würde er auf die Stufe von Collins und Ender absinken müssen. Schlimmer noch. Auf Larsens Stufe.

Er hörte Jedder sprechen. Seine Stimme klang ungläubig. »Sie haben mit Strachey gesprochen? Mein Gott! Wann denn?«

»Vor zwei Monaten. Nachdem sie einen anderen da drüben umgelegt hatten. So jemanden wie Achille Reymond. Da habe ich angefangen, nach einem Ausweg zu suchen.«

»An das Strachey-Komitee habe ich nie gedacht«, sagte Jedder. Er schien wie betäubt. »Natürlich!«

»Er hat mir senatorische Immunität zugesichert«, sagte Aaron. »Absoluten Schutz für mich und jeden Zeugen, den ich ihm bringe. In Ihrem Fall würde er bestimmt noch mehr bieten, da bin ich ganz sicher. Politischen Einfluß zur Unterstützung Ihrer geschäftlichen Transaktionen, zum Beispiel, hier oder in den Staaten. Wir haben schon andeutungsweise über Sie gesprochen. Er war ganz erpicht auf Sie.«

Es erübrigte sich, noch mehr zu sagen. Jedder war kein Dummkopf. Alle verbleibenden Schlußfolgerungen konnte er selbst ziehen, und Aaron vermutete, daß er damit schon begonnen hatte. Er würde sich den Zeugenstand vorstellen, er selbst darin als großer Star, flankiert von Anwälten; die hochlehnigen Ledersessel und der lange, halbrunde Mahagonitisch des Komitees; die dichtgedrängte Zuschauermenge in dem weiten Saal; die strahlenden TV-Scheinwerfer; die Salven klickender Pressekameras. Und das vernichtende Urteil aus seinem Munde. Namen nennend, mit anklagendem Finger unwiderruflich auf ein mächtiges Komplott deutend, das im Weißen Haus ausgeheckt worden war. Nicht nur Rache für jede Demütigung, die er von Ryan »Banjo« Collins hatte hinnehmen müssen. Sondern weit mehr noch: Henry Jedder, der Schutzengel und Retter der Freiheit und Rechtschaffenheit Amerikas.

Aaron blickte ostentativ noch ein letztes Mal durch die Jalousie hinaus. »Entscheiden Sie sich, Henry. Jede Sekunde, die wir verstreichen lassen, macht es doppelt schwierig, aus Paris herauszukommen. Ganz zu schweigen von Frankreich. Liefern Sie die Dallas ans Messer und werden Sie zum Helden der Nation – oder versuchen Sie Ihr Glück mit Ender und Collins.«

Der zweite Mann aus dem Renault hatte sich zu dem ersten gesellt; beide standen unter einem Alleebaum und zündeten sich Zigaretten an. Aaron nahm an, sie wußten, daß sie beobachtet wurden.

Jedder sagte: »Ich hoffe zu Gott, Sie wissen, was Sie tun, Zeismann«, und erhob sich aus der Zuflucht seines Sessels.

Sie verließen das Arbeitszimmer und die geisterhaften verhüllten Möbel. »Wir werden nicht mehr hierher zurückkehren«, sagte Aaron. »Haben Sie irgendwelche beweiskräftigen Dokumente?«
Jedder schien bestürzt. Beweiskräftige Dokumente. Das machte, was er tat, viel realer. Die Herausgabe von Dokumenten würde seine Entscheidung unwiderruflich machen.
Aaron ließ ihm keine Zeit, sich Ausflüchte auszudenken. Mit fester Hand schob er ihn die breiten Marmorstufen hinauf. »Alles, was Sie haben«, sagte er. »Briefe, Notizen.« Er überlegte kurz, ob Jedders Ehe es wohl aushalten würde, daß er die Fronten wechselte. Er bezweifelte es. Rosemary Jedder war kaum weitsichtig genug, um das eigentliche Resultat richtig einzuschätzen. Aber das war jetzt unwichtig. Wenn Jedder erst einmal darüber hinweg war, daß niemand mehr da war, der ihn herumkommandierte, war er sicher froh, sie los zu sein.
Als hätte er seine Gedanken gelesen, blieb Jedder plötzlich stehen. »Ich muß Rosemary anrufen.«
»Das können Sie vergessen. Ihr Telefon ist angezapft.« Aaron sagte das mit einer gewissen primitiven Befriedigung, so als ob das der Beweis für alles wäre, was er vorher gesagt hatte. »Auf Anordnung von Collins. Schon seit einer Woche.«
»Aber ich kann doch nicht einfach so verschwinden«, protestierte Jedder.
»Ist ja nur für ein paar Tage.«
Sie standen auf dem Treppenabsatz zum zweiten Stock, und nur ein schmaler Lichtstrahl fiel aus Jedders Schlafzimmertür. Durch das Bogenfenster über der Haustür war die Straße zu sehen. Jedder blickte hinunter. »Was ist mit denen da?« Aaron hörte wieder Angst in seiner Stimme.
»Wir werden genau das tun, was die von Ihnen als ganz normal erwarten«, antwortete er. »Was wir schon am Telefon vereinbart haben. Wir gehen aus, um uns ein paar Drinks und ein paar Mädchen zu genehmigen. Wenn wir das tun, wird keiner auf die Idee kommen, daß Sie nicht mehr hierher zurückkehren. Das werden wir uns zunutze machen.«
»Aber was wird mit Ihren?«
»Meinen was?« Aaron wurde allmählich ungeduldig und gereizt. Die Zeit war wirklich zu kostbar für unsinnige Fragen.
»Sie werden doch auch beschattet. Ich habe heute nachmittag mit Ender gesprochen, und er wußte, daß Sie nach Lyon geflogen sind.«
Etwas in Aaron erstarrte. Er fluchte. Er war durchschaut worden, und wie ein blutiger Anfänger hatte er sich nicht dagegen abgesichert. Larsen hatte sich denken können, daß er von Reymonds Tod erfahren

und möglicherweise umgehend nach Lyon fliegen würde, und so hatte er ganz einfach jemanden am Flugplatz postiert, für alle Fälle. Diesmal echte Könner. Er hatte niemanden gesehen. Waren sie ihm etwa auch zu Yvonne Reymond gefolgt? Der Gedanke drehte ihm den Magen um.

»Machen Sie sich nur keine Sorgen über meine Schatten«, sagte er ruhig zu Jedder. Er zwang sich zu einem unbeschwerten Lachen und glaubte, daran zu ersticken. »Die werden mit Ihren zusammen Kaffee trinken gehen.« Und dann meine Spur wieder aufnehmen, dachte er, und ganz egal, was ich auch unternehme, um sie abzuschütteln, wahrscheinlich an mir kleben bleiben. Ein Mann wie Larsen gab nicht auf, wenn er einmal so weit gekommen war. Um nichts in der Welt.

In Jedders Zimmer fragte er ohne Umschweife: »Wo haben Sie Ihre Papiere?« Er wollte Jedder keine Zeit zum Nachdenken lassen. »In Ihrem Schreibtisch?«

Jedder nickte. Er atmete wieder schwer und schwitzte. Aaron dachte, jetzt hat er endlich kapiert, auf was er sich eingelassen hat. Gründlich. Er wird noch vor meinen Augen zusammenbrechen.

»Setzen Sie sich einen Moment, Henry.«

Statt dessen stürzte Jedder ins Badezimmer. Aaron hörte ihn würgen und sich übergeben.

Er durchsuchte selbst den Schreibtisch. Es dauerte nicht lange. In der untersten Schublade fand er etwas, das seine kühnsten Hoffnungen übertraf. In zwei mit breiten Gummibändern zusammengehaltenen Aktendeckeln lagen über dreißig Trikolore-Wochenberichte und acht ausführliche Monatsberichte. Jedder hätte sie alle in seinem Papierwolf vernichten müssen. Statt dessen hatte er sie mit nach Hause genommen. An und für sich waren sie natürlich völlig unwichtig. Er selbst hatte regelmäßig Mikrofotografien von allem angefertigt, was über seinen Schreibtisch ging, und sie im Sand auf dem Boden von Tattels Granathülsen-Aschenbecher deponiert. Die ausführlichen Notizen jedoch, mit denen Jedder sie über und über bekritzelt hatte, die jedes Codewort erklärten und jede Maßnahme erläuterten, waren da schon etwas ganz anderes. Ebenso die beigehefteten Briefe und Memos, Schriftwechsel zwischen Jedder und dem IIC-Präsidenten, die teilweise oder vollinhaltlich alles bestätigten, was in den Berichten stand. Welche dunklen Hintergedanken hatten diesen Mann wohl dazu bewogen, ein derartiges Doppelspiel zu treiben? Aber das spielte jetzt keine Rolle mehr. Das hier war absolut erdrückendes Beweismaterial, und es würde ausreichen, die IIC in Stücke zu reißen. Und Dallas ebenfalls.

Aaron schloß die Lade. Ein Gedanke, eine vage Ahnung regte sich

plötzlich in ihm. Eine derart umfangreiche Indiskretion könnte bedeuten, daß da noch mehr zu holen war. Er hatte recht. In einem Schubfach fand er, unter anderen Papieren verborgen, ein kleines Notizbuch. Er schlug es auf und erkannte auf den ersten Blick, daß die sorgfältige Auflistung von Trusts in Bermuda und Liechtenstein, von panamesischen und holländischen Scheinfirmen und von Schweizer Nummernkonten gnadenlos den Verrat von einem guten Dutzend führender französischer Politiker aufzeigte.
Er hörte Geräusche aus dem Badezimmer und ließ das Notizbuch in seine Tasche gleiten. Jedder erschien, sich das Gesicht mit einem nassen Handtuch abwischend.
»Tut mir leid.«
Aaron hielt die beiden Akten hoch. »Das werden wir mitnehmen.« Ohne auf seine Zustimmung zu warten, warf er Jedder eine zu. Die andere schob er in seinen Hosenbund und knöpfte sein Jackett darüber zu.
Jedder zögerte. »Ich habe einen Aktenkoffer.«
»Wenn Männer in Bars gehen, um Mädchen aufzugabeln, pflegen sie normalerweise keine Aktenkoffer mitzuschleppen«, sagte Aaron.
Jedder starrte einen Moment auf die Akte in seiner Hand, dann versteckte er sie unter dem Hemd.
Sie gingen die Treppe wieder hinunter. In der Halle schaltete Aaron die Lichter an. »Benehmen Sie sich ganz natürlich. Die werden überhaupt nichts unternehmen. Nur beobachten und berichten.«
Sie gingen hinaus. Die beiden Männer standen in der Nähe des Renault und hatten ihnen den Rücken zugewandt. Aaron konnte Jedders nervöse Spannung wie eine physische Kraft spüren. In leichtem Ton fragte er: »Taxi, oder gehen wir zu Fuß?« Es war laut genug, um auf der anderen Straßenseite gehört zu werden.
»Taxi.« Jedders Antwort klang ganz normal.
Sie fanden eines in der Nähe des Boulevard Victor Hugo.
»Chez Elsie, alors.«
»Chez Elsie? Bien, monsieur.«
Der gelbe Renault folgte ihnen.

22

Elsies Disco lag weit außerhalb der bekannten Vergnügungsviertel wie St. Germain, Montmartre und Pigalle, die fast ausschließlich von Touristen frequentiert werden, und nahm den umgebauten Speicher eines zweistöckigen Warenhauses im entferntesten Winkel des fünfzehnten Arrondissements ein, an der Seine nördlich des Eiffelturms. Die Nachbarschaft bestand aus heruntergekommenen kleinen Fabriken und verwahrlosten Wohnhäusern, Garagen, meist mit zerbrochenen Fenstern, und einigen unbedeutenden Amtsgebäuden. Es war ein Potpourri der Häßlichkeit à la française.

Elsie selbst, ehemals Dior-Mannequin und jetzt in mittleren Jahren, hatte es sich zur sehr erfolgreichen Aufgabe gemacht, den »In«-Parisern ihren sexuellen Neigungen entsprechende Partner zu vermitteln. Die Ausstattung ihres Etablissements trug wesentlich dazu bei. Eine quadratische Bar beherrschte eine Ecke des dunklen, unregelmäßig geformten Raumes. Ringsum an den Wänden befanden sich Nischen, deren Vorhänge man zwecks größerer Intimität zuziehen konnte. Von den Stereolautsprechern zwischen den zuckenden bunten Punktscheinwerfern in der niedrigen Decke dröhnten die neuesten heißen Rhythmen. Die kleine Tanzfläche war von dichtbesetzten Tischchen eingekreist. An der Rückwand gab es einen nicht gekennzeichneten Toilettenraum mit drei offenen Abteilen, die allen gleichermaßen zugänglich waren. Die langhaarigen jungen Kellnerinnen, die sich mit sanfter Gewalt ihren Weg durch die gedrängte Menge schwitzender Kunden bahnten, trugen bis zur Hüfte geschlitzte Röcke und hauchdünne Sträflingsjacken. Es war eine Welt für sich.

Der Taxifahrer setzte Aaron und Jedder vor der Tür ab, und sie läuteten. Eine elektronische Stimme fragte, wer sie wären. Aaron nannte ihre Namen. Das Auge einer Fernsehkamera war auf sie gerichtet, dann öffnete sich die Tür. Bevor er hineinging, warf Aaron noch einen Blick über seine Schulter. Der Renault war am Ende der stillen, leeren Straße stehengeblieben; sie hatten gar nicht versucht, einen Parkplatz zu finden.

Die Tür fiel hinter ihm ins Schloß. Einige Rausschmeißer grinsten ihn grüßend an, und er und Jedder begannen hinaufzusteigen. Der Lärm strömte wie Wasser die Treppen herunter und ihnen entgegen. Als sie bei der Garderobe ankamen, wurde er ohrenbetäubend. Schnell sagte er: »Setzen Sie sich an die Bar, Henry, und warten Sie da. Unterhalten Sie sich, mit wem Sie wollen, benehmen Sie sich ganz natürlich. Aber lassen Sie um Himmels willen die Finger vom Alkohol. Okay?«

Jedder nickte.

Aaron schnippte mit dem Finger gegen die Akte unter Jedders Hemd. »Das werde ich an mich nehmen.« Jedder gab sie ihm widerspruchslos, und er verstaute sie bei der anderen in seinem eigenen Hosenbund.

»Ich werde nicht länger als eine halbe Stunde brauchen. Sie sind inzwischen auf sich selbst gestellt, aber Sie könnten nirgends sicherer sein als hier.«

Im Taxi hatte Jedder wissen wollen, wohin sie von *Elsies* aus gehen würden.

Aaron hatte nicht zuzugeben gewagt, daß er das selbst noch nicht wußte. Für die Beschaffung von Schlupfwinkeln war Bejerec zuständig. Aaron hatte Jedder erzählt, er selbst würde das arrangieren.

Ein weiterer freundlicher Rausschmeißer öffnete ihnen die Saaltür. Sofort waren sie vom heißen Dröhnen des ohrenbetäubenden Lärms eingehüllt und eingezwängt zwischen drängelnden, grölenden, schwitzenden Menschen. Er schob Jedder vorwärts und sah, wie er sich langsam und unter Einsatz seiner Ellbogen den Weg zur Bar bahnte. Und er sah auch, wie eine langbeinige, vollbusige Blondine von ungefähr achtzehn Jahren plötzlich auf Jedder aufmerksam wurde, aufstand und ihm folgte.

Für einen Augenblick versuchte er, Jedders Dallas-Image an die hier herrschende Atmosphäre anzupassen. Wenn ein Mann die höheren Sprossen der beruflichen Erfolgsleiter erklommen hatte, wurde automatisch von ihm erwartet, daß er die niedrigen, animalischen Instinkte früherer Tage ablegte. Doch offenbar gelang das nur wenigen. Er begann sich einen Weg durch den überfüllten Raum zu bahnen und wehrte sich gegen den allzu engen Kontakt mit den sexuell erregten Körpern, die sich von allen Seiten gegen ihn preßten. Er konnte nicht auf dem gleichen Weg hinaus, auf dem er gekommen war. Die Renault-Besatzung sollte annehmen, er sei noch hier. Jenseits der Bar war ein kurzer, dunkler Korridor. Die erste der drei Türen führte in den Toilettenraum. Von der zweiten wußte er, daß sie zu Elsies Büro gehörte. Eine schwache Leuchtschrift bezeichnete die andere als Notausgang. Vorsichtig versuchte er sie zu öffnen. Durch Witterungseinflüsse und seltene Benutzung war sie hoffnungslos verklemmt. Plötzlich öffnete sich die Bürotür, und ein Lichtschwall drang heraus. Er hatte gerade noch Zeit, eine unverdächtige Haltung einzunehmen, als eine Frau herauskam. Wahrscheinlich Elsie, dachte er. Sie lächelte ihm zu, schloß die Tür hinter sich und schlüpfte in einer Woge von Blondheit und schwerem Parfum an ihm vorbei.

Aaron warf einen Blick in den Toilettenraum. Ein Mann saß in einem der Abteile, und zwei Mädchen schwatzten vor dem Spiegel. Über ihnen an der Außenwand befand sich nur eine Belüftungsklappe, kein Fenster.

Er hatte keine Wahl.

Der Korridor war leer. Er baute darauf, daß nicht noch jemand im Büro war, öffnete die Tür und trat rasch ein. Es war ein kleiner, feminin ein-

gerichteter Raum mit einem erlesenen Louis-quinze-Sekretär und Brokatvorhängen, die nur teilweise die französischen Fenster verdeckten, die auf eine Dachterrasse hinausgingen. Er öffnete einen Flügel, trat hinaus und schloß ihn sorgfältig hinter sich. Der Disco-Lärm verminderte sich und wurde zu einem leisen, entfernten Vibrieren.
Die plötzliche relative Stille hatte eine intensive Wirkung auf ihn, die Kälte des Herbstabends wirkte wie Eis auf die Schweißbächlein unter seinem Hemd. Der Himmel über Paris glühte rot. In seinem Licht fand er den Weg über die Terrasse bis zu einer Stelle, von der aus er über das Dach einer benachbarten Garage auf einen Teil der Straße hinuntersehen konnte. Der Renault war nicht zu sehen. Er hatte anscheinend richtig vermutet, als er zu Jedder gesagt hatte, sie würden bald eine Kaffeepause einlegen.
Eine Eisentreppe führte vom Notausgang hinunter in einen engen Durchgang. Er kletterte über eine niedrige Brüstung zur Treppe, stieg hinunter und suchte mit den Augen nochmals die Straße ab. Noch immer keine Spur von dem Renault. Auch sonst war niemand zu sehen. Wenn Larsens Leute auch ihn beschatteten, dann waren sie dem gleichen Irrtum unterlegen wie ihre Kollegen und glaubten ihn für den Rest des Abends bei Elsie. Zehn Minuten später war er auf der anderen Seite der Seine und rannte im Dauerlauf den rechten Quai entlang, jetzt absolut sicher, daß ihm niemand folgte. Er brauchte ein Auto, und er hatte keine Zeit, eines zu mieten. Seine Uhr zeigte zwölf Minuten vor zehn. Sein Treffen mit Bejerec war für zehn Uhr vereinbart, und Bejerec würde nicht länger als fünf Minuten auf ihn warten.
Um fünf vor zehn fand er, was er suchte. Nahe dem Trocadero parkte ein unversperrter BMW, und der Zündschlüssel steckte. Die Nummerntafel zeigte ein schwedisches Kennzeichen. Der Besitzer war offensichtlich mit Pariser Verhältnissen nicht vertraut, wo normalerweise kein Mensch freiwillig sein Auto den Dieben als Geschenk überließ.
Genau um zehn Uhr erreichte er auf der Route des Lacs den Bois de Boulogne. Unter einer Laterne blieb er am Straßenrand stehen, damit Bejerec ihn leicht finden konnte.
Er wartete. Ein ununterbrochener Strom langsam dahingleitender Wagen zog an ihm vorbei, verzweifelte Menschen auf der Suche nach ihrer speziellen Art von Trost. Scheinwerfer blinkten ihn an, ein Paar mittleren Alters hatte sich für ihn entschieden. Er ignorierte sie und rekapitulierte, was er von Bejerec brauchte. Als erstes ein absolut sicheres Versteck außerhalb von Paris, wo er Jedder für einige Tage unterbringen konnte, ohne sich Sorgen machen zu müssen. Dann ein

Privatflugzeug, das sie nach England bringen würde. Außerdem brauchten sie gefälschte Ausweispapiere, denn sie konnten keinesfalls riskieren, unter ihren richtigen Namen zu reisen. Und er brauchte Geld.

Ein Fiat-Coupé, das Dach heruntergeklappt, hielt dicht neben ihm. Zwei überdurchschnittlich attraktive Mädchen in engen Pullovern lächelten ihn an.

»Bon Soir?«

Andere Scheinwerfer blinkten auf, ein grauhaariger Mann fuhr heran, bremste und rief herüber, seine Wohnung sei nicht weit.

Aaron ließ sich nicht von seiner Kalkulation ablenken. Er brauchte sehr viel Geld, denn schließlich würde sein Verschwinden zusammen mit Jedder ihn selbst enttarnen, und nur allein auf den Schutz des Senators konnte er sich nicht verlassen. Nicht, solange es einen Larsen gab. Er würde Leibwächter brauchen, die er selbst ausbildete und bezahlte, und ein sicheres Versteck, bis die Hearings vor dem Senat vorüber und Dallas und Larsen vernichtet waren.

Ein einsames Mädchen winkte ihm zu. Als sie enttäuscht weiterfuhr, wurde Aaron plötzlich die Zeit bewußt, und gleichzeitig durchfuhr es ihn eiskalt. Er sah auf die Uhr. Es war zweiundzwanzig Minuten nach zehn.

Wo war Bejerec?

Das Gefühl der Kälte vertiefte sich, wurde in Sekunden zu unbestimmter Furcht, zu einer schrecklichen Vorahnung, die er vergeblich zu unterdrücken suchte. Es war das erste Mal, daß Bejerec zu einem Treffen nicht pünktlich erschienen war.

Er startete den BMW und fuhr aus dem Bois hinaus. Er mußte telefonieren. Es gibt nicht viele öffentliche Telefonzellen in Paris, aber das Hotel Concorde war nur ein paar hundert Meter entfernt am Place Verdun, ein riesiger, moderner Glas-Beton-Turm, von amerikanischen Touristen bevorzugt.

Er parkte und stieß im Foyer zwei Leute beiseite, um die einzige freie Telefonzelle zu erreichen. Sie wollten protestieren, überlegten es sich jedoch anders, als sie seinen Gesichtsausdruck sahen.

Zuerst rief er Bejerecs Wohnung an, ließ es wie vereinbart zweimal läuten, legte auf und wählte wieder, das bedeutete, daß er mit ihm sprechen mußte. Keine Antwort. Er versuchte es noch einmal, nur um sicherzugehen. Dann zog er sein Notizbuch aus der Tasche und entschlüsselte eine von mehreren Telefonnummern, die Bejerec ihm gegeben hatte.

Eine kultivierte Frauenstimme meldete sich. »Hallo?«

Aaron fragte nach Bejerec.

»Tut mir leid, aber er ist nicht hier.« Sie klang leicht besorgt.
»Er war mit Ihnen und Ihrem Gatten zum Essen verabredet. Ist er schon wieder gegangen?«
»Er ist überhaupt nicht gekommen. Wir haben angenommen, daß ihm etwas Dringendes dazwischengekommen ist. Darf ich fragen, wer Sie sind?«
»Es ist nichts auszurichten. Ich danke Ihnen.«
»Aber, Monsieur . . .«
Aaron ließ den Hörer fallen und verließ die Zelle.
Irgendwann zwischen sieben, als er Bejerec kontaktiert hatte, und halb acht, als Bejerec zum Abendessen erscheinen sollte, mußte etwas Schlimmes geschehen sein. Ein Herzanfall? Bejerec war im entsprechenden Alter und stand ständig unter Streß. Ein Unfall? Instinktiv wußte Aaron, daß es weder das eine noch das andere war. Er fühlte sich krank und war wie in Schweiß gebadet. Und absolut hilflos. Die beiden Akten im Hosenbund drückten rücksichtslos auf seinen Magen, und Jedders Notizbuch war ein dicker, schwerer Klumpen in seiner Brusttasche. Es gab nichts, was er für Bejerec tun konnte, und er mußte sich um Jedder kümmern. Er versuchte, Bejerec aus seinen Gedanken zu verdrängen und ruhig und klar zu überlegen. Bejerec hätte von ihm verlangt, sich zuerst und vor allem mit Jedder zu befassen, das wußte er.
Auf der Uhr in der Hotelhalle war es zehn Uhr vierzig. Jedder war jetzt schon fast eine Stunde bei *Elsie's.* Wenn er nicht schon durchgedreht hatte und nach Hause gegangen war, würde er das bestimmt bald tun. Anrufen konnte er ihn nicht. Aaron war klar, daß er in die Diskothek zurückkehren mußte. Und wenn der Renault wieder Posten bezogen hatte, dann mußte er eine Möglichkeit finden, unbemerkt hineinzukommen. Er konnte es nicht wagen, von außen wieder in das Büro einzusteigen und dabei womöglich gefaßt zu werden. Nicht, solange er Jedder noch da herausholen mußte.
Und dann, was sollte er mit Jedder anfangen, wenn er ihn erst einmal herausgeholt hatte? Er konnte Paris nicht verlassen, bevor er wußte, was mit Bejerec passiert war. Nicht, weil er glaubte, Bejerec irgendwie helfen zu können, sondern weil Schwierigkeiten, in denen Bejerec steckte, direkte Auswirkungen auf ihn selbst und sein weiteres Vorgehen haben konnten.
Eine Minute verstrich. Und noch eine. Hotelgäste schwirrten durch das Foyer, kamen gerade vom Dinner zurück. Plötzlich wußte Aaron genau, was er zu tun hatte. Er sah es kristallklar vor sich. Eine andere Telefonzelle wurde frei. Er ging hinein und schloß die Tür hinter sich, warf eine Münze ein und rief Margita an.

23

Sie holte ihn von der Pont d'Iena ab. Er hatte den BMW stehen gelassen und war im Taxi bis zum Fuß der strahlend erleuchteten Fontänen am Trocadero gefahren, deren rauschende Wasser in Kaskaden vom Palais de Chaillot hinunter zum rechten Quai stürzten. Er hatte die Brücke zu Fuß überquert, mit hochgestelltem Kragen wegen des plötzlich aufkommenden kalten Windes.

Sie fuhr ihren Maserati. Er war dunkelblau und sah sehr kostspielig aus, und während sie an den Straßenrand fuhr, dachte er voll Bitterkeit, daß ein solcher Wagen zu den Annehmlichkeiten gehörte, die der Geliebten eines Bankiers zuteil wurden. Und ihm fiel ein, daß sie Geschwindigkeit liebte und sehr gut und sicher fuhr.

Er stieg ein, dankbar für die Wärme im vom Armaturenbrett her schwach erleuchteten Innern. Sie lehnte sich herüber und küßte ihn. Sie trug Jeans und Mokassins und eine offene Windjacke über einem schmiegsamen Kaschmirpullover. Sie lachte. »Ich war gerade in der Badewanne, und da habe ich einfach das wieder übergezogen, was ich schon den ganzen Nachmittag anhatte.«

»Du bist genau richtig.« Er hatte ihr noch nicht das Geringste gesagt. Nur, daß sie ihn abholen sollte, und zwar dringendst. Und wenn möglich, mit einem Wagen.

»Wohin fahren wir denn?« Sie legte den Gang ein und lenkte den Maserati geräuschlos zurück auf die Fahrbahn.

»Elsie's.«

»Elsie's?« Sie bremste, völlig überrascht. »Aaron, *Elsie's* ist inzwischen das reinste Hurennest geworden!«

Er ignorierte ihren Protest. »Kennst du Henry Jedder?«

Sie runzelte die Stirn und versuchte, sich zu erinnern. »Dieser Finanzmensch? Ich glaube, ich habe ihn mal kennengelernt. Hat viel mit Regierungsleuten zu tun, oder?«

»Er wartet auf mich in *Elsie's* Bar«, antwortete Aaron. »Und ich kann nicht hineingehen. Aber du kannst. Ich möchte, daß du ihn für mich herausholst.« Er ließ ihr keine Zeit zum Widersprechen. »Es ist äußerst wichtig, sonst würde ich dich nicht darum bitten. Und dann möchte ich, daß du ihn nach Bordeaux bringst.«

Sie wandte den Kopf und sah ihn an, jetzt mit echter Verwunderung. »Bordeaux?«

»Heute nacht«, sagte er. Sie war sprachlos. »Ich muß ihn ohne Umschweife aus Frankreich raus und in die Staaten bringen. Schnellstens. Sofort. Aber zuerst muß ich ihn nach Bordeaux verfrachten, aber es ist da was schiefgegangen, und ich muß heute nacht in Paris bleiben.

Vielleicht sogar auch morgen noch. Also kann ich ihn nicht selbst hinbringen.« Er blickte zurück. Abgesehen von einem kleinen 2-CV, den sie gerade überholt hatten, war der Quai leer.
Er hörte sie sagen. »Aber das sind fünfhundert Kilometer bis Bordeaux! Kann er denn nicht einfach hinfliegen?«
»Nein.«
»Aber warum denn nicht?«
Wir haben keine Zeit für Erklärungen, dachte er. Und außerdem war das Ganze zuviel für sie, sie könnte das gar nicht so schnell alles begreifen. Er würde auf ihre Sympathie bauen müssen. Schließlich hatte sie ihre Flucht aus der CSSR hinter sich. Das und ihre Gefühle für ihn.
»Die Franzosen wollen ihn nicht weglassen«, sagte er, »sie bewachen die Flughäfen.«
Da sah er Angst in ihren Augen aufsteigen und die Erkenntnis, daß sie dabei selbst in ernste Schwierigkeiten geraten könnte.
»Und du?«
»Dasselbe gilt auch für mich.«
»Darf ich wissen, worum es da eigentlich geht?«
»Noch nicht. Später.« Als sie schwieg, sagte er: »Gibt es irgendeinen Grund, warum du nicht mitmachen könntest?«
»Ich weiß nicht.« Ihre Gesten waren nervös, unschlüssig. »Warum Bordeaux? Was ist denn da?«
»Gisèles Strandhaus. Erinnerst du dich? Es steht doch über den Winter leer. Ich brauche einen Platz, wo ich Jedder für ein paar Tage verstecken kann. Einen Platz, wo ihn kein Mensch jemals suchen würde. Aus verschiedenen Gründen – vor allem, weil er höchst unzuverlässig und unberechenbar ist – kann ich ihn nicht in der Stadt behalten.«
»Weiß Gisèle Bescheid?«
»Natürlich nicht.«
Schon bogen sie in die Straße zu *Elsie's* Disco ein, und einen Moment später hielten sie gegenüber dem Eingang. Der gelbe Renault war von der Kaffeepause zurück, und beide Männer saßen darin. Den Maserati würden sie nicht erkennen, und ihn selbst konnten sie nicht sehen, solange er nicht ausstieg.
Margita starrte geradeaus, sah ihn nicht an. »Aaron, wenn du auch Schwierigkeiten mit den Franzosen hast, heißt das dann etwa, daß du nicht mehr zurückkommst, wenn du einmal außer Landes bist?«
»Wahrscheinlich.«
»Was soll denn dann aus uns werden?«
Er hatte gehofft, daß sie diese Frage nicht stellen würde, noch nicht. Er hatte einfach noch keine Zeit gehabt, sie auf seine Antwort vorzubereiten. Er sagte: »Ich möchte, daß du mitkommst, daß du jetzt mit mir

zusammen Frankreich verläßt.« Er wartete. Ihre Augen waren sehr groß, und sie saß ganz still. »Geht das?«
»Jetzt gleich?« flüsterte sie. »Ich weiß nicht. Muß das jetzt gleich sein? Das kommt so furchtbar plötzlich.«
»So hatte ich es auch eigentlich nicht geplant«, sagte er ausweichend. Er hatte an Larsen gedacht, daran, wie verwundbar, wie ungeschützt sie wäre, sobald sich herausstellte, daß er abgesprungen war; der Gedanke war ihm unerträglich. Aber das konnte er ihr nicht sagen. Die Gefahr, daß sie die Nerven verlieren würde, war viel zu groß. Und außerdem war er selbstsüchtig und brauchte unbedingt ihre Hilfe. Zwar konnte er es immer noch allein schaffen, wenn er darauf verzichtete, sich Gewißheit über Bejerecs Schicksal zu verschaffen, aber die Wahrscheinlichkeit, zu scheitern, würde sich vervielfachen.
Er warf einen Blick auf den Renault. Sie hatten keine Zeit zum Diskutieren, sie mußten jetzt handeln. »Wenn du in den Rückspiegel schaust, kannst du einen gelben Renault sehen. Mit zwei Männern«, sagte er. »Sie warten darauf, daß Jedder herauskommt.«
Sie schaute hin und richtete dann weit aufgerissene Augen auf ihn, so als sei bisher alles nur leeres Gerede gewesen, und jetzt wurde es ernst.
»Du mußt Jedder durch den Hinterausgang herausholen«, erklärte er sachlich. »Ihr könnt durch Elsies Büro auf eine Dachterrasse und zu einer Feuerleiter. Kennst du Elsie?«
»Ja, aber . . .«
»Würde sie dir helfen?«
Margita zuckte die Achseln. »Aaron, wer sind diese Männer?«
Er ignorierte die Frage. »Wenn ihr unten seid, dann geht ihr zum anderen Ende der Gasse. Ich warte dort auf euch.«
»Aber vielleicht will er nicht mitkommen?«
»Er wird schon kommen. Zeig ihm das hier.« Er nahm eine Karte aus seiner Brieftasche, hielt sie nahe an den grünlichen Schein der Autouhr, nahm einen Kugelschreiber aus der Brusttasche und schrieb etwas auf die Rückseite.
Sie steckte die Karte in eine Tasche ihrer Jeans und blickte wieder zu dem gelben Renault hinüber. »Mein Gott, Aaron . . .« Er wartete. Wieder begann sie zu sprechen, überlegte es sich dann jedoch anders. Plötzlich stieß sie entschlossen die Tür auf. »Ich werde dir deinen Jedder holen.«
Da war eine Art wilder, verzweifelter Entschlossenheit in ihrer Stimme. Sie überquerte den Gehweg, klingelte und wurde einen Augenblick später eingelassen. Aaron glitt hinter das Lenkrad des Maserati und fuhr davon. Der Renault rührte sich nicht von der Stelle.

Er fuhr um den Häuserblock, parkte an einer besonders dunklen Stelle am Ende der Gasse, stellte Licht und Motor ab und wartete. Er wußte, daß er sie falsch angefaßt hatte. Noch hatte sie nicht zugesagt, nach Bordeaux zu fahren. Anderseits hatte sie es aber auch nicht direkt abgelehnt. Er versuchte, an die Möglichkeit eines Scheiterns gar nicht zu denken, und plötzlich fiel ihm ein, daß er ihr zu sagen vergessen hatte, daß sie das Licht in Elsies Büro abschalten sollten, bevor sie auf die Terrasse hinausstiegen, die man vom Renault aus sehen konnte. Jetzt war es zu spät.

Die Uhr des Maserati zeigte zwei Minuten nach elf.

Dann drei. Die Minuten dauerten halbe Ewigkeiten. Das war es dann also gewesen, das großartige Komplott namens Trikolore, dachte er. Hier hauchte es sein Leben aus, in der engen schmutzigen Gasse hinter einer Pariser Diskothek. Dann dachte er an Bejerec und an den Terror, mit dem Larsen letzten Sommer auf der Farm in West-Virginia an Babcock begonnen hatte. Es kam ihm so vor, als sei das erst gestern gewesen, und als habe er Reymonds zerschmetterte Leiche vor einer Stunde gesehen. Wann würde das aufhören? Er zwang sich, nicht mehr daran zu denken. Die Transportfrage mußte gelöst werden. Bestimmt konnte ihm Louis Tattel dabei helfen. Aber alles andere mußte er allein schaffen; er würde nur auf sich selbst gestellt sein, bis er Jedder bei Strachey abgeliefert hatte.

Plötzlich war es elf Uhr zwanzig. Was, zum Teufel, war da schiefgegangen? Doch gerade, als er anfing, sich das Schlimmste vorzustellen, ging in Elsies Büro das Licht aus. Er kniff die Augen zusammen und versuchte in der Dunkelheit zu erkennen, ob sich die Terrassentür öffnete, ob auf dem Dach Gestalten auftauchten. Er sah nichts.

Er bemerkte Jedder erst, als er schon ganz in der Nähe war und durch die Gasse auf ihn zutorkelte. Margita hielt sich dicht neben ihm, und er war offensichtlich stockbetrunken.

Als sie den Maserati erreichten, sagte sie hastig: »Ich glaube, wir sollten ihn erst irgendwo hinbringen, wo er ausschlafen kann.«

»Er kann unterwegs schlafen.« Er packte Jedder beim Kragen. »Henry, jetzt hören Sie mal zu. Wir müssen etwas besprechen.«

Jedder versuchte, sich zusammenzureißen, schaffte es aber nicht. Er schwankte und mußte sich an den Maserati lehnen. Aaron wußte, daß es aussichtslos war, jetzt zu ihm durchdringen zu wollen. Er bugsierte ihn um den Wagen herum, öffnete die Tür und schob ihn auf den Rücksitz. Jedder stöhnte laut, dann sank der große Körper in sich zusammen. Er rührte sich nicht mehr, nur sein schweres Atmen war zu hören. Aaron ging zu Margita hinüber.

»Elsie hat uns geholfen«, sagte sie. »Ich habe ihr erzählt, in dem Renault säßen zwei Typen, die seine Frau ihm auf die Fersen gesetzt hat. Aber da war so ein junges Mädchen, die hat ihm die Drinks nur so eingeflößt, und die fing an, eine Szene zu machen, weil ihr fünfhundert Francs durch die Lappen gingen, wenn ich ihn ihr ausspannte. Vielleicht sogar noch mehr, hat sie jedenfalls behauptet. Ich mußte ihr das Geld geben, damit sie keinen Krach schlug. Ich habe es einfach aus seiner Brieftasche genommen.«

»Wieviel ist denn noch drin?«

»Ungefähr zweitausend. Und ein Scheckbuch.«

»Das reicht«, sagte Aaron. »Also schön, was hast du beschlossen?«

Sie blickte zu ihm auf und dann schnell beiseite, mit eingezogenen Schultern. In der kalten Halbdunkelheit wirkte sie plötzlich kindhaft zart und zerbrechlich. Es hatte wieder leicht zu regnen begonnen, und ihr Haar war wie von einem silbrigglänzenden Spinnennetz überzogen. Ihre Stimme war tonlos.

»Du meinst wegen Bordeaux?«

»Bordeaux und die Staaten. Beides.« Sie antwortete nicht. Sanft fragte er: »Was hat er denn gegen dich in der Hand, dein Bankier? Wenn du nicht bei der Stange bleibst, dann wird deine Aufenthaltsgenehmigung nicht erneuert? Ist es das?« Es war zum Teil ein Schuß ins Blaue, zum Teil aber hatte seine lange Erfahrung ihm eine starke Intuition verliehen.

Verdutzt sah sie auf, schaute ihm direkt und hart in die Augen. Dann lächelte sie matt. »*Touchée*«, sagte sie. »Das war clever von dir. Ja, so etwas ähnliches.«

Schon in Amsterdam war ihm einmal der Gedanke gekommen. Da hatte es gewisse unbedachte Momente gegeben, wo sie nervös und unsicher war, ohne ersichtlichen Grund. Damals hatte er sich schon gedacht, daß für sie sehr viel auf dem Spiel stand, wenn sie mit ihm erwischt wurde. Manche Franzosen konnten sehr rachsüchtig sein, und ihr Bankier hatte ungemein viel Macht und Einfluß. Wenn ihre Aufenthaltsgenehmigung nicht erneuert wurde, war das gleichbedeutend mit Ausweisung. Und wohin sollte sie dann gehen? Zurück nach Prag, in die Trostlosigkeit des Kommunismus? Nach dem Leben, das sie in Paris geführt hatte, würde sie das umbringen. Und wenn nicht in die CSSR, wohin dann? Wo immer sie hinging, allein, würde sie wieder nur ein entwurzelter Flüchtling sein.

»Du hast Angst, daß etwas schiefgehen könnte, weil ich vielleicht etwas falsch mache, du oder er.« Er deutete mit dem Daumen auf die formlose dunkle Masse auf dem Rücksitz, die Henry Jedder war, und lächelte. »Und daß du dann alle Brücken hinter dir verbrannt hast und nicht mehr zurückkannst.«

Sie wich nicht aus.
»Ja«, sagte sie.
Darum hatte sie also auch darauf bestanden, daß er zuerst mit Juliet reinen Tisch machte, bevor sie mit ihm kommen wollte. Sie wollte ganz sicher sein. Er wunderte sich, daß er das nicht früher erkannt hatte. Wieder dachte er an die Möglichkeit, sie zurückzulassen, und an Larsen. Er konnte sie nicht zwingen. Er konnte nur bluffen und hoffen. Sie hatte gesagt, daß sie ihn liebte. »Du mußt dich entscheiden«, sagte er. »Jetzt sofort. Wir können nicht noch länger hier stehenbleiben. Mach so weiter wie bisher, oder versuch dein Glück und brich aus. Du darfst keine Rückversicherung erwarten – ich kann sie dir nicht geben. Ich kann dir nur sagen, daß es mir leid tut, dich so zu überfahren; daß ich es wirklich nicht auf diese Weise geplant habe. Und wenn du dich für ›ja‹ entscheidest, dann muß das endgültig sein, mit allen Konsequenzen. Du wirst deinen ganzen Verstand, deine Geistesgegenwart dringend brauchen. Ich will nicht, daß du nur mit halbem Herzen bei der Sache bist. Sonst *wird* es schiefgehen. Durch *deine* Schuld.«
Er lauschte den entfernten Geräuschen des nächtlichen Paris, während er wartete. Eine Metro rumpelte vorbei. Ein Auto bog um die Ecke unten an der Straße, wo eine alte Frau in einer Abfalltonne stöberte. Er fragte sich, wie lange es noch dauern würde, bis einer der Männer im Renault das Warten satt hatte und zu *Elsie's* hineinging, um sich zu vergewissern, daß er und Jedder noch dort waren und sie sie nicht beim Herauskommen verpaßt hatten.
Plötzlich ging mit Margita eine Veränderung vor. Ein Lächeln umspielte ihre Lippen, und ihre Stimme war fest. »Das hört sich ja fast so an, als ob du nicht sicher wärst, ob du mir die Sache anvertrauen kannst.« Sie sah wieder so aus wie letzte Woche bei den Bouquinisten, so wie damals, als er sie kennengelernt hatte.
Er wußte, daß ihre Antwort »ja« sein würde.
»Was glaubst du denn dann, warum ich dich darum bitte?«
»Weil du niemand anders hast, den du darum bitten könntest.« Sie lachte und schüttelte den Kopf, so als wolle sie sagen, ich muß ja verrückt sein. Und dann reckte sie sich hinauf und küßte ihn. »Soll ich dich anrufen, wenn ich angekommen bin?«
»Ja, tu das bitte.«
»Also gut, sobald ich dort bin.«
Er zog sie an sich. »Paß auf, daß er keinen Scheck einlöst.«
»Das wäre wohl ein Hinweis darauf, wo wir sind?«
»Könnte schon sein.«
Sie fühlte sich schmal und doch kräftig an, ihr ganzer Körper preßte

sich fest gegen ihn, und sie zitterte. Einen Augenblick hielt er sie so, dann ließ er sie los, und sie setzte sich ans Steuer. Ihre Lippen formten ein »Auf Wiedersehen«, dann ließ sie das Fenster hochsurren. Leise fuhr der Maserati an. Es war Viertel vor zwölf.

Aaron sah ihr nach, bis der Maserati verschwunden war, und ging dann ein paar Häuserblocks zu Fuß, bis er ein Taxi fand. Er fuhr zum *Relais Maritime*.

Das Foyer war menschenleer und still. An der Decke brannte ein schwaches Nachtlicht, und durch einen Spalt der Tür zu Louis Tattels vollgepfropftem kleinem Privatreich fiel ein Lichtstrahl. Tattels Radio lief, und er konnte den alten Fallschirmjäger schlafend in seinem Sessel sitzen sehen. Eine Zeitung war ihm aus der Hand und auf den Boden geglitten.

Aaron nahm seinen Schlüssel vom Haken. In seinem Fach lagen eine Nachricht von Ender und eine von Juliet.

Er fuhr mit dem quietschenden offenen Aufzug in sein Stockwerk. Noch bevor er oben war, überfiel ihn die Erschöpfung mit lähmender Gewalt. Er schleppte sich den Gang entlang bis zu seiner Tür und klemmte einen hochlehnigen Stuhl unter die Klinke. Er ließ seine Kleidungsstücke auf das Fußende des Bettes fallen, schlug die Überdecke zurück und kroch zwischen die alte Wolldecke und das Bettuch. Die Wolle kratzte ihn auf der Haut. Es war Sonntagnacht, und der Duft von Margitas Parfum haftete noch ganz schwach am Kopfkissen. Mittwoch hatten sie hier miteinander geschlafen. Inzwischen war er in Amsterdam gewesen und in Lyon, hatte auf die verstümmelte Leiche eines Mannes geblickt, der zu protestieren gewagt hatte, und in das verängstigte Herz eines anderen, der nicht auf dieselbe Weise enden wollte. Und falls er nicht sowieso schon ein gejagter Mann war, dann würde er es sein, wenn ihm auch nur der kleinste Fehler unterlief, und er würde um sein Leben rennen müssen.

Er dachte an Bejerec. In Gedanken war er noch einmal in dem Wachzimmer am Hafen von Le Havre. Ein halbwüchsiger arabischer Gassenjunge hatte herausfordernd in Bejerecs sanfte grüne Augen gestarrt, die ausdruckslos sein Dossier studierten.

»*Alors, jeune Arab!* Was denkst du dir eigentlich? Mit deinem trotzigen, schmutzigen Gesicht? Lebst also von Huren und Diebstählen in der Bidonville! Soll ich dich dort lassen, damit du dein Englisch vergißt und dir eines Tages die Kehle durchschneiden läßt, weil du der Polizei irgendeine deiner widerlichen Halbwahrheiten über deine Kumpel zugetragen hast? Oder soll ich Gott und Vater spielen und dir ein neues Leben geben?«

Unruhig bewegte er sich und fühlte einen Fremdkörper in der Hand.

Es war die Nachricht von Juliets Anruf. In St. Michaels war es jetzt sieben Uhr dreißig, und wenn sie keine Gäste zum Abendessen hatte, würde sie mit einem Sandwich und einem Glas Milch am Kaminfeuer sitzen und fernsehen und versuchen, nicht an ihren Mann zu denken, weil der Gedanke an ihn schmerzte. So erging es einem, wenn man liebte.

Für eine lange Weile sah er Juliet und sein Leben mit ihr vor sich. Dann ließ er den Zettel auf den Boden fallen und war in wenigen Sekunden eingeschlafen.

Paris – Bordeaux – Montreuil

24

Das Telefon läutete. Ausdauernd. Es zog ihn aus einem dunklen Tunnel der Verwirrung, doch er brachte den Arm nicht dazu, den Befehl seines Gehirns zu befolgen und nach dem Hörer zu greifen. Für einen Moment glaubte er sich in Maryland. Warum ging nicht Juliet ans Telefon? Als er endlich den Hörer abhob, ließ er ihn fallen und mußte ihn vom Boden aufheben. *»Hello?«*

»Alors, reveille-toi! Bon Dieu! Tu es mort, enfin?«

Louis Tattel.

»Ich höre.« Er konzentrierte sich auf seine Uhr. Es war sechs Uhr fünfundvierzig.

»Da ruft jemand auf meiner Leitung für dich an. Dein Sweetheart, nehme ich an.«

»Sie soll ihre Nummer hinterlassen.«

»Merde!«

Das Rasseln des Haustelefons. Es wartete und hörte, wie Tattel mit Margita sprach. Graues Tageslicht verwandelte sein Zimmer in ein Stilleben. Der alte Schreibtisch aus Kiefernholz mit seinen Porzellanknöpfen, der handgewebte Teppich, ein dunkler Fleck auf dem dunkleren Hartholzboden, der silbergerahmte Spiegel, der das offene Fenster mit den Chintzvorhängen widerspiegelte, durch das die gelegentlichen fernen Geräusche der erwachenden Stadt drangen.

Tattel meldete sich wieder. »Sie sagt, du kannst sie nicht zurückrufen, und du sollst dich beeilen.«

Aaron fluchte und zog sich rasch an.

Unten stand der Hotelbesitzer im Unterhemd hinter seinem Empfangstisch, seine Portierjacke über die Schulter geworfen, die Hosenträger an beiden Seiten herabbaumelnd. Er war ganz mit der Abfertigung abreisender Gäste beschäftigt, einem älteren Ehepaar, das es eilig hatte, zum Zug zu kommen. Aaron stieg über ihr Gepäck und ging in Tattels Privatraum. Er schloß die Tür fest hinter sich und nahm den Hörer vom vollgeräumten Schreibtisch.

»Wo bist du?«
»Vensac.« Sie klang sehr weit entfernt.
Er erinnerte sich. Eine Straßenkreuzung, eine Gruppe unscheinbarer Häuser, fünfzig Kilometer seewärts inmitten des Weinbaugebietes zwischen Bordeaux und den Kiefernwäldern an der Atlantikküste, Frankreichs größtes Weingebiet. Sie mußte sehr schnell gefahren sein.
»Irgendwelche Schwierigkeiten?«
»Nein.« Sie sprach Englisch. Er fragte sich, wieso, doch dann fiel ihm ein, daß das einzige Telefon sich in der Bar-Tabac befand. Sie wollte also, daß man sie dort nicht verstehen konnte.
»Gisèle hat doch kein Telefon, weißt du das nicht mehr? Sie benutzt immer das von ihrem Nachbarn. Aber der ist jetzt auch nicht da. Also habe ich ihn ins Haus gebracht und bin dann hierher zurückgekommen.«
»Du hast ihn allein gelassen?«
»Ist schon in Ordnung. Er schläft. Und da kann er ja gar nicht weg, außer zu Fuß. Und das ist ganz schön weit.« Sie lachte. »Oder hast du das vergessen?«
Es war lange her, aber er hatte es nicht vergessen. Er sah das kleine Strandhaus wieder vor sich, treibholzgrau von der Sonne, und den breiten, harten Strand zwischen der Terrasse und dem donnernden, grauen Atlantik. Es war das letzte in einer spärlichen Reihe von Sommerhäusern an einer vom Sand halb verwehten Teerstraße, die dann hinter den Dünen weiter nach Süden führte, so weit das Auge reichte. Das Nachbarhaus war zweihundert Meter entfernt. Gisèle liebte die Abgeschiedenheit.
Es war Sommer, als sie das erste Mal hierhergekommen waren, ein langes heißes Wochenende im Juli. Gisèle hatte ein halbes Dutzend Leute eingeladen, und er hatte Margita kennengelernt. Er erinnerte sich an eine Menge eisgekühlten Weißweins, an viel Schwimmen und Sonnenbaden. Eines Nachmittags waren sie nach Vensac gefahren, um Zigaretten einzukaufen, und als Margita aus der kleinen Bar-Tabac gekommen war, ihre Haut und ihr Haar vom Salz glitzernd, ihr schlanker Körper sonnengebräunt, da hatte sein Herz plötzlich zu rasen begonnen, und er hatte sie an sich gezogen und ihren kühlen, halb geöffneten Mund mit seinen Lippen gesucht und die Hand in ihr offenes Hemd gleiten lassen. Sie hatten nicht warten können, sie hatten auf dem Rückweg angehalten und sich am Straßenrand geliebt. Und dann war der Jeep nicht wieder angesprungen, und sie waren lachend zu Fuß gegangen, sieben Kilometer weit, und hatten sich unterwegs auf dem warmen, sandigen Waldboden noch zweimal geliebt.

Er hörte Margita wieder sprechen.
»Ich brauche eine Glasscheibe.«
»Eine was?«
»Ich habe ein Fenster einschlagen müssen, um hineinzukommen.«
»Wie groß?«
»Oben, das über der Tür.«
»Okay.« Er konnte ein größeres Stück kaufen und einen Glasschneider und Kitt mitnehmen.
»Und ich brauche Lebensmittel!«
»Kannst du keine kaufen?«
»Ich trau mich nicht, hier einzukaufen. Das würde zu sehr auffallen. Wann kommst du endlich?«
»Vielleicht heute abend.«
»Bitte, Aaron! Allein tauge ich nicht dazu.«
»Ich komme, so schnell ich nur irgend kann.«
»Ich liebe dich.«
Sie legte auf, und er setzte sich auf den grobgewebten Teppich auf Louis Tattels knarrendem Eisenbett. Tattel kam herein und zündete sich eine seiner stinkenden Zigaretten an. Beißender blauer Rauch stieg kräuselnd auf. Mit den Jahren waren die Wände davon oben ganz gelb geworden. Mit harter Stimme sagte er: »Das war ein ganz schön teures Telefongespräch.« Als Aaron fragend aufblickte, fuhr er fort: »Es war abgemacht, daß du meine Telefonnummer niemals weitergibst, an niemanden. Ich werde das Telefon auswechseln lassen müssen. Das bedeutet eine schöne Stange Schmiergelder im Zentralbauamt.«
»Die Nummer ist in sicheren Händen«, sagte Aaron.
»Sicher? Ach wirklich?« Ätzender Hohn klang aus Tattels Stimme. »Ich werde dir mal was erzählen, von wegen sicher!« Er knallte zwei Schnapsgläser auf den Tisch und zog mit den Zähnen den Korken aus einer Flasche Eau de Vie. »Wir hatten im Krieg in Algerien ein paar Araber in unserer Kompanie, die schlauen, die gern französisch bleiben wollten. Da war so ein fetter, kleiner Bastard, der las jeden Abend alles, was er über Napoleon erwischen konnte, um ja recht bald ein waschechter Korse zu werden. Kannst du dir das vorstellen? Mit Bonaparte zärtlich im Bett? Nur, daß wir dann dahintergekommen sind, daß dieser kleine Arschkriecher uns gleichzeitig an die Gegenseite verkauft hat. Auf die Art, hat er sich gedacht, wird er auf jeden Fall obenauf sein, ganz gleich, was passiert und wer gewinnt.«
Louis Tattel füllte die beiden Gläser. Das eine schob er zu Aaron hinüber, das andere leerte er auf einen Zug, füllte es wieder und verkorkte die Flasche. Er lachte. »Er hatte einen riesigen Schwanz, dieser klei-

ne Araber, bis hier runter, wie ein Esel. Und unser Feldwebel unterzog ihn der sogenannten Legionärsbeschneidung und band ihn an seinem Helm fest. Mann, war das ein Anblick!«

Für Aaron stand die Zeit still. Tattel, der unordentliche Tisch mit der karierten Decke, die Pin-up-Bilder an den Wänden, die verblichenen Fotos von Louis' Fallschirmjägerkameraden, ihre veralteten Waffen. Er fühlte, wie ein dumpfer Schmerz in seinen Eingeweiden zu bohren begann.

»Worauf willst du eigentlich hinaus?« fragte er.

»Auf die Beschatter will ich hinaus, von denen du dir seit einer Woche einbildest, daß du sie auf den Fersen hast«, erklärte Tattel zynisch. Er nahm noch einen Schluck. »Richtige Profis. Du hast sie nicht ein einziges Mal zu sehen gekriegt, aber sie wußten sogar, daß du gestern in Lyon warst.« Es war eine Feststellung, keine Frage.

Aaron fragte scharf: »Woher, zum Teufel, weißt du das?«

Der alte Para überging die Frage und zündete sich noch eine Zigarette an. »Hast du eigentlich jemals in Erwägung gezogen, daß die Tatsache, daß du sie nie entdeckt hast, auch bedeuten könnte, daß sie überhaupt nicht da waren?«

Eine wilde Wut stieg in Aaron hoch. Er sprang auf und schlug mit der Handfläche auf den Tisch. »Gottverdammtnochmal, Louis, was willst du eigentlich? Ich werde für das Telefon bezahlen!«

Tattel kniff die Augen zusammen und sprach weiter.

»Es gibt nämlich Beschatter, und es gibt auch Spitzel. Du hast die Beschatter erfunden, um der Wahrheit auszuweichen. Also, jetzt schau ihr mal ins Gesicht. Du bist verkauft worden, und erzähl mir ja nicht das Gegenteil, weil ich es nämlich zufällig besser weiß. – Wer hat gewußt, daß du nach Lyon geflogen bist? Ich. Nimm mal an, ich hätte das Ender erzählt. Ja, ich. Hast du jemals daran gedacht? Oder vielleicht war es auch Reymonds Witwe.«

Der Schmerz in Aaron hatte sich verdoppelt. »Reymonds Witwe hat niemals irgendwem irgend etwas erzählt«, sagte er.

»Sicher?«

Aaron versetzte sich in Gedanken zurück. Ihre Würde und ihr Schmerz, ihr zerdrücktes Tenniskleid als klägliche Rüstung im Kampf gegen die Verzweiflung. Wieder hörte er den Mühlbach jenseits der alten Steinterrasse plätschern und ganz in der Ferne ihren Sohn tennisspielen. »Sie hat geglaubt, ich bin von der Polizei«, sagte er dumpf.

»Aha. Also, wer bleibt dann noch übrig?«

Louis Tattel wartete. Aaron setzte sich langsam wieder auf, und jetzt war der Schmerz fast unerträglich. Wenn jemand ihn verraten hatte, dann konnte das nur ein einziger Mensch gewesen sein. Es war ihm fast unmöglich, das überhaupt zu denken. Als Tattel den Namen für ihn nannte, schien seine Stimme tausend Meilen entfernt, wie ein schwacher Lichtschein am weit entfernten Ende eines dunklen Tunnels. Nichts war mehr wirklich.

»Gleich als du dich mit ihr eingelassen hast«, erklärte Tattel, »habe ich von einem Freund ihr Telefon anzapfen lassen. Ich weiß selbst nicht, warum. Vielleicht weil ich gesehen habe, daß du zu denken aufgehört hattest. Ich weiß ja nicht, was, zum Teufel, du eigentlich wirklich vorhast, aber selbst wenn es nicht um etwas besonders Wichtiges gehen sollte – nicht denken ist immer gefährlich. Besonders im Zusammenhang mit Weibern.«

Er goß wieder ein, und Aaron trank. Gestern abend hatte sie ihm gesagt, daß sie ihn liebte, und heute wieder. Nach einer Weile fragte er: »Wen hat sie angerufen?«

Tattel zuckte die Schultern. »Ihren Bankier.«

»Und?«

»Nur ihren Bankier, drei- oder viermal. Einmal sogar von hier aus.« Tattel zitierte, worüber sie Bericht erstattet hatte – wo sie mit Aaron zum Mittagessen war, in welchem Hotel sie in Amsterdam gewohnt hatten, welchen Flug er nach Lyon genommen hatte. »Wo ist Zeismann jetzt? Was hat er vor? Wann? Wo?«

Aaron verstand fast nichts. Er hörte gar nicht zu. Er sah ihr Gesicht vor sich, wie sie ihn anlächelte, sah ihren braungebrannten Körper sich nackt und gertenschlank in die Brandung des Atlantik werfen, vor so vielen Sommern. Er dachte an die vergangene Nacht auf der dunklen Seitenstraße, als er sie in den Armen gehalten und ihr Jedder und seinen sicheren Transport nach Bordeaux anvertraut hatte. Er versuchte, nicht daran zu denken, aber es gelang ihm nicht.

Und dann sah er Larsen vor sich, seine fahlen, albinoartigen Augen und Haare, seine manikürten Hände, seine makellose Kleidung. Irgendwie war Larsen hinter seine Vergangenheit mit Margita gekommen und hatte geschickt die liebe Gisèle eingesetzt, um alles wieder in Gang zu bringen. Und Gisèle, aufgrund ihrer alten Eifersucht, hatte vielleicht sogar gerne mitgemacht. Aber das war jetzt gleichgültig. Margita war der Anfang einer direkten Linie, die über Roche-Corbon lief und bei Larsen und Collins endete und genügend Beweise für Aaron Zeismanns Gefährlichkeit lieferte, um das Risiko zu rechtfertigen, einen Franzosen von Bejerecs Bedeutung und Einfluß zu kidnappen, um aus ihm noch mehr Beweise herauszupressen. Er sah Bejerec, sein alterndes Gesicht weit entfernt, sein sonst so zurückhaltender Ausdruck zutiefst besorgt. Was hatten sie mit ihm gemacht?

Die altmodische bayrische Uhr über Tattels Schreibtisch schlug sieben. Zwei kleine Holzfiguren kamen heraus, ein Bauernjunge und ein Mädchen, und tanzten steif umeinander herum und herum, ohne sich jemals zu berühren, und verschwanden dann wieder im Innern, um die nächste volle Stunde abzuwarten.
»Was soll sie eigentlich in Bordeaux?« fragte Tattel.
Es war das erste Mal, daß der Hotelier ihm eine Frage stellte. Er hatte ein Leben hinter sich, in dem er früh gelernt hatte, sich nicht um die Angelegenheiten anderer zu kümmern, sich nie einzumischen. Aaron fand, daß er eine Antwort verdient hatte. Er dachte einen Moment nach und erzählte ihm dann, warum er Margita mit Jedder nach Bordeaux geschickt hatte und warum er ihm glaubte, daß sie ihn verraten haben könnte. Er erzählte ihm nicht alles, denn zuviel wissen, würde Tattel in Gefahr bringen. »Ich hätte nicht geglaubt, daß es soweit kommen könnte, daß sie mich denunziert«, fügte er hinzu. »Ich habe nur gemerkt, daß sie in der Klemme saß. Und ich habe gehofft, ich könnte ihr heraushelfen.«
»Pauvre Putain«, sagte Tattel. »Genau wie mein kleiner Araber damals, genau so. Sie kann einem richtig leid tun. Übrigens würde ich annehmen, daß du vorläufig nichts von ihr zu befürchten hast. Zumindest für ein paar Tage. Sie hat jetzt auf *dich* gesetzt. Aber wenn der Augenblick kommt, da sie vielleicht den Eindruck hat, daß nicht alles so reibungslos glatt geht – dann paß bloß auf! Dann wird sie nämlich winselnd zu denen da zurückrennen und petzen und behaupten, sie hätte alles nur für *sie* und ihre Interessen getan, was auch immer das ist.«
Er hatte recht, dachte Aaron. Und er wußte, was er zu tun hatte. Nach Bordeaux fahren und sie gängeln und hereinlegen, wie sie ihn gegängelt und hereingelegt hatte, Liebe heucheln, soviel sie brauchte, um nicht stutzig zu werden. Und sich selbst und Jedder außer Landes schaffen, genau wie geplant, und zwar schnellstens. Was danach mit ihr geschah, war unwichtig. Dann konnte sie hinsehen und reden, soviel und bei wem sie wollte. Zum Teufel mit ihr.
Plötzlich war der Schmerz in seinem Innern verschwunden. Plötzlich war es, als ob es sie nie gegeben hätte, als ob er nie etwas für sie empfunden hatte. Die Liebe zu ihr gehörte zu einem Aaron Zeismann, der nicht mehr existierte, zu einem Mann, dem es leichter gefallen war, sich von der Erinnerung an sie blenden zu lassen, als mit dem Schuldgefühl seiner eigenen Frau gegenüber fertig zu werden. Wie lange schon hatte er Juliet geliebt, ohne es zu wissen? Bejerec hatte ihn durchschaut, seine Liebe zu Juliet erkannt – er selbst nicht. Aber das war jetzt nicht wichtig. Wichtig war nur die Zukunft, die sie vor sich hatten, er und Juliet, ihre gemeinsame Zukunft.

Er sagte Tattel, was er brauchte. Geld und ein Flugzeug nach England. Er sagte ihm auch, daß er am Abend in Bordeaux sein mußte. Tattel seufzte und erklärte, daß das absolut unmöglich sei bis dahin, aber in achtundvierzig Stunden könne er alles beschaffen.
»Wer hing außerdem noch an ihrem Telefon?« fragte Aaron.
»Niemand«, sagte Tattel. »Du hast wirklich Glück. Ich glaube, ihr Bankier hatte was dagegen, daß seine Gespräche mit ihr abgehört wurden. Das gilt übrigens auch für Beschattung. Sie wissen noch gar nicht, daß sie weg ist.«
Plötzlich war es sieben Uhr dreißig. Das Hotel erwachte, die Gäste läuteten nach dem Frühstück. Louis Tattel schlüpfte in seine Portiersuniform mit den gekreuzten goldenen Schlüsseln und ging an seine Arbeit. Aaron war allein.
Er trank noch einen Schluck und ging dann hinauf in sein Zimmer. Sein Blick fiel auf etwas, das neben seinem Bett auf dem Boden lag. Er bückte sich und hob den Zettel mit der Nachricht von Juliets Anruf auf.
Er stand da und schaute auf das Papier, bis die Schrift zu verschwimmen begann und er das heiße Stechen von Tränen hinter den Augäpfeln aufsteigen spürte. Nicht einmal, als sein Stiefvater ihm mit der abgebrochenen Flasche die Wange zerfetzt und seine Mutter fast umgebracht hätte, hatte er geweint. Nur dann, am Ende jenes langen Tages, der im Morgengrauen damit begonnen hatte, daß er diese kläglichen fünfzig Francs auf dem Küchentisch fand, die seine Mutter für ihn hinterlassen hatte, und nachdem er der Militärpolizei und der französischen Sozialfürsorge und den Gendarmen und dem Priester entkommen war, so gut sie es auch mit ihm gemeint haben mochten – da hatte er geweint. Er hatte sich in den Schlaf geweint, in jener kalten, zugigen Bidonville-Hütte mit dem undichten Dach, im Bett der alten Algerierin, die sich des Kindes ihres Volkes erbarmt und es zu sich genommen hatte, um es zu wärmen.
Seither hatte er nicht mehr geweint.
Er ging ins Badezimmer, um mit seiner Schwäche allein zu sein und nicht gehört zu werden. Das einzige, was jetzt noch Bedeutung hatte, waren Juliet und er selbst; ihr Zuhause, ihre Zweisamkeit, ihre Gemeinsamkeit. Nichts sonst zählte mehr, und er würde es zu erhalten versuchen, um jeden Preis und ohne jede Rücksicht auf andere.

25

Um sieben Uhr früh, als die meisten Pariser noch schliefen oder eben erst aufstanden, herrschte in der kleinen Bar-Tabac in Vensac schon Hochbetrieb. In dieser Jahreszeit wurden die riesigen Weingärten nördlich und südlich von Bordeaux nach der Ernte gesäubert. Der helle, grobkörnige Boden zwischen den Reihen der Rebstöcke wurde umgestochen, gejätet, gedüngt; die Rebstöcke wurden zu häßlichen, kurzen, graubraunen Stümpfen gestutzt. In der herbstlichen Kühle des frühen Morgens stärkten sich die Weinhauer mit Cognac und Kaffee für ihre Arbeit.

Das einzige Telefon der Umgebung stand direkt neben der Registrierkasse. Nachdem Margita mit Aaron gesprochen hatte, rief sie eine tschechische Freundin an, der sie vertrauen konnte, und sie war sich die ganze Zeit der Aufmerksamkeit des Wirts und der zahlreichen Gäste bewußt. Es war schon schlimm genug, daß sie eine von jenen smarten Pariserinnen war, die von den Einheimischen schon im Sommer kaum toleriert wurden, aber die Verbindung war auch noch sehr schlecht. Sie mußte fast schreien, und sie wußte, daß alle zuhörten, vor allem, nachdem sie zuvor mit Aaron Englisch gesprochen hatte und jetzt auch noch Tschechisch redete. Sie veranlaßte ihre Freundin, Roche-Corbon anzurufen und ihm zu erzählen, sie sei nach Cannes gefahren, weit unten im Südosten, an der Mittelmeerküste. Eine andere tschechische Freundin sei bei einem Autounfall schwer verletzt worden, und sie würde einige Tage bei ihr in Cannes bleiben. Als sie das Gespräch schließlich beendet und den Hörer aufgelegt hatte, waren ihre Hände feucht, und der Schweiß stand ihr auf der Stirn.

Sie hatte sich überlegt, daß es zu gefährlich war, wenn sie ihrem Bankier allzu lange fernblieb, und hatte sich selbst und Aaron willkürlich eine Frist gesetzt. Wenn wirklich Bestrebungen im Gange waren, Jedder am Verlassen des Landes zu hindern, dann war es nur eine Frage der Zeit, bevor jemand bei der Sûreté alle Verbindungen Jedders und auch Aarons überprüfte und auf die Idee kam, sie auch in Gisèles Strandhaus zu suchen. Außerdem, wenn Roche-Corbon ihrer Cannes-Geschichte nicht traute, würde er vielleicht seine Freunde bei der Polizei veranlassen, nach dem Maserati zu fahnden. Den mußte sie also unbedingt verstecken.

Sie zahlte für die beiden Telefongespräche. Unter den Männern an der Bar herrschte ostentatives, von einfältigem Grinsen begleitetes Schweigen. Auf dem Weg zum Ausgang sah sie einen Ständer mit Kartoffelchips und Keksen. Es fehlte ihr nur noch Kaffee. Der Wirt erklärte sich widerstrebend bereit, ihr etwas von seinem eigenen Vorrat zu verkaufen, und stöberte endlos lange herum, bis er ein Glas dafür fand. Endlich war sie fertig und bereit, die Bar zu verlassen, ihre diversen Päckchen mit beiden Armen an sich pressend. Auf halbem Weg zur Tür entglitten ihr zwei davon und fielen zu Boden. Sie hörte Pfiffe und rohe Bemerkungen, als sie sich danach bückte. Sie war dankbar, als sie schließlich draußen war und die Tür des Maserati hinter sich zuschlagen konnte. Wenn sie es darauf angelegt hätte, bei jedermann einen möglichst nachhaltigen Eindruck zu hinterlassen, hätte sie es nicht besser anstellen können.

Ein kalter Wind fegte über die Straßenkreuzung, die den Dorfplatz bildete. Margita saß still hinter dem Lenkrad und zog Bilanz, verärgert über sich selbst, verärgert über den auffälligen teuren Wagen, der sogar in Paris sehr *recherché* war und hier so völlig aus dem Rahmen fiel. Eine verblichene französische Fahne hing über der Tür eines zweistökkigen schmalen Hauses auf der anderen Straßenseite. Es war der Gendarmerieposten. Wie lange würde es dauern, bis ihre Anwesenheit offiziell und methodisch in der sorgfältigen Handschrift des Ortspolizisten in den Akten notiert wurde? Wahrscheinlich bis zum Abend, denn das war der Zeitpunkt, zu dem sich die meisten Dorfbewohner, einschließlich des Polizisten, zu einem feierabendlichen Pastis in der Bar-Tabac zu versammeln pflegten.

Und dann, höchstwahrscheinlich in ein oder zwei Tagen, würde der Gendarm sein rotbetreßtes *Käpi* auf den kahlwerdenden Kopf stülpen und seinen Bauch hinter das Lenkrad seines verbeulten 2-CV zwängen. Er würde eine Inspektionsfahrt in die Dünen unternehmen. Und wenn sie nicht äußerst vorsichtig waren, würde er merken, daß Gisèles Haus bewohnt war, und höchstwahrscheinlich anhalten, um sich zu vergewissern, daß es Gisèle selbst war oder zumindest jemand mit ihrer Genehmigung; und später würde er dann zwecks Bestätigung bei ihr in Paris anrufen. Heutzutage konnte man ja nie wissen, wer sich da vielleicht unberechtigterweise in ein leerstehendes Haus einquartierte. Und wenn er schon einmal da war, würde er vielleicht auch gleich einen Blick in die Garage werfen und die Nummer des Maserati notieren. Schon eine dieser Möglichkeiten wäre so verhängnisvoll, als wenn er Jedder persönlich zu Gesicht bekäme und eine Fahndung nach ihm schon in den Landbezirken vorlag.

Sie ließ den Motor an, fuhr aber nicht los. Ein Windstoß rüttelte an den kahlen Ästen einer Platane, die herabfallenden Blätter raschelten. Das war ja alles Quatsch, sagte sie sich. Sich selbst Angst zu machen, wie ein kleines Kind! Alpträume erfinden, wo vielleicht gar keine waren. Sie legte den Gang ein und fuhr in Richtung Küste, zuerst langsam, doch sobald sie außer Sichtweite von Vensac war, sehr schnell.

Bald wichen die Weingärten den Kiefernwäldern, und nach ein paar Kilometern tauchte hier und da ein Fleck salzverkrusteten Marschlandes auf und schließlich die lange, niedrige Linie der Dünen, der Barriere gegen Wind und Wellen des Atlantik.
Die Straße mündete in die querverlaufende Küstenstraße, auf der sie in südlicher Richtung weiterfuhr. Allmählich wurde die Gegend einsamer und mehr und mehr vom Sand verweht. Die Sommerhäuser standen in immer größeren Abständen. Nach weiteren zwei Kilometern kam nur noch eines, das Gisèles. Die Garage stand knapp zwanzig Meter neben dem Haus, jenseits eines offenen Parkplatzes. Sie fuhr den Maserati hinein und schloß die Tür. Dann trug sie die Kekse und die Chips und den Kaffee den kurzen, holzgepflasterten Weg zum Haus und zur Küchentür. Ihr Blick fiel auf das zerbrochene Fenster über der Tür. Wo das Glas fehlte, war ein verräterischer dunkler Fleck, der auf weite Entfernung auffallen mußte. Ein stummer Hinweis auf unbefugte Bewohner.
Als sie im Morgengrauen angekommen waren, hatte sie noch immer keine Vorstellung davon gehabt, wie sie hineinkommen sollten. Ihr Passagier war noch immer in der Agonie des Betrunkenen grotesk verrenkt und schlaff wie ein Toter auf dem Rücksitz gelegen, den Mund halb offen, getrockneten Speichel in den Winkeln.
Sie hatte die Küchentür fest verschlossen vorgefunden, ebenso die Vordertür und die Glasschiebetüren zum Wohnzimmer, die auf eine breite Sonnenterrasse und das Meer hinausgingen. Die Fenster im Erdgeschoß waren mit Brettern verschalt. Es schien hoffnungslos. Schließlich war sie vor lauter Verzweiflung entschlossen zum ebenfalls unbewohnten Nachbarhaus marschiert, hatte dort eine Leiter gefunden, sie zu Gisèles Haus geschleppt und war zum Fenster im ersten Stock hinaufgeklettert. Sie erinnerte sich, daß Gisèle immer einen Satz Reserveschlüssel in der Küchentischschublade aufbewahrt hatte. Sie waren noch dort.
Margita biß sich auf die Unterlippe und machte weiter. In der Garage hatte sie einige leere alte Kisten gesehen. Wenn sie das zerbrochene Fenster mit Brettern zunageln konnte und der Gendarm wirklich vorbeikam, würde er vielleicht annehmen, das Fenster sei noch provisorisch repariert worden, bevor der Eigentümer abgereist war.
Sie schloß die Küchent hinter sich, was das Brausen des Windes und das vibrierende Donnern der Brandung merklich dämpfte. Zuerst hatte das Haus die kalte, gruftähnliche Atmosphäre eines abgeschlossenen Raumes gehabt. Sie hatte den Herd und die elektrischen Heizkörper in den Schlafzimmern eingeschaltet. Jetzt war die Küche warm, und auch die anderen Räume erwärmten sich allmählich.

Sie setzte Wasser auf und ging, um nach Jedder zu sehen. Höchstwahrscheinlich war er nach oben gegangen und hatte sich in irgendein Bett gelegt. Aber alle Schlafzimmer waren leer. Sie rief seinen Namen. Keine Antwort. Sie brauchte eine oder zwei Sekunden, bis ihr klar wurde, daß er nicht im Haus war. Sie rannte die Treppe wieder hinunter. Aaron hatte gesagt, sie sollte ihn nicht aus den Augen lassen.
»Mr. Jedder?«
Stille.
In der Küche riß sie die Außentür auf und blickte auf den Parkplatz zwischen Haus und Garage. Die einzigen Reifenspuren dort hatte sie selbst hinterlassen, als sie den Maserati hineingefahren hatte. Wenn Jedder fort war, von sich aus oder abgeholt, dann nicht per Auto.
Sie rannte ins Wohnzimmer und riß an den Schiebetüren zur Terrasse. Sie waren noch immer verschlossen. Aber er konnte auch durch die Küche zum Strand gegangen sein. Hastig sperrte sie eine der Türen auf, schob sie beiseite und lief auf die Sonnenterrasse hinaus. Der Wind zerrte an ihr. Stufen und danach ein schmaler Brettersteg führten zum Strand. In höchster Aufregung hielt sie nach Fußspuren Ausschau. Aber der Sand war größtenteils zu weich und zu trocken und die Flut hätte Spuren, die er vielleicht auf dem festeren Sand zurückgelassen hätte, längst vernichtet.
Der Strand war leer. Einige Möwen schwebten lautlos über ihr und beobachteten sie. Zögernd ging Margita ans Wasser. Doch der Schaum war flach und ebenmäßig, und auch weiter draußen trieb nichts in den rollenden Brechern, kein gespenstisches dunkles Objekt, das ihre schlimmsten Befürchtungen bestätigt und ihren Herzschlag zum Stillstand gebracht hätte.
Sie wirbelte herum. Wo, in Gottes Namen, war er denn nur?
»Mr. Jedder!« Der Wind verwandelte ihr Schreien in Flüstern.
Das Haus war sehr still, eine graue Masse vor einem grauen Himmel. Wieder rief sie nach ihm, und namenlose Angst begann sie zu schütteln. Jeden Moment würde jetzt die See nach ihr greifen. Sie rannte zur Sonnenterrasse hinauf, riß schluchzend die Schiebetüren auf und lief ins Wohnzimmer.
Sie hörte ihr eigenes Schreien, wie eine wilde Sirene, schrill und außer Kontrolle. Mit beiden Händen umklammerte sie ihren Kopf, um es auszuschalten.
Henry Jedder stand mitten im Raum, blinzelnd, ausdruckslos. Sein Hemd war halb zugeknöpft und hing ihm aus der offenen Hose, seine Krawatte hing lose über eine Schulter. In der Hand hielt er eine Flasche Scotch.
Margita sank auf die Couch.

»Tut mir leid«, sagte sie. »Ich habe Sie nicht finden können.« Sie bebte am ganzen Körper, doch konnte sie es nicht unterdrücken.
Er antwortete nicht.
»Wenn Sie irgendwohin gehen, müssen Sie mir das doch sagen. Bitte!«
Er starrte weiter ins Leere. Dann sagte er plötzlich: »Ich habe versucht zu schlafen. Aber die Betten sind ja alle feucht.« Er runzelte die Stirn, leicht schwankend. »Haben wir uns nicht schon irgendwo gesehen?«
»Gestern abend, ja«, sagte sie. Ob er sich wirklich nicht erinnern kann? dachte sie. Vielleicht wirklich nicht – er war schrecklich betrunken gewesen.
»Ich meine, vorher.«
»Wahrscheinlich ja. Auf irgendeiner Party.«
»Wie heißen Sie?«
»Margita. Margita Majerová.«
»Sie sind Tschechin?«
»Ja.«
»Flüchtling?«
Sie zuckte die Achseln. »Ich lebe schon recht lange in Paris.«
»Arbeiten Sie für Strachey?«
Strachey? Wer war denn das? Der Name klang irgendwie vertraut. War das nicht irgendein Politiker? Ziemlich prominent? Sicher hatte Aaron etwas mit ihm zu tun, sonst hätte Jedder nicht gefragt.
Was sollte sie antworten? »So könnte man es nennen«, sagte sie.
Wieder runzelte Jedder die Stirn und grunzte. »Wo ist Zeismann?«
»Er kommt heute abend nach.« Sie ließ es wie selbstverständlich klingen. Aber war er auch überzeugt?
Jedder hielt seine Flasche hoch. »Habe ich im Keller gefunden. Wollen Sie auch was?«
»Nein, danke.«
Sie senkte den Kopf, fühlte Tränen aufsteigen. War dieser Strachey nicht ein Senator? Vielleicht der zukünftige Präsident? Wenn das stimmte, dann war sie da in eine wirklich große Sache verwickelt, und vielleicht steckte sie jetzt schon so weit darin, daß sie gar nicht mehr zurückkonnte, selbst wenn sie es versuchte. Sie wollte nicht, daß Jedder ihre Tränen sah. Sie wollte sich verstecken und schlafen, und niemand sollte sie je wieder zu Gesicht bekommen.
Sie hörte Jedder in die Küche schlurfen und mit Schranktüren schlagen, als er nach einem Glas suchte. Dann herrschte Stille, und sie fühlte ihre Einsamkeit wie einen körperlichen Schmerz.
Sie dachte zurück an das erste Mal, als sie hier gewesen war. Vor einer Ewigkeit. Es war kurz nach ihrer Flucht aus Prag, nur wenige Monate

später, und an jenem Wochenende hatte sie Aaron kennengelernt und sich wahnsinnig in ihn verliebt. Jeder Tag war voller Glück und Lachen gewesen, und sie hatte gefühlt, daß sie zu ihm gehörte. Nun war sie wiederum hier, doch diesmal wie in einem Alptraum.
Als Roche-Corbon ihr erzählte, daß Aaron Gisèle angerufen hatte, und ihr befahl, ihre Beziehungen zu ihm wieder aufzunehmen, war sie entsetzt gewesen. Es war schon schlimm genug, überhaupt jemanden zu bespitzeln, aber einen Mann zu bespitzeln und zu denunzieren, den man einmal bis an die Grenzen des Selbstmordes geliebt hatte, das war so unmöglich, wie wieder mit ihm zu schlafen. Zu ihrer übergroßen Erleichterung hatte sie dann festgestellt, daß die Zeit schließlich das ihre getan hatte: Sie empfand nichts mehr für Aaron. Sie wollte um jeden Preis in Paris bleiben, das war jetzt ihr einziges Anliegen. Auch wenn die nostalgische Schönheit von Prag sie oft in ihren Träumen heimsuchte und ihr das Herz zum Zerbrechen schwermachte – mit dem seelentötenden Stalinismus könnte sie sich nie abfinden. Und wohin könnte sie sonst gehen? Nach Italien, wo die Polizei von jungen weiblichen Flüchtlingen ganz spezielles Entgegenkommen verlangte? Skandinavien, wo sie kein Wort der Landessprachen verstand? England? Dort kannte sie keinen Menschen. Aaron zu bespitzeln war gar nicht so schwer gewesen. Auch nicht, ihn zu benutzen.
Aber jetzt war sie nicht mehr ganz so sicher. Etwas war geschehen, letzte Nacht. In der Ekstase ihrer Lust war Aaron nur noch ein weiterer anderer Mann gewesen. Doch letzte Nacht, in einer dunklen, kalten Seitengasse, war er unerwartet zu einem ganz anderen geworden. Wann würde er kommen, um ihr endlich wieder Sicherheit zu geben, so wie damals, vor all den Jahren? Sie brauchte seine Stärke so sehr.
Margita weinte noch immer, sie konnte nicht aufhören. Sie hatte sich noch nie so schutzlos gefühlt. Oder so verängstigt.

26

Als Aaron in der Avenue Kleber 32 eintraf, war es fünf nach neun. Er war sich darüber im klaren, welch großes Risiko er einging, wenn es auch ein kalkuliertes Risiko war. Falls sie Bejerec in ihrer Gewalt hatten, wie er annahm, und Bejerec geredet hatte, oder auch nur, wenn er und Tattel sich über Margita getäuscht hatten und sie schon wußten, daß Jedder in Bordeaux war, dann war er erledigt. Der alte Kämpfer hatte völlig fassungslos reagiert. »*Putain!*« hatte er ausgerufen. »Nur ein Idiot würde so ein Risiko auf sich nehmen.«

Trotzdem hatte Aaron gefühlt, daß er dieses Risiko eingehen mußte. Im Interesse seiner und Juliets Zukunft war es unbedingt notwendig, daß er sich, wie schon Bejerec ihm geraten hatte, solange es nur irgendwie menschenmöglich war, an seine Rolle hielt, bis er sich unauffällig erst von Dallas und dann vom National Security Council zurückziehen und als gewöhnlicher Vorortbürger mit Frau und Kindern ein normales amerikanisches Durchschnittsleben führen konnte.
Louis Tattel hatte nur noch den Kopf geschüttelt und wieder nach der Flasche Eau de Vie gegriffen.
Ohne von den lauten Protesten der aufgebrachten Autofahrer hinter ihm Notiz zu nehmen, bremste Aaron ab, holte tief Luft und bog in den Schatten der Durchfahrt und das morgendliche Grau des Innenhofes ein. Bald würde er wissen, ob er recht hatte. Routinemäßig nickte er dem uniformierten Portier zu, der in der Tür seiner Loge stand, und er dachte daran, welche Ironie doch in dem verhängnisvollen Fehler steckte, Margita Vertrauen geschenkt zu haben. Zwanzig Jahre früher wäre er unter gar keinen Umständen derartig unvorsichtig gewesen, ohne Rücksicht auf seine Gefühle hatte er sich nur von seinem Verstand leiten lassen. Sie hatte ganz recht gehabt mit ihrer Feststellung, daß er sich verändert hatte. Das war es vielleicht sogar, was ihr die Gewißheit gab, daß sie ihn betrügen und damit durchkommen könnte. Wenn er nicht so amerikanisch geworden wäre, hätte er sich niemals so naiv benommen. Der »Maulwurf« war in Gefahr, von eben der Erde vernichtet zu werden, die er unterminiert hatte – und nur deshalb, weil er sie so erfolgreich unterminiert hatte.
Er stellte den Wagen auf seinem reservierten Parkplatz ab und warf einen prüfenden Blick auf die anderen Autos im Hof. Ender war schon da, und auch Collins. Der Privatwagen des Botschafters, ein englischer Rover, stand am äußersten Ende des Hofes. Der Chauffeur und zwei Leibwächter standen diskret daneben und warteten. Collins und Ender führten wahrscheinlich hitzige Debatten wegen Reymond, und sicherlich auch seinetwegen. Jedders Abwesenheit gerade heute morgen wirkte bestimmt höchst alarmierend, und die Furcht, daß Reymonds Beseitigung Jedder zu einem unbesonnenen Schritt getrieben haben könnte, machte Collins jetzt wahrscheinlich besonders zugänglich für Larsen und gewisse nachträgliche Erwägungen. Aarons eigenmächtige Reise nach Lyon konnte leicht als höchst verdächtig dargestellt werden, ebenso sein Ausflug nach Amsterdam, als er Ender etwas von einer England-Reise vorgelogen hatte. Denn eine Eskapade wie die mit Margita war schließlich etwas, womit man normalerweise unter guten Freunden eher besonders prahlen würde. Warum also ein Märchen erfinden, um sie zu vertuschen? Collins war im-

stande und benutzte beides, um Ender in eine derart peinliche Lage zu bringen, daß er endgültig seine Vormachtstellung in der Dallas verlor. Dann würde die Kontrolle über Dallas dem Präsidenten und den Banken entgleiten und ganz in die Hände der Ölleute übergehen – und das bei den hohen Einsätzen, um die es jetzt ging!
Aaron sperrte den Wagen ab. Seine einzige Verteidigungsmöglichkeit war, wie selbstverständlich von selbst herzukommen und den vollkommen Unschuldigen zu spielen. Er blickte an der Steinfassade des Dallas-Gebäudes empor. Er fragte sich, welche anderen Dramen sich im Laufe der Jahre dahinter abgespielt haben mochten. Es war lange vor der Französischen Revolution erbaut worden, und wie viele von jenen privilegierten Damen und Herren, die einst hoheitsvoll und arrogant über das Steinpflaster dieses Hofes geschritten waren und sich von unterwürfigen Lakaien in prunkvolle Kutschen hatten helfen lassen – wie viele von ihnen waren wohl dann der Guillotine zum Opfer gefallen?
Das kalte Gefühl in Aarons Magengrube wurde zu einem fast greifbaren Gewicht. Ender stand schon recht lange unter Druck, und die Ausdauer jedes Menschen hat ihre Grenzen. Der leichteste Ausweg war vielleicht auf lange Sicht auch mit dem geringsten Risiko verbunden, und für Ender bestand der leichteste Ausweg möglicherweise darin, Collins zuvorzukommen und seinem eigenen Mitarbeiter in den Rükken zu fallen. Wo es um Milliarden Dollar und die Köpfe seiner Vorgesetzten ging, da würde eine derartig praktische Maßnahme nicht allzu lange verurteilt werden, und sie würde es auch wert sein, vorübergehend das Gesicht zu verlieren.
Er betrat die Eingangshalle, ging zum Tisch des Wachhabenden und trug sich ins Kontrollbuch ein. Der Mann begrüßte ihn arglos. Falls eine Entscheidung gegen ihn gefällt worden war, dann war sie zumindest noch nicht offiziell bekanntgemacht worden.
Er war dankbar, den Lift für sich allein zu haben. Als sich im vierten Stock die Türen öffneten und er sich dem stillen Heiligtum der Direktionsbüros gegenübersah, blitzte im Hintergrund seiner Gedanken ein Bild von Babcock auf. Babcock auf dem Weg zur Konfrontation mit seinen Vorgesetzten. Hatte auch er geglaubt, sich durchbluffen zu können?
Er ging um die breite offene Wendeltreppe herum und an Jedders leerem Büro vorbei in sein eigenes. Sein Tagesprogramm war von Jacqueline fein säuberlich auf dem Schreibtisch für ihn aufgelegt; die vertraute dünne blaue Akte mit dem Wochenbericht, den er ihr am Freitag telefonisch von Amsterdam aus diktiert hatte, lag an ihrem Platz, und daneben sein unvollendeter Vierteljahresbericht.

Er rief sie über die Sprechanlage an. Sofort antwortete ihre Stimme, zwar leicht elektronisch verzerrt, doch frisch und herzlich.
»Bonjour, chef.«
»Guten Morgen. Würden Sie bitte Mr. Jedder für mich auftreiben?«
»Kleines Momentchen«, antwortete sie. »Ich bringe Ihnen rasch Ihren Kaffee.«
Der Apparat klickte, und im nächsten Moment öffnete sich die Verbindungstür, und sie kam mit seinem Kaffee herein, das blonde Haar leuchtend und ihr Kind groß in ihr und stärker denn je gegen ihr straff gespanntes Umstandskleid strampelnd. Sie setzte die Tasse vor ihn hin. »Heute *gehen* wir nicht mehr, heute *watscheln* wir nur noch.« Sie lachte und fuhr fort: »Mr. Jedder ist nicht hier. Er hätte um acht Uhr dreißig hier im Haus eine Besprechung gehabt und ist nicht erschienen. Um neun Uhr dreißig soll er zusammen mit Mr. Ender und Mr. Collins im Innenministerium sein.«
»Was ist mit seiner Wohnung?«
»Da haben wir gleich um halb neun angerufen, aber er war nicht da. Mr. Enders Sekretärin wird in ein paar Minuten im Innenministerium anrufen, für den Fall, daß er direkt dorthin gegangen ist.«
Aaron tat, als überlege er. Er hatte natürlich nur nach Jedder gefragt, um seine Unwissenheit zu dokumentieren. Soweit es Jacqueline betraf, verabscheute er es zu lügen. Aber es war notwendig. »Versuchen wir also Mr. Ender«, sagte er.
»Ich glaube, er ist bei Mr. Collins.« Jacqueline griff nach dem Telefon.
Aaron konzentrierte sich auf sie, während sie wählte, schöpfte Kraft aus ihrer Gegenwart und dem Zusammengehörigkeitsgefühl ihrer kameradschaftlichen Beziehung. Er hörte, wie sich Collins' Sekretärin meldete.
»Marguerite?« fragte Jacqueline. »Ist Mr. Ender da? Hier ist Mr. Zeismann für ihn.« Sie reichte Aaron den Hörer. »Er kommt schon.«
Er hatte keine Zeit mehr zum Nachdenken. Ender war in der Leitung.
»Aaron?« Das klang unbefangen. Aaron tat beunruhigt. »Guten Morgen. Hören Sie, ich kann Henry nicht finden. Jacqueline sagt, Sie auch nicht.«
Ender zögerte, bevor er antwortete. »Das ist richtig.«
»Sie sagt, Sie hätten es vor einer halben Stunde bei ihm zu Hause versucht.«
»Stimmt.«
»Mein Gott!« sagte Aaron so besorgt wie möglich. »Nun ja, vielleicht ist er noch unterwegs.« Nicht mehr. Er rechnete fest damit, daß Ender den Köder schlucken würde.

Und richtig, Ender biß an. »Ist was nicht in Ordnung, Aaron?«
Aaron lächelte müde vor sich hin. Ender klang plötzlich viel weniger unbeschwert. »Ich weiß nicht recht«, antwortete er, »ich hoffe nicht. Ich habe gestern abend noch mit ihm gesprochen. Gleich, nachdem ich aus Lyon zurück war. Er war ziemlich durcheinander, wegen Reymond.«
»Sie sind in Lyon gewesen?« Ender tat überrascht, wirkte aber nicht sehr überzeugend.
Aaron ging auf das Spiel ein. In sachlichem Ton sagte er: »Selbstverständlich. Sobald ich es erfahren hatte, bin ich sofort mit der nächsten Maschine hingeflogen, und nach meiner Rückkehr bin ich dann gleich zu Henry. Ich hatte mir Sorgen gemacht, daß er sich vielleicht ernstlich aufregt. War auch so, aber ich war dann eigentlich überzeugt, daß es mir gelungen ist, ihn zu beruhigen. Habe ihn sogar noch in seine Stammbar begleiten müssen. Wahrscheinlich hätte ich ihn da doch nicht sich selbst überlassen dürfen.«
»Moment mal, Aaron.«
Er merkte, wie der Hörer abgedeckt wurde, während Ender mit gedämpfter Stimme zu Collins sprach. Dann hörte er wieder Enders Stimme direkt. »Könnten Sie in Banjos Büro herüberkommen?«
»Bin gleich da.«
Er legte auf. Seine Handflächen waren schweißnaß, doch jetzt hatte er Gewißheit über zwei Dinge: Er stand unter starkem Verdacht, aber falls sie nicht absichtlich mit ihm Katz und Maus spielten, hatten sie nichts von Margita gehört und aus Bejerec nichts herausgekriegt, falls sie ihn wirklich in ihrer Gewalt hatten.
»Ich bin dann im Konferenzsaal«, sagte er zu Jacqueline.
»Okay.« Sie wies auf seinen Tischkalender. »Haben Sie das schon gesehen?«
Sie hatte einen Zeitungsausschnitt darangeheftet. Ein kurzer Blick genügte. Sie würde niemals erfahren, welchen Dienst sie ihm damit erwiesen hatte. Er begegnete dem aufrichtigen Blick ihrer blauen Augen. »Danke«, sagte er, »Sie haben sich gerade eine Gehaltserhöhung von fünf Francs verdient.«
Sie lachte und kehrte in ihr eigenes Büro zurück. Er hatte fast darum gebetet, daß irgendeine Wende zum Guten eintreten möge. Und hier war sie nun, wie durch ein Wunder: Ein glänzender Vorwand für einige Tage Abwesenheit. Es war die Ankündigung einer Rede des französischen KP-Vorsitzenden vor der nationalen Studentenliga an der Universität von Grenoble. Für Dallas war es äußerst wichtig, ständig darüber informiert zu sein, was zwischen Partei und Studenten vorging. Beide Gruppen konnten zu einer ernsten Bedrohung werden,

sollte jemals etwas über Trikolore durchsickern. Mit Louis Tattels Hilfe würde er an der Veranstaltung »teilnehmen«. So etwas gehörte für ihn zur Routine.
Er schrieb »Grenoble« diagonal über zwei Seiten seines Kalenders.
Als er den Gang zu Collins' Büro hinunterging, fiel ihm ein, daß Ender nicht ein einziges Mal von Reymond gesprochen hatte. Aber wenn man Ender hieß und ein Feigling war, dann sprach man sicherlich auch ungern den Namen des Mannes aus, dessen Ermordung man wahrscheinlich mit veranlaßt hatte.

27

Ender stand am Fenster, die Hände in den Hosentaschen, und blickte in den Hof hinunter – seine übliche Haltung, wenn er unter Streß stand. Collins saß steif in seinem tiefen Drehsessel, und seine Augen hinter den randlosen Gläsern waren klein und hart. »Kommen Sie, kommen Sie herein«, sagte er. Der weinerliche Tonfall seines Dialekts war absichtlich überbetont. »Kaffee für alle?«
Das war reine Hinhaltetaktik. Aaron wußte sofort – und aus allen Gründen, die er bedacht hatte –, daß Collins auf seinen Kopf aus war und Ender fast soweit hatte, klein beizugeben.
Ender machte keine Umschweife. Er war gehässig. »Fangen wir also am Anfang an, Aaron.«
Aaron gab seiner Antwort einen aggressiven Unterton. »Das hieße also Amsterdam«, sagte er und lächelte. »*Dort* bin ich nämlich gewesen, und nicht in London. Aus persönlichen Gründen.«
Ender schien überrascht. Mit Aufrichtigkeit hatte er nicht gerechnet. »Das hätten Sie mir aber ruhig sagen können. Ich habe gestern überall herumtelefoniert und nach Ihnen gesucht.«
Aaron wußte, daß Ender längst über seinen Amsterdam-Ausflug unterrichtet war, vielleicht sogar schon seit Freitag abend. Er lachte. »Was ich an meinen Wochenenden anstelle, ist meine Sache, Richard.« Das überraschte sie beide. In gewisser Beziehung war es eine groteske Situation. Sie mußten sich unwissend stellen, um nicht preiszugeben, daß er von Margita überwacht wurde. Er seinerseits mußte auf ihr Theater eingehen, um sein eigenes Spiel nicht zu gefährden. Dabei ging es bei der ganzen Maskerade um einen Machtkampf, der ihn eigentlich gar nichts anging, bei dem er jedoch der Einsatz und absolut schuldig war, was die anderen zu beweisen versuchten, obwohl sie es selbst nicht so recht glauben konnten.

»Wie haben Sie denn das von Reymond erfahren?« fragte Ender.
»Aus der Zeitung. Frühausgabe«, antwortete Aaron. »Mein Hotel hat mich benachrichtigt. Reymond hat mich gelegentlich dort angerufen und Nachrichten hinterlassen, und die in der Rezeption haben sich gedacht, das würde mich interessieren. Aber ich bin gar nicht seinetwegen nach Lyon gefahren, sondern wegen Henry. Sie wissen ja, in welcher Verfassung er schon die ganze Woche war, und als ich hörte, was passiert war, habe ich mir gedacht, Himmel, das hat Jedder vermasselt. Irgendwie wird man ihn mit Reymond in Zusammenhang bringen. Es wäre also vorzuziehen, wenn wir über die genaueren Umstände informiert wären und nicht nur auf das angewiesen sind, was Jedder uns darüber zu erzählen beliebt. Außerdem könnte die Polizei auf irgend etwas stoßen, was lieber nicht aufgerührt werden sollte.«
Er wartete. Ender schaute kurz zu Collins hinüber. Collins fragte: »Und was haben Sie herausgefunden, Mr. Zeismann?« Aus seiner sanften Stimme war echter Haß herauszuhören. Du mieser brutaler Bastard, dachte Aaron, einer von der Sorte, die ihre dreckige Arbeit von anderen verrichten lassen und selbst mit ihren Frauen am Sonntag fromm in der Kirche sitzen, nachdem sie die Nacht zuvor in Gesellschaft »guter alter Kameraden« gesoffen und gehurt haben. Ein flüchtiges Bild von Madame Reymond draußen bei der Mühle zog an seinem inneren Auge vorbei. Sie würde Schwarz anlegen und begraben, was von ihrem Mann und von ihrem Leben übrig war. Dafür waren Collins und Ender verantwortlich.
»Nicht allzu viel«, sagte er. »Falls wir Henry nicht dazu kriegen können, uns alles zu erzählen, sind wir nur auf Vermutungen angewiesen. Reymonds Kinder waren gerade mit einem Tennismatch beschäftigt, und seine Frau war irgendwo unterwegs. Ich konnte nur mit dem Gärtner und dem Hausmädchen sprechen. Sie haben laute Stimmen gehört, und besonders ihr Boss hat herumgebrüllt und geschimpft, aber sie haben nicht verstanden, worum es ging. Sind ja schließlich auch keine Finanzexperten. Dann hat Henry sich davongeschlichen, Reymond führte einige Telefonate und fuhr dann in sein Büro.« Aaron schaute Collins direkt ins Gesicht. »Das Wichtige daran ist, daß anscheinend nichts durchgesickert ist. Lyon ist also in Ordnung. Henry Jedder allerdings ist wohl ein anderes Kapitel, fürchte ich.«
»Vielleicht regen wir uns ganz unnötig auf«, sagte Ender. »Vielleicht schläft er nur bei irgendeinem Mädchen seinen Rausch aus.«
Es war eine reine Wunschvorstellung. Ender wußte in Wirklichkeit genau, was los war. Aaron entschloß sich, nicht mehr um den heißen Brei herumzureden, sondern die Dinge beim Namen zu nennen. Er fühlte, daß Ender nahe daran war, umzufallen. Um die Situation noch

zu retten, blieb als einzige Möglichkeit, daß er seine eigenen Karten sozusagen offen auf den Tisch legte.
»Ich wollte, das wäre wahr«, sagte er. »Aber das glaube ich nicht. Ich glaube, er hält sich versteckt.«
»Versteckt? Wozu denn das, zum Teufel?«
Enders Verwunderung klang gespielt.
»Also«, erklärte Aaron. »Ich kann es ja auch klar aussprechen. Ich bin da zu einer grundlegenden Schlußfolgerung gekommen, unten in Lyon. Sie können sich wahrscheinlich schon denken, zu welcher. Achille Reymond war ganz und gar nicht der Typ, der sich selbst umbringt. Und schon gar nicht wegen der schmutzigen Geschäftsmethoden von ein paar lausigen Amerikanern. Im Gegenteil, er ist genau der Typ, der sich wehrt. Und er hatte ein ausgesprochen glückliches Familienleben. Ich bin also zu dem Schluß gekommen, daß sich Jedder dasselbe gedacht hat. Und dann ist ihm wohl klargeworden, daß Reymond eliminiert wurde und daß wir ihn als nächsten auf die Liste gesetzt haben könnten.«
Der Drehstuhl gab einen klagenden Laut von sich. Collins hatte sich abrupt zurückgelehnt. Sein Gesichtsausdruck war unverändert.
Enders Reaktion war ganz anders. Ruckartig wandte er sich Aaron zu. Er war blaß geworden. Durch den Schock, oder weil er sich durchschaut wußte. »Moment mal! Ist Ihnen eigentlich klar, was Sie da eben gesagt haben?«
Collins gab die Antwort. »Oh, das ist ihm durchaus klar. Er sagte soeben, daß wir Achille Reymond aus dem Fenster geworfen haben.« Sein Lächeln war tödlich.
Ender sagte: »Aaron, Sie irren sich. Wenn wir jemals mit solchen Methoden anfangen, dann kommen wir nie wieder davon los.« Er hatte sich etwas gefangen, und sein Gesicht bekam allmählich wieder Farbe.
Collins zog eine großartige Schau ab. Er lachte und schüttelte den Kopf und sprach dann wieder mit tödlicher Sanftheit. »Also, Mr. Zeismann, ich möchte jetzt gern etwas von Ihnen hören. Ich möchte jetzt gern von Ihnen hören, daß Sie das alles gar nicht so gemeint haben, wie sich das anhörte. Weil ich nämlich ganz sicher bin, daß Sie das bestimmt nicht so gemeint haben können.«
Aaron stellte sich überrascht. »Ich wollte ja niemandem zu nahe treten, Banjo«, sagte er. »Was ihr Leute da oben macht, geht mich nichts an. *Sie* treffen die Entscheidungen. Ich kümmere mich nicht um Moral oder Ethik. Ich bin hier nur beratend tätig.«
Das war genau der Tropfen, der zum Überlaufen des Fasses noch gefehlt hatte. »Wollte niemand zu nahe treten«, wiederholte Collins.

Und dann passierte es. Er verlor die Fassung. Die Maske des weisen Staatsmannes fiel, und der rotnackige Banjospieler kam zum Vorschein. »Also, jetzt hör mir mal zu, du superschlaues hinterfotziges Judenarschloch! Du wirst deine verdammten hinterfotzigen Ideen für dich behalten, verstanden?«
Aaron genoß seinen Triumph. Collins war ihm auf den Leim gegangen, und das bewies, daß er seinen Vorsprung verloren und aufgegeben hatte. Aaron war aus der Zwickmühle entkommen. Und Ender ebenfalls.
Auch Ender erkannte das sofort. »Ich bitte um Verzeihung, Aaron«, sagte er. Sein Ton hatte zum ersten Mal wieder Autorität und Selbstvertrauen.
Aaron gab sich großzügig. »Schon gut«, sagte er. »Wir sind zur Zeit alle ein bißchen nervös. Sagen wir doch einfach, ob es nun stimmt oder nicht, daß Jedder sich möglicherweise wegen seiner eventuellen ›Eliminierung‹ Sorgen macht. Als Motiv, meine ich, falls er wirklich verschwunden ist.« Er lächelte und fuhr fort, an beide Männer gewandt: »Sie haben doch eine Wanze in Jedders Telefon, oder? Gibt es denn da nicht irgendeinen Anhaltspunkt? Gestern abend hat er was davon geschwafelt, daß er zu Rosemary nach Portugal wollte. Leider habe ich das nicht weiter beachtet. Ich wünschte, ich hätte.«
»Ich fürchte, da ist nichts«, antwortete Ender. »Aber wie Sie sich vielleicht denken können, haben wir ihn auch beschatten lassen. Und die haben ihn blöderweise gestern abend bei *Elsie's* aus den Augen verloren. Daraufhin sind sie zu seinem Haus, doch da war er auch nicht. Also haben sie halb Paris abgesucht. Ohne jeden Erfolg. Wir haben übrigens den scheußlichen Verdacht, daß er was von unseren streng geheimen Papieren mit nach Hause genommen hat, statt sie vorschriftsmäßig in den Reißwolf zu stecken. Seine Sekretärin sagt, daß fast nie Schnitzel im Beutel waren. Aber sie haben nichts bei ihm gefunden. Jetzt haben sie sein Haus umstellt. Er ist noch immer nicht zurück.«
Aaron legte tiefe Besorgnis in seine Stimme. »Das ist schlimm. Haben Sie es schon bei den Fluggesellschaften versucht und all das?«
»Ja«, sagte Ender. »Dabei ist nichts herausgekommen.«
Aaron bemerkte zum ersten Mal bei Ender Anzeichen völliger Erschöpfung. Er vermutete, daß er sich nicht nur gegen Collins wehren mußte, sondern wahrscheinlich die ganze Nacht aufgewesen war und die Suche nach Jedder organisiert hatte. Vor allem dürfte er sich völlig darüber im klaren sein, daß die ganze Verantwortung auf ihm lastete, falls die Franzosen Jedder nicht fanden und Trikolore dadurch gefährdet wurde. Aaron beneidete ihn nicht.

»Sie müssen ihn unbedingt finden, Richard!« sagte er.
»Das werden wir auch. Jeder einzelne Polizist in Frankreich ist auf ihn angesetzt. Ich habe mit dem Minister telefoniert, heute nacht um zwei Uhr.«
Collins hatte begonnen, seinen Aktenkoffer einzuräumen. Er mußte das letzte Wort haben, um das Gesicht zu wahren. »Er hat Sie hineingelegt, Zeismann. Was sagen Sie dazu? Dieser perverse Fettarsch! Er hat Ihnen was vorgespielt, damit Sie glaubten, Sie hätten ihn beruhigen können, und die ganze Zeit war er fest entschlossen, abzuhauen. Ich werde ein Disziplinarverfahren gegen Sie einleiten.«
»Das ist Ihr gutes Recht, Sir«, gab Aaron zu.
Als Collins dann gegangen war, sagte Ender: »Hören Sie, Aaron, Sie könnten recht haben wegen – wegen der Eliminierung. Das ist wirklich entsetzlich, und ich glaube, Collins steckt dahinter. Aber das werden wir niemals mit Sicherheit wissen können, also sollten wir das alles besser vergessen.«
Aaron hatte von Ender nichts anderes erwartet, als daß er jede Schuld von sich abzuwälzen versuchte, und er tat so, als glaube er ihm. Zu widersprechen wäre gefährlich und würde doch nichts einbringen.
»Sie haben ganz recht«, sagte er. »Betrachten wir das Thema als abgeschlossen.«
Enders plötzliche Herzlichkeit verriet seine Erleichterung. Er grinste und sagte beinahe beschwörend: »Und noch was, Aaron. Bitte, würden Sie mich in Zukunft darüber auf dem laufenden halten, wo Sie sich so herumtreiben?«
»Fangen wir gleich bei der Gegenwart an«, antwortete Aaron. »Für die nächsten Tage bin ich im Hotel-Sofitel in Grenoble.«
Zuerst glaubte ihm Ender nicht. Furcht erschien wieder in seinen Augen. Dann brachte er ein schwaches Lächeln zustande. »Was ist denn da los?«
»Die Roten versammeln sich mit der Studenten-Liga. Ich bin Mittwoch zurück, vielleicht auch erst Donnerstag.« Dann ging er ein gewisses Risiko ein. »Es sei denn, Sie brauchen mich hier.«
Ender entspannte sich wieder etwas. »Falls Henry auftauchen sollte, werde ich schon mit ihm fertig. Wenn nicht . . .« Er zuckte mit den Achseln. »Könnten Sie Ihrer Sekretärin die Telefonnummer hinterlassen?«
»Natürlich. Vielleicht könnten Sie mich von Tag zu Tag jeweils informieren lassen, wie die Sache mit Henry steht. Ganz gleich, was sich tut.«
Ender wurde noch aufgeschlossener. »Gut. Sie können sich darauf verlassen.«

Plötzlich war er fast wieder der alte Ender, der sich mit beiden Seiten gutstellte. Aaron ging hinaus und den Gang hinunter. Er hatte Margita also doch richtig eingeschätzt. Das bedeutete, daß er jetzt vorläufig einmal einigermaßen sicher und so gut wie auf halber Strecke zum Ziel war. Jetzt kam es darauf an, der französischen Polizei zu entgehen. Und so schwierig das auch sein mochte, es war noch immer viel leichter, als mit Verrat fertig zu werden.
Es war neun Uhr vierzig. Jetzt etwas zu überstürzen, würde sich nicht auszahlen. Er mußte den Schein wahren, einige wichtige Telefonate durchstehen und seinen Quartalsbericht fertigschreiben. Es würde der längste Vormittag seines Lebens werden, doch es mußte sein.
Jacqueline tippte gerade etwas vom Band und hätte ihn beinahe nicht gehört, als er durch ihr Büro ging. »Oh, da sind Sie ja! Ich war einen Moment draußen, und als ich zurückkam, lag das hier auf meinem Tisch.« Sie hielt ihm einen versiegelten braunen A4-Umschlag hin, der seinen Namen und den Stempelaufdruck »Streng geheim« trug. »Soll ich feststellen, wer das hergelegt hat?«
»Das wird nicht nötig sein«, antwortete Aaron. »Ich weiß schon Bescheid.« Auf der Türschwelle blieb er stehen. »Ich möchte in den nächsten zehn Minuten nicht gestört werden. Von niemandem.«
»D'accord«, und sie machte sich wieder an die Arbeit.
Aaron schloß leise die Tür hinter sich. Ihm war übel. Er ging mit dem Umschlag zum Reißwolf, schaltete ihn ein und machte sich bereit, den Umschlag ungeöffnet hineinzuschieben. Dann schaltete er die Maschine wieder aus. Er mußte es sehen. Nicht weil er wollte, sondern weil er es Bejerec schuldig war, den Mut dazu aufzubringen. Wenn man im Leben eines anderen Menschen eine so große Rolle gespielt hatte, wenn man fast ein Teil seines Lebens gewesen und zumindest teilweise an seinem Tod schuld war, konnte man dem nicht ausweichen.
Er nahm die Fotos heraus. Es waren drei stark vergrößerte Nahaufnahmen in leuchtenden Farben.
Es war schwierig, Bejerec zu erkennen. Nicht so sehr wegen der abscheulichen Dinge, die sie seinem armen weichen, übergewichtigen Körper angetan hatten, sondern wegen der Dunkelheit, die sich hinter seinen eigenen Augen ausbreitete. Er zwang sich, konzentriert und genau hinzuschauen.
Er stellte fest, daß er es fertigbrachte, beinahe objektiv zu denken und in Bejerecs Überresten etwas zu sehen, das ihm seinen Tod etwas leichter ertragen half. Das zerfetzte Fleisch und die zerschundene Haut waren leicht blutig, wiesen jedoch keine Spuren stärkerer Blutungen oder hellen, sauerstoffreichen Blutes auf. Die verbrannten

Hautstellen an den Oberschenkeln, an den Unterarmen, am Bauch und an den Genitalien zeigten nur äußerst geringe Blasenbildung. Das und das Fehlen von Blut bewiesen, daß er schon etwa eine Stunde tot war, als seinem unempfindlichen Körper diese psychopathischen Verstümmelungen zugefügt wurden.
Aaron schaute kurz auf das grauenhaft verzerrte Gesicht. Die Lippen waren blau, und es gab ein paar kleine, blutunterlaufene Hautflecken, die wie Windpocken aussahen. Bejerec war an Blausäurevergiftung gestorben, zweifellos von eigener Hand. Er hatte Larsen besiegt. Das Vermächtnis war für Aaron Zeismann.
Aaron steckte Fotos und Umschlag in den Reißwolf.
Er setzte sich an den Schreibtisch, riß sich zusammen und begann zu arbeiten. Um halb elf hatte er den Vierteljahresbericht und ein Memo mit Vorschlägen über die weitere Vorgangsweise bezüglich COPIC und die Schweizer fertig. Er brachte beides zu Jacqueline hinüber, und während sie für ihn Flüge nach Grenoble heraussuchte, sagte er ihrem gebeugten blonden Kopf ein stilles Lebewohl und wünschte ihr und ihrem Kind Glück. Durch einen Notausgang im Untergeschoß, der direkt auf die Avenue Kleber führte, verließ er das Haus und war bald zu Fuß in dem Gewirr kleiner Gassen zwischen kleinen Bürohäusern und Geschäften jenseits der Champs-Élysées verschwunden.
Von einer öffentlichen Telefonzelle aus rief er Louis Tattel an, und um zwölf Uhr saß er in einem unter falschem Namen gemieteten Wagen und hatte Paris hinter sich gelassen. Er fuhr südwestlich Richtung Bordeaux und konnte keinen Verfolger hinter sich bemerken.

28

Es war sechs Uhr abends. Der Portier im *Relais Maritime* drückte wild auf die Messingklingel auf dem alten Mahagoni-Empfangstisch, während er gleichzeitig mit dem alten Telefonschaltbrett fertig zu werden versuchte, das unaufhörlich schnarrte. Eben waren neue Gäste aus New York eingetroffen und mußten auf ihre Zimmer gebracht werden; jemand war gerade mit einem Haufen Gepäck aus einem Taxi gestiegen; eine Dame verlangte ihre Theaterkarten.
»Bagagiste!«
Der Bagagiste war nirgends zu sehen.
Und ins Telefon: *»Oui, Monsieur", »de suite, Madame!«*
Und zur Dame: »Aber die Karten sind Ihnen doch aufs Zimmer gebracht worden, Madame.«

Und: *»Bagagiste!«*
Endlich trabte der glatzköpfige, gebeugte alte Hausdiener heran, in schlappenden Pantoffeln, wischte sich die gichtigen Finger an der flatternden grünen Schürze ab und steuerte seinen Anteil zu dem allgemeinen Chaos bei.
Es war jene betriebsame Tageszeit, zu der Louis Tattel normalerweise selbst die Regie am Empfang und in der Halle übernahm und allem zum Trotz eine disziplinierte Ruhe aufrechterhalten konnte. Doch Tattel war nicht da. Er hatte sich in sein Privatzimmer zurückgezogen, saß wie ein ländlicher Patriarch im Unterhemd auf der Bettkante und hatte den Hörer seines Spezialtelefons zwischen Schulter und Ohr geklemmt, während seine unvermeidliche Zigarette im Mundwinkel klebte. Mit einem Kugelschreiber, der fast in seiner riesigen Faust verschwand, schrieb er etwas auf die Rückseite eines Briefumschlages.
»In Ordnung«, sagte er. »Was sonst noch?«
Aarons Stimme hörte sich an, als käme sie von weit weg her und wurde fast von einem Nebengeräusch verschluckt, das wie das Heulen des Windes klang. »Welche Zimmernummer habe ich?«
»Im *Sofitel?* Sechs-acht-drei.«
»Hat jemand dort angerufen?«
»Deine Sekretärin um vier Uhr dreißig, Richard Ender um fünf Uhr fünfzehn. Deine Sekretärin sagt, es wäre nichts Dringendes; deine Frau hat aus den Staaten angerufen und hinterlassen, du könntest sie jederzeit zurückrufen. Sagt, sie klinge einsam, das ist alles. Ender sollst du heute abend zu Hause anrufen, aber nur, wenn es keine Umstände macht.«
»Wie ähnlich sieht mir mein Double?«
»Ähnlich genug, um dein Bruder zu sein. Dunkles Haar, gleiches Alter, gleiche Statur und Größe. Wir haben ihm deine Sachen angezogen und ihm einen falschen amerikanischen Paß mit deinem Namen gegeben.«
»Wo haben sie sich drangehängt?«
»Wir haben es darauf ankommen lassen. Wir haben ihn in dein Bürogebäude geschmuggelt, dann ist er in den Hof hinausgegangen und hat dein Auto genommen, mit einem Nachschlüssel. Wenn er irgendwem aufgefallen wäre, hätte er sagen sollen, daß er den Wagen für eine Werkstatt abholt, zwecks Inspektion. Er hat ihn dann in Orly-West abgestellt und ist mit Air-Inter nach Grenoble geflogen. Er ist ziemlich sicher, daß sie sich gleich in der Avenue Kleber angehängt haben. Dann ist einer der Burschen mit ihm ins gleiche Flugzeug gestiegen und hat sich unmittelbar nach ihm im *Sofitel* ein Zimmer genommen.«

Während einer kurzen Pause war nur das heulende Geräusch der Leitung zu hören. Dann kam Aarons Stimme wieder, entfernt und undeutlich. »Wie steht's mit meinem Flugzeug?«
Wo, zum Teufel, steckte er bloß, dachte Tattel. Sicher nicht in Bordeaux direkt. Er wollte ja nur ein Flugzeug von Bordeaux aus benutzen. Und warum? Der Hotelier kämpfte gegen ein bohrendes Gefühl der Unsicherheit. Das Ganze gefiel ihm nicht, schon gar nicht dieses Theater mit dem falschen Hotelgast in Grenoble. Er machte einen langen tiefen Zug aus seiner Zigarette und schrie zurück: »Daran arbeiten wir noch.«
»Wann wirst du Genaueres wissen?«
»Dräng mich bloß nicht so. Ich hab' sowieso schon wahre Wunder vollbracht!«
»Ich hab' keine Zeit mehr, Louis!«
»Bis morgen werde ich das schon hinkriegen.«
»*Wann* morgen?«
»Um die Mittagszeit, vielleicht.«
»Geht es nicht früher?«
Louis Tattel drückte den zerkauten Stummel seiner Zigarette aus. »Ich kann es leider nicht ändern, Aaron. Der Pilot ist unterwegs nach Genf und kommt erst gegen Mitternacht zurück. Und ich brauche immer eine Weile, um mit ihm handelseinig zu werden.« Er sah den schon leicht ergrauten Piloten vor sich, einen verbitterten Versager, der so sehr aufs Geldverdienen angewiesen war, daß er überall hinfliegen und seinen Mund halten würde, aber aus Prinzip zuerst immer eine recht schlaue Hinhaltetaktik praktizierte, ganz gleich, wieviel man ihm bot und wie eilig man es hatte. Aber das war noch immer besser als irgendein naseweiser junger Windhund, bei dem man sich nicht darauf verlassen konnte, daß er sich an die Abmachungen hielt.
Wieder kam Aarons Stimme durch, diesmal fluchte er. Dann stimmte er murrend zu. »Okay. Ich ruf dich um sieben Uhr dreißig wieder an.«
Und dann: »Was ist mit dem Geld?«
»Dazu hast du mir nicht genug Zeit gelassen. Ich hab' einfach noch nichts auftreiben können. Du mußt leider warten, bis du in London bist.« Er gab ihm eine Adresse durch. »Das ist in Hatton Garden, Diamanten-Markt, du weißt schon. Den Piloten bezahle ich von hier aus. Ich sag dir dann später, wieviel du mir schuldest.«
Er wartete ab, bis Aaron die Adresse wiederholt hatte, und sagte dann: »Und hör mal, das gehört mir nicht alles selbst. Wenn du das dann zurückzahlst, könntest du vielleicht ein paar Hunderter extra für meine Freunde drauflegen, verstehst du?«

»Okay.«
»Also in Ordnung. Du bist noch für etwa vierundzwanzig Stunden gedeckt. Länger als bis morgen abend können wir dein Double nicht in Grenoble lassen, sonst kommen sie bestimmt dahinter.«
Sie verabschiedeten sich, und Tattel legte auf. Der Raum hing voller Rauch. Er schwitzte. Er goß sich ein Glas Eau de Vie ein und zündete sich eine neue Zigarette an. Dann griff er wieder zum Telefon und rief seinen alten Freund im Telefonzentralbauamt an. In zehn Minuten würde sein Privattelefon zu existieren aufhören. Nachdem das erledigt war, erhob er sich und zog Hemd, schwarze Krawatte und Portiersuniform an. Er hätte gerne gewußt, was Aaron tat und warum. Er haßte es, derart im dunkeln zu tappen. Das war nichts als Handlangerarbeit, bei der sein eigenes Urteilsvermögen ausgeschaltet war. Auf diese Weise kamen Fehler zustande, wenn ein Mann von den Entscheidungen eines anderen abhing und selbst nicht mitdenken durfte. Auch hatte sein alter Freund in den letzten Tagen nicht mehr das *sang froid,* das ihm in früheren Zeiten durch so manche verdammt schwierige Situation geholfen hatte. Er hatte sich irgendwie verändert, war verwundbar geworden. Louis Tattel konnte sich des dumpfen Gefühls nicht erwehren, daß die Sache nicht gut ausgehen konnte. Dieses gottverdammte Weib, dachte er. Wie hatte Aaron nur so unvernünftig sein können! Großer Gott, Weiber waren dazu da, daß man ab und zu mit ihnen ins Bett ging, schon aus gesundheitlichen Gründen. Aber zu etwas anderem taugten sie nicht, schon gar nicht, wenn es um solche Einsätze ging, wie er sie bei Aarons Spiel vermutete. Jeder Mann, der eine Frau mit etwas anderem betraute, war ein ausgesprochener Dummkopf.
Dann knipste Louis Tattel das Licht aus und ging hinaus in die Rezeption und zwang sich ganz bewußt, die Angelegenheit zu vergessen. Schließlich hatte er auch noch sein Hotel zu führen, und vor Mitternacht gab es sowieso nichts, was er für Aaron tun konnte, also mußten seine Belange bis dahin zurückstehen.
Innerhalb von fünf Minuten war in der chaotischen Hotelhalle wieder Ruhe und Ordnung eingekehrt.

29

Das Telefon stand auf einem lackierten Schränkchen mit einem Likörfach. Aaron öffnete es, fühlte tatsächlich Flaschen, nahm eine heraus und entkorkte sie. Es war Wodka. Er setzte sich mit dem Rücken zur

Wand auf den Boden, trank zwei große Schlucke und versuchte sich zu entspannen. Es war ein sehr langer Tag gewesen und er war erschöpft und durchgefroren. Gisèles Haus, weit unten an den Dünen, war eine dunkle Masse im milchigen Licht des blassen, von hochziehenden Wolken teilweise verdeckten Mondes. Es wirkte leer und gespenstisch, doch Margita war dort, und er mußte zurück und hineingehen und so tun, als liebe er sie noch. Und auch mit Jedder mußte er sich befassen, und der hatte mal wieder viel zuviel getrunken. Viel lieber würde er irgendwo in die warme Sicherheit eines Bettes kriechen, ganz allein, und sich der absoluten Zuflucht des Schlafes hingeben.
In Amerika war jetzt früher Nachmittag; ach ja, und heute war Feiertag drüben und Juliet sicherlich in Oxford. Den Vormittag würde sie wahrscheinlich mit Wintervorbereitungen im Garten verbracht haben und jetzt vielleicht in der Küche sitzen, die Knie ihrer Jeans dunkel vom feuchten Moos, ihr Gesicht schmutzig und das Haar strähnig und voller welker Blätter und Ranken. Sie würde sich die Hände im Spülbecken gewaschen haben und hatte dann vielleicht ein Sandwich zubereitet und eine Dose Bier aufgemacht. Vielleicht war Esther herübergekommen, um ihr beim Einfrieren der Späterbsen zu helfen – oder auch nur, um ihr Gesellschaft zu leisten, weil sie wußte, was Einsamkeit ist. Der Wunsch, bei ihr zu sein, überflutete ihn wie eine mächtige Woge. Er wollte Juliet sagen, daß er sie liebte und daß bald alles gut sein würde.
Er stellte die Flasche zurück in den Schrank. Steif erhob er sich und tastete sich durch das fremde Wohnzimmer in den stockfinsteren Vorraum. Er hatte die Tür zur Kellertreppe offengelassen und spürte den schwachen Luftzug vom Fenster heraufkommen, durch das er unten eingedrungen war. Langsam stieg er hinab.
Sobald Gisèles zerbrochenes Fenster repariert war, hatte er sich an die Arbeit gemacht, um hier hereinzukommen. Eine geschlagene Stunde hatte er dazu gebraucht. Es war immerhin möglich, daß das Haus durch eine Alarmanlage mit der Gendarmerie in Vensac verbunden war. Der Transformator befand sich auf einem Mast fünfzig Meter weiter unten an der Straße, und er hatte ihn ohne Steigeisen, nur mit Turnschuhen und einem zurechtgebastelten Gurt erklettern müssen. Er hatte die Stromleitung durchschnitten und im stillen gebetet, daß die Alarmanlage, falls es wirklich eine gab, nicht etwa mit einer Notbatterie ausgestattet war. Dann hatte er sich mit dem Kellerfenster befaßt.
Von innen lag das Fenster in Augenhöhe. Er zog sich hoch und schlüpfte durch die Öffnung und auf den kalten Sandboden draußen. Vorsichtig zog er es hinter sich zu und arrangierte den zerbrochenen

Riegel so, daß es aussah, als hielte er. Dann verwischte er seine Fußabdrücke im Sand.
Er hatte gerade den ersten Schritt Richtung Gisèles Haus getan, als er spürte, daß jemand in seiner unmittelbaren Nähe war. Er erstarrte. Da war ganz schwach das Geräusch von Stoff in Bewegung, das leise Knirschen von gewichtigen Schritten in weichem Sand. Eine große Gestalt ragte vor ihm auf. Jedder. Aaron konnte den Whisky in seinem Atem riechen, und er wußte sofort, daß Jedder – entweder, weil er getrunken hatte oder weil er ihn die ganze Zeit beobachtet hatte – keineswegs überrascht war, ihn hier zu treffen.
Als er nichts sagte, nahm Aaron ihn beim Arm und fragte: »Ist was nicht in Ordnung?«
Statt einer Antwort wandte Jedder sich ab und trottete ohne ein Wort auf Gisèles Haus zu. Aaron folgte ihm besorgt. Der viele Alkohol und die Spannung raubten dem Mann allmählich den Verstand. Bevor er gegangen war, hatte er die Küchentür versperrt und verriegelt und statt dessen die Wohnzimmertür benutzt, die weder von der Straße noch von der Garage her zu sehen war. Als er jetzt die Glastür hinter sich zuschob, war er dankbar für die Wärme im Innern des Hauses. Zu seiner Überraschung sah er, daß die Küche schwach erleuchtet war. Margita hatte eine Kerze angezündet und in eine leere Flasche gesteckt; sie stand am Herd und kochte etwas.
»Ich habe die Fensterläden mit einer Decke abgedichtet«, erklärte sie. »Von der Straße her ist nicht der geringste Schimmer zu sehen.«
Aaron dachte an den Essensgeruch. Aber ein starker Wind hatte sich erhoben und würde sicherlich jeden Geruch sofort verwehen. Und sie alle hatten ein warmes Essen nötig, besonders Jedder.
»Cornedbeef-Ragout«, sagte sie. »Und schau mal her, was ich noch gefunden habe!« Sie hielt eine Flasche hoch – eine 67er Mouton Rothschild, staubbedeckt. Sie stellte sie auf den Tisch zurück und lächelte und schlang die Arme um seinen Hals. »Hello!« Zärtlich rieb sie ihre Lippen an den seinen. Er zwang sich, auf ihre Liebkosungen einzugehen.
»Hat alles geklappt?« fragte sie.
»Das Telefon funktioniert jedenfalls.« Er setzte sich an den Küchentisch, der für drei gedeckt war. Sie trug eine Schürze und wirkte wie eine erfahrene Hausfrau. So hatte er sie noch nie gesehen.
»Wann geht's los?« fragte sie.
»Morgen.« Jedder fiel ihm ein. »Wo, zum Teufel, ist er denn geblieben? Er war doch direkt vor mir, als ich hereinkam.«
Sie warf einen Blick zur dunklen Türöffnung und senkte die Stimme. »Wahrscheinlich ist er auf der Suche nach dem Scotch.« Sie verteilte

das Ragout auf die drei Teller. »Den habe ich ihm nämlich versteckt.«
»Wieviel hat er denn schon getrunken?«
»Fast eine Flasche!«
Dann, ganz plötzlich, stand Jedder als großer schwarzer Schatten in der Türöffnung.
»Kommen Sie herein und essen Sie was«, sagte Aaron.
Jedder glotzte vor sich hin und setzte sich schwerfällig.
Aaron schenkte den Wein ein.
»Am besten gehen wir alle früh schlafen«, sagte er und wandte sich dann speziell an Jedder. »Ich habe für morgen ein Flugzeug gechartert. Im Laufe des frühen Nachmittags geht's los, vom hiesigen Flugplatz aus.«
Jedder blickte auf. »Wie sollen wir denn das machen, wenn wir die Polizei auf den Fersen haben?« Sein Tonfall war feindselig.
Aaron bemerkte es und war auf der Hut. »Es wird keinerlei Schwierigkeiten geben.«
»Aber *wie* denn?« beharrte Jedder.
»Ich habe Freunde bei der Polizei«, sagte Aaron und zwang sich zu einem Lächeln.
Jedder goß den Wein in sich hinein, stellte das Glas auf den Tisch, und unvermittelt sagte er: »Ich komme nicht mit. Jedenfalls nicht, bevor mir dieser Strachey persönlich alles bestätigt hat.«
Aaron nahm zwei Dinge wahr: seine eigene Überraschung und Margitas Reaktion. Ohne noch ganz die Konsequenzen dessen zu erfassen, was Jedder soeben gesagt hatte, wußte sie, daß es schlimm war. Unwillkürlich fuhr ihre Hand an die Kehle.
Er versuchte zu überlegen, was er jetzt machen sollte. Jedder hatte zwar ungeheure Mengen Whisky konsumiert, war aber nicht betrunken. »Ich nehme an, Sie wollen, daß er nach Frankreich kommt?«
»Und warum nicht?«
»Er ist zeitlich ziemlich in Anspruch genommen, und es dürfte nicht so einfach für ihn sein. Wieso sind Sie denn jetzt plötzlich zu diesem Entschluß gekommen?«
»Ich will Garantien von Strachey selbst«, forderte Jedder aggressiv. »Von ihm persönlich. Nicht bloß von Ihnen. Wenn ich schon in England bin und sich herausstellt, daß er sie mir nicht geben kann, dann stecke ich noch viel tiefer in Schwierigkeiten als hier.«
»Wieso?«
Jedder goß sich Wein ein. Seine Antwort klang gereizt. »Ich kenne Frankreich. Ich kenne Leute hier, die mir helfen würden. In England kenne ich keine Menschenseele.«

»Sie könnten sich mit ihm in England auf dem Flugplatz treffen«, schlug Aaron vor. »Sie könnten einfach so lange im Flugzeug sitzen bleiben, bis alles zu Ihrer Zufriedenheit abgesprochen ist. Wenn nicht, könnten Sie sofort wieder zurückfliegen.«
Tiefe Stille. Schließlich sagte Jedder: »Wenn er uns wirklich so nötig braucht, daß er all diese Garantien für unsere Zukunft übernehmen will, dann braucht er uns auch nötig genug, um sich den kleinen Sprung über den Kanal abzuringen.«
Das war allerdings von überzeugender Logik – und doch war es nicht richtig. Es war genau die Art verdrehter Logik, von der Aaron wußte, daß Jedder sie mit Vorliebe bei seinen Finanzgeschäften anwandte. Er wußte auch, daß es keinen anderen Ausweg gab.
Plötzlich fuhr Jedder Margita an: »Wo haben Sie den Scotch?«
»Den Scotch?«
»Sie haben ihn versteckt!« Und zu Aaron: »Ich dulde nicht, daß man mich wie ein Kind behandelt.«
»Tut mir leid, Henry«, sagte Margita rasch. »Ehrlich. Ich hatte nur gedacht, wenn Aaron Vorbereitungen trifft, daß wir noch heute nacht losfahren, und Sie hätten was getrunken und wären schläfrig und sollten dann plötzlich hellwach sein . . .«
»Ich will den Whisky. Jetzt, sofort.«
Kalt und unfreundlich. Ein Befehl. Der große Mann gab den Ton an. Plötzlich spürte Aaron den Drang, aufzuspringen und mit der Faust in das grobe Gesicht zu schlagen, den struppigen Haarschopf zu packen, diesen Kopf zurückzureißen und wieder und wieder zuzuschlagen. Er haßte ihn und seine ganze Welt der Eigennützigkeit und der Winkelzüge. Er haßte seine krankhafte sexuelle Vorliebe für kleine Mädchen und seine Furcht vor seiner versnobten, neureichen Frau. Er haßte ihn, weil er schwach war und weil man einem Schwächling nicht trauen konnte.
Der Haß stieg hinter seinen Augen auf, so daß er seine Umgebung nur noch verschwommen sehen konnte. Margita kniete vor dem Spülstein auf dem Boden. Sie zog die Whiskyflasche hinter den Putzutensilien hervor und trug sie schweigend zu Jedder.
Er stand mühsam auf, ergriff die Flasche und verschwand damit im Dunkel des Vorraums. Sie hörten seine schweren Schritte auf der Treppe, dann knallte die Tür des Gästezimmers zu. Sie hörten die Bettfedern quietschen, dann herrschte Ruhe.
Aaron füllte sein Weinglas und aß weiter. Margita setzte sich wieder auf ihren Platz und nannte leise Aarons Namen. Er blickte auf.
»Wird dieser Strachey wirklich hierherkommen?«
»Ich glaube schon. Das werde ich gleich morgen früh feststellen.«

»Kannst du ihn nicht heute abend noch erreichen?«
»Er ist heute in Chequers zum Dinner. Da kann ich ihn unmöglich anrufen.«
»Chequers? Ist das nicht die Residenz des britischen Premierministers?«
»Sein Landsitz, ja«, antwortete er. Sie räumte den Tisch ab.
»Wenn wir morgen abreisen, werde ich einfach das schmutzige Geschirr stehenlassen. Gisèle wird sich wundern, wenn sie im Frühling herkommt.« Sie lachte und legte einen Arm um seine Schultern und hielt ihr Gesicht dicht an das seine. »Ich habe das Bett in ihrem Zimmer bezogen und die Elektroheizung angestellt. Kommst du?«
»Gleich.«
In der Tür zögerte sie. »Aaron, wenn ich dir bei dieser Reise im Wege bin, dann sag es mir. Ich kann ja später nachkommen.«
»Wäre dir das lieber?« Seine Antwort kam automatisch, ohne Nachdenken. Im gleichen Moment, als die Worte gesprochen waren, bereute er sie. Es wäre viel sicherer, sie mitzunehmen. Damit würde sie endgültig alle Brücken hinter sich verbrennen und könnte dann nicht mehr zurück, um zu plaudern. Wenn er sie allein zurückließ, würde sie nur Schwierigkeiten verursachen. Wer weiß, was sie inzwischen schon durch Jedder in Erfahrung gebracht hatte. Schließlich war sie achtzehn Stunden mit ihm allein gewesen.
»Natürlich nicht«, sagte sie mit Nachdruck. »Ich möchte mit dir gehen. Aber anderseits möchte ich auch nicht, daß meinetwegen irgend etwas schiefgeht.«
Er betrachtete sie nachdenklich. Ihre grauen Augen blickten ihn offen und arglos an. Hatte sie ihn auf die Probe stellen wollen, ob er sie wirklich noch wollte? Oder um herauszufinden, wie er reagieren würde, falls sie doch noch aussteigen wollte? Oder hatte sie sich tatsächlich dafür entschieden, zu ihm zu halten, ganz gleich, was geschah? Er hatte keine Möglichkeit, das festzustellen.
»Mach dir darüber keine Sorgen«, sagte er.
»Ich verspreche dir, daß ich mich bemühen werde, alles richtig zu machen.« Sie lächelte, dann wurde ihr Ausdruck wieder besorgt. »Du siehst ganz erschöpft aus, Aaron. Du brauchst dringend Schlaf. Bleib nicht mehr allzu lange hier unten.«
Sie verschwand. Lange saß er da und hörte kaum das Brausen des Windes und das gedämpfte Donnern der Brandung. Was hatte Jedder da draußen in den Dünen gemacht, als er aus dem Keller des Nachbarhauses geklettert war? Hatte er ihn gesucht? Hatte er versucht, sein Telefongespräch mit Louis Tattel zu belauschen?
Es gab zu viele Fragen und zu wenig Antworten. In der Küche wurde

es allmählich kalt, und der Wein schmeckte schal. Sicher wartete Margita oben bei sanftem Kerzenlicht geduldig auf ihn. Und ganz gleich, wie sehr er sich selbst und sie dafür verachten würde, er mußte ihr die Liebe schenken, die sie verlangte, weil er um jeden Preis diese Farce aufrechterhalten mußte, so bitter es auch für ihn war.
Er versuchte, darüber nachzudenken, was er zu Strachey sagen sollte. Er konnte ihm kaum erzählen, daß Jedder gejagt wurde und auf der Flucht war. Das klang zu gefährlich. Strachey würde höchstwahrscheinlich und durchaus berechtigt ablehnen, unter solchen Voraussetzungen herüberzukommen. Er würde Jedder die verlangten Zusicherungen geben und sonst gar nichts.
Er blies die Kerze aus und ging hinauf.
Im Gästezimmer war Henry Jedder noch wach und hörte ihn heraufkommen. Er war noch angezogen und saß mit der Whiskyflasche in der Hand auf dem Bettrand. Die Tür zu Gisèles Zimmer war geschlossen. Nach ein paar Minuten stellte Jedder die Flasche auf den Boden, schlich lautlos auf den Gang hinaus und stand dann still im Dunkeln und lauschte.
Durch die Tür und die dünne Wand hörte er gedämpfte Stimmen, und nach einer Weile hörte er ein rhythmisches Geräusch, das sich rasch steigerte und wild und hart und ausdauernd wurde. Und er hörte die schwachen, wimmernden Proteste einer von der unerwarteten Heftigkeit ihres Liebhabers teils faszinierten, teils gepeinigten Frau.
Er nutzte die Geräusche und was sie bedeuteten, um leise die Treppe hinunter und in die windgepeitschte Nacht hinauszueilen.

30

Um elf Uhr nachts war es in der eleganten Bar des Hotels *George V.* schon ziemlich ruhig. Unter den funkelnden Punktscheinwerfern an der Decke, die jeden Tisch in eine Insel sanften weißen Lichts verwandelten, saßen nur noch wenige Paare, zu sehr ineinander versunken, um schon zu gehen; oder gelegentlich ein spät entschlossener Kavalier, der einer jener überaus teuren Frauen, die noch niemanden gefunden hatten, der ihnen ihren Abend bezahlte, einen Cocktail spendierte.
Genau so ein Mädchen hatte Richard Ender gefunden. Sie war sehr blond und sehr schön. Vor allem aber hatte sie jenes gewisse Etwas, dieses delikate provokante Flair des Verbotenen. Sie hatte einige Zeit in einer schummrigen Ecke gesessen, und dann hatte er ihre Blicke

aufgefangen und sich zu ihr gesetzt, ihr einen Daiquiri bestellt, und dann noch einen. Bald hatte er herausgefunden, daß sie für ein Dinner im *Maxims* oder im *Tour d'Argent* und fünfhundert Francs mehr als bereit war, die Nacht mit ihm zu verbringen und ihm jeden erdenklichen Wunsch zu erfüllen. Sein Blut raste vor Erwartung. Eine solche Frau erregte ihn weit mehr als alles, was er bei einem gewöhnlichen Mädchen finden konnte. Er hatte gerade die Rechnung verlangt, als ein Page aus der Halle hereinkam, einen Gong ertönen ließ und eine kleine Tafel hochhielt, auf der in Blockbuchstaben »Richard Ender« stand. Ein Telefonanruf. Den ganzen Abend über hatte er wegen dieses Henry Jedder der Dallas seinen jeweiligen Aufenthaltsort durchtelefonieren müssen.

Er entschuldigte sich. Mit sanftem Lächeln versprach sie ihm Geduld. Herzhaft fluchend verließ er die Bar. Er sollte sie nie wiedersehen.

»Mr. Ender?« Der Rezeptionist zeigte auf die Kabinen in der Halle. Ender betrat eine und schloß die Tür hinter sich.

»Hallo?«

Botschafter Ryan »Banjo« Collins' näselnde Stimme antwortete ihm. Was er Ender erzählte, war mit Abstand das Schlimmste, was Ender je in seinem Leben vernommen hatte. Vor einer halben Stunde hatte Henry Jedder angerufen und Arnheimer Larsen erreicht. Er hatte erklärt, daß Aaron Zeismann und seine Freundin ihn gekidnappt hätten und irgendwo in einem Strandhaus versteckt hielten. Das Mädchen schien Roche-Corbons Geliebte zu sein, und Nachforschungen hatten ergeben, daß sie seit dem vorhergehenden Abend abgängig war.

Knapp zehn Minuten später hatte Ender sich in der Avenue Kleber 37 bei der Wache eingetragen, war hinaufgefahren und den stillen Flur zum Konferenzzimmer hinuntergeeilt.

Für Verwirrung oder gar Empörung über Aarons Verrat hatte er keine Zeit. Jetzt war seine eigene Existenz in höchster Gefahr. Alles, wofür er gearbeitet hatte, seine Karriere, seine gesellschaftliche Stellung – alles war dabei, in Schutt und Asche zu zerfallen. Überrascht stellte er fest, daß sein Verstand so kühl und klar funktionierte wie kaum jemals zuvor. Er nahm praktisch keine Notiz von Larsen, der wie üblich schweigend dasaß, einen elegant bestrumpften Knöchel auf dem Knie des anderen Beines, der Maßanzug wie immer makellos, die Finger der perfekt manikürten Hände ineinander verschränkt, die Albinoaugen völlig ausdruckslos.

»Was Sie bis jetzt wissen, ist ja noch gar nichts«, sagte Collins. Er war eiskalt hinter der Maske seiner randlosen Gläser; trotzdem strahlte er Furcht aus, und Ender erkannte, daß Collins jetzt genauso in der Klemme saß wie er selbst. Collins konnte sich schließlich nicht da-

durch von jeder Schuld reinwaschen, daß er darauf verwies, er habe Aaron schon immer mißtraut. Man würde ihn mit Recht fragen, warum er denn dann nicht rechtzeitig etwas unternommen hatte.
Er hörte zu, wie Collins ihm berichtete, daß Strachey wahrscheinlich herüberkommen und sich mit Jedder und Zeismann treffen würde, und ihm wurde klar, daß Strachey wahrscheinlich schon seit geraumer Zeit informiert war, aber noch keine Maßnahmen ergreifen konnte, weil ihm ein Kronzeuge fehlte. Plötzlich ergab Jedders leerer Reißwolfbeutel einen Sinn. Er fühlte Übelkeit in sich aufsteigen und versuchte, sich zusammenzureißen, sich zu konzentrieren. Es mußte doch eine Möglichkeit geben, die Katastrophe aufzuhalten. Irgend etwas regte sich in seinem Unterbewußtsein, doch er konnte es noch nicht in Worte fassen. Er mußte noch mehr Einzelheiten erfahren.
»Sie sagten, ein Strandhaus. Wo denn?«
»Er war sich nicht sicher. Ein flacher, breiter Strand, viel Wind und Brandung.«
»Aber wir können ihn doch mit Hilfe seiner Telefonnummer finden.«
»Die haben wir nicht.« Er warf einen Seitenblick auf Larsen. »Er wurde danach gefragt. Aber er sagte, es sei dunkel und er sei in einem fremden Haus und müsse erst eine Lampe finden. Dann sagte er plötzlich, es käme jemand, und legte auf. Da war keine Zeit, den Anruf zurückzuverfolgen.«
Ender fluchte leise. An der Wand hing eine große Landkarte von Frankreich. Die Küste der nördlichen Bretagne und ungefähr der Hälfte der Normandie sowie die Côte d'Azur im Süden war schmal und steil und größtenteils felsig. Somit verblieben das restliche Nordfrankreich entlang der Kanalküste bis nach Belgien, die Mittelmeerküste westlich von Marseille und der ganze Bogen südwärts bis zur spanischen Grenze. Und es blieb der rauhe Atlantik-Küstenstreifen, der sich von oberhalb Bordeaux etwa dreihundert Kilometer weit südwärts bis nach Biarritz am Fuße der spanischen Pyrenäen erstreckte.
Das hieß tatsächlich, eine Nadel im Heuhaufen suchen. Solange Zeismann nicht den Standort wechselte. Und wenn sie ihn tatsächlich finden würden, was dann? Strachey würde keine Hauptbelastungszeugen brauchen können, die auf der Flucht waren. Alles hing davon ab, herauszufinden, wieviel Strachey schon wußte.
Collins erklärte gerade: »Die Franzosen haben einen Computer eingesetzt, um den Anruf zu lokalisieren. In ganz Frankreich wird in den jeweiligen örtlichen Gebührenämtern jeder einzelne Anschluß überprüft, um festzustellen, von welchem Anschluß aus unsere Nummer

angerufen wurde. Und mitten in der Nacht wird das eine ganze Weile dauern.«

Ender ging nicht darauf ein, sondern fragte Larsen: »Konnten Sie überhaupt mit ihm sprechen, bevor er aufgelegt hat?«

Collins antwortete für ihn. »Er hat Jedder gesagt, er soll sich nicht rühren und soll ganz harmlos tun, bis wir entschieden haben, wie wir die Sache anpacken werden. Er braucht uns nicht mehr zu kontaktieren. Wenn Zeismann ihn woanders hinbringt, soll er ruhig mitmachen. Er sagt, vor morgen unternimmt Zeismann sowieso nichts.«

Irgend etwas klang falsch, dachte Ender. »Wenn er so frei ist, daß er telefonieren kann, wieso haut er denn dann nicht einfach ab, ganz gleich, wo er ist?« fragte er.

»Er sagt, er ist irgendwo am Ende der Welt, meilenweit von allem entfernt«, sagte Collins ungeduldig. »Er hatte Angst, Zeismann könnte ihn vermissen und verfolgen, und er gäbe eine hübsche Zielscheibe ab.«

»Das glaube ich nicht«, verkündete Ender. »Und ich glaube auch nicht, daß er entführt worden ist.«

Collins ärgerte sich. Er lehnte sich in seinem Sessel zurück. »Würden Sie uns dann vielleicht zu erzählen geruhen, was dieser Hurensohn sonst bei Zeismann zu suchen hat?«

»Rückversicherung«, sagte Ender. »Sehen Sie, wir müssen doch folgendes bedenken: Henry Jedder kennt Frankreich so gut wie Sie Ihr Pickens County, und ich nehme an, er weiß verdammt gut, an welcher Küste er sich befindet. Es paßt ihm bloß nicht in sein Konzept, es Ihnen auf die Nase zu binden. Ich will Ihnen auch sagen, warum. Erstens denkt er genauso, wie Zeismann vermutet hat. Er glaubt, daß er das Schicksal Reymonds erleiden soll. Zeismann nutzt das wahrscheinlich aus. Du bist als nächster dran, Henry. Aber wenn du Strachey entgegenkommst, dann kann dir nichts passieren und alles ist in bester Ordnung. Und Henry war verängstigt genug, ihm das abzukaufen. Wahrscheinlich hat er sich auch gefragt, was Zeismann wohl mit ihm anstellen würde, falls er ablehnte. Wie hätte Zeismann ihn denn schließlich am Ausplaudern hindern können, nachdem er ihm von seiner Verbindung mit Strachey erzählt hatte – falls Henry nicht freiwillig mitmachte? Aber jetzt sind dem guten Henry doch gewisse Zweifel gekommen. Sich abzusetzen ist gar nicht so einfach, wie es auf den ersten Blick aussieht. Da muß er sich in einem kalten Strandhaus versteckt halten, und wahrscheinlich hat ihm Zeismann sagen müssen, daß die Polizei hinter ihm her ist. Wenn Zeismann ihn hinausschaffen kann, okay. Aber angenommen, wir erwischen ihn noch vorher? Also informiert er uns, zumindest teilweise, damit wir ihm im

Bedarfsfall zugute halten, daß er alles getan hat, um unseren Kopf zu retten. Ws kann er schon über die Möglichkeit wissen, ihn mit Hilfe eines Computers über Nacht ausfindig zu machen? So hat er sich jedenfalls nach beiden Seiten abgesichert, und ganz gleich, wie es ausgeht: er gewinnt immer. Hört sich das nicht ganz nach unserem guten alten Henry an?«

Collins starrte durch seine Brille ins Leere, während er diese Möglichkeiten verarbeitete. Er setzte gerade zum Sprechen an, als das Telefon klingelte. Er nahm den Hörer auf, lauschte, machte sich Notizen. Ender warf einen Blick auf Larsen. Er hatte sich nicht gerührt. Und wieder spürte Ender den physischen Widerwillen, den Larsen immer wieder in ihm hervorrief. Der Sicherheitsoffizier saß da, eine isolierte, unverwundbare Macht. Und zweifellos hatte er von Anfang an recht gehabt. Aaron Zeismann mußte der legendäre Maulwurf de Gaulles sein. Von seinen eigenen Vorgesetzten in Frankreich blockiert und im Stich gelassen, hatte er sich an Julian Strachey gewandt.

Collins sagte ziemlich abrupt: »Danke sehr.« Dann legte er auf und lächelte. Es war ein boshaftes, rachsüchtiges, häßliches Lächeln. Offenbar brauchte er keinen Verbündeten mehr. »Sie haben sicher recht, Richard«, sagte er grob, »aber das interessiert mich nicht.« Er wandte sich an Larsen. »Das Telefon, das Jedder benutzt hat, ist der letzte Anschluß einer Leitung außerhalb eines Ortes namens Vensac nordwestlich von Bordeaux. Ein Strandhaus, das irgendeinem Optiker gehört. Da waren noch zwei weitere Anrufe von dort. Einer zu einer Pariser Nummer, die laut Auskunft der Hauptzentrale nicht existiert. Wahrscheinlich verwählt. Die andere ging zum Connaught Hotel in London. Da wohnt Strachey. Sorgen Sie dafür, daß die beiden schnellstens geschnappt werden.«

»Und die Frau?« Es war das erste Mal, daß Larsen etwas sagte.

Collins zuckte die Achseln. »Hängt davon ab, wieviel sie weiß. Wir brauchen sie nicht mehr, und ich glaube nicht, daß ihr Bankier sie noch zurückhaben möchte.«

Larsen lächelte leicht und erhob sich.

»Einen Moment mal«, sagte Ender in scharfem Befehlston. Collins erstarrte.

»Warten Sie bitte draußen auf mich«, sagte Ender zu Larsen. »Der Botschafter und ich haben noch etwas zu besprechen. Unter vier Augen.«

Larsen wartete auf ein Zeichen von Collins.

Collins lief rot an und lehnte sich vor, um zu protestieren. Ender fertigte ihn rücksichtslos ab. »Tut mir leid, Banjo, aber Jedder kann noch fünf Minuten warten. Zeismann auch.« Collins spürte ein Gefühl der

Kälte wie nie zuvor, und er nickte Larsen zu. Larsen zuckte kaum merklich mit den Achseln und ging schweigend zum Ausgang. Bevor er die Tür hinter sich schloß, sagte Ender: »Sie unternehmen nichts und schnappen niemanden, bevor wir hier fertig sind. Ist das absolut klar?«
Die fahlen starren Augen blickten ausdruckslos. Die Tür schloß sich, der Befehl blieb unbestätigt.
»Also gut, Richard«, sagte Collins ungeduldig, »was, zum Teufel, ist los?«
Ender ließ ihn warten. Er ging zum Barschrank und nahm zwei Gläser und eine Flasche Jack Daniels heraus. Zum allerersten Mal hatte er Collins da, wo er ihn wollte. Er hatte die Initiative übernommen. Es war ganz gleichgültig, ob Collins einverstanden war oder nicht. Was er zu sagen hatte, würde ihm seine frühere Autorität zurückbringen.
Er füllte beide Gläser, schob eines zu Collins und sagte: »Hören Sie genau zu, Collins, denn ob Ihnen das nun gefällt oder nicht, wir stekken beide in dieser Sache. Wenn wir uns Jedder und Zeismann schnappen, sind wir ja wohl kaum so ganz aus dem Schneider, oder? Was ist mit Strachey? Ich meine ihn selbst, nicht etwa sein Komitee, das ohne ihn doch nur Luft ist.«
»Was soll mit ihm sein?« fragte Collins. »Er hat keine Zeugen mehr.«
»Ganz richtig. Aber wollen Sie es etwa darauf ankommen lassen, daß er vielleicht schon genug weiß, um *uns* unter Strafandrohung vorzuladen und in den Zeugenstand zu stellen und ins Kreuzverhör zu nehmen und darüber zu befragen, warum die beiden so plötzlich verschwunden oder gestorben sind oder was auch immer wir ihren Familien erzählen werden?«
Plötzlich zeigte sich Furcht in Collins' Augen. »Sprechen Sie weiter«, sagte er.
Ender fuhr fort. »Julian Strachey ist ein so berüchtigter Schürzenjäger, daß eine fiktive Freundin in Frankreich seine Familie sicherlich davon abhalten würde, allzu große Neugier über den Grund seines Hierseins zu entwickeln, falls ihm hier unglücklicherweise ein Unfall zustoßen sollte.«
Es bereitete ihm großes Vergnügen zu sehen, wie Collins das aufnahm. Zu wissen, daß Collins daran noch nicht gedacht hatte. Er hatte sich bisher von Collins viel zuviel bieten lassen.

Am Morgen war der Himmel düster, und vom Meer wehte ein bitterkalter Wind. Die Flut ging hoch, die Wellen donnerten und schäumten bis nahe an die Dünen heran.
Margita erwachte. Neben ihr war das Bett kalt, Aaron war nicht da. Sie hatte keine Ahnung, wie spät es war. Sie benutzte Gisèles Zahnbürste und zog sich rasch an, streifte ein zweites Paar Socken über und schlüpfte in einen dicken Pullover, den sie in Gisèles Schrank fand. Alles war klamm von der Seeluft. Sie fühlte sich erschöpft und deprimiert. Letzte Nacht hatte sie in Aaron eine Art Feindseligkeit gespürt, so als wolle er sie für seine eigenen inneren Qualen strafen. Sie war wieder leicht verwundbar geworden, denn unerklärlicherweise und trotz allem liebte sie ihn wieder. Fast über Nacht waren die letzten Jahre von ihr abgefallen. Wo waren sie nur geblieben? Roche-Corbon existierte nicht mehr, auch sonst niemand, auch nicht jene dunkle Zeit ihrer zwanghaften Selbsterniedrigung. Sie war wieder die junge Frau, die gerade aus dem von den Russen vergewaltigten Prag geflüchtet war. Als sie die Treppe hinunterging, fiel ihr ein, daß sie Aaron eine Frist von zwei Tagen gesetzt hatte, innerhalb derer er sie aus Frankreich hinausbringen sollte. War das wirklich sie gewesen? Heute raubte ihr die Liebe wieder jeden eigenen Willen, genau wie damals. Aaron war wieder alles. Heute war sie bereit, sich in einem dunklen Keller zu verstecken, ihr Leben lang, wenn es sein mußte – nur um bei ihm zu sein. Und während sie in Paris immer über seine Frau nachgegrübelt hatte, hatte sie in den letzten vierundzwanzig Stunden kaum einmal an sie gedacht. Menschen lebten sich auseinander. Sie hatte ihn acht Jahre gehabt, mehr als lang genug. Keine Frau hatte das Recht, mehr zu erwarten.
Am Fuße der Treppe blieb sie plötzlich stehen, alle Gedanken waren ausgelöscht durch das, was sie durch die Glasschiebetüren des Wohnzimmers sah. Henry Jedder stand am Strand und beobachtete die Brandung. Von Zeit zu Zeit bückte er sich und hob eine Muschel auf. Was dachte er sich eigentlich dabei, um Himmels willen? Aaron hatte ihn doch gewarnt. Ein Mann im Straßenanzug, zu dieser Jahreszeit am Strand, mußte doch auffallen und zu Fragen Anlaß geben. Es war unerhört! Sie zögerte, es schien ihr sogar zu gefährlich, ihn zu rufen.
Zu ihrer Erleichterung erschien Aaron plötzlich auf dem Kamm einer Düne. Auch er hatte Jedder bemerkt und ging zu ihm hinüber. Völlig zusammenhanglos fiel ihr plötzlich auf, daß sie als einzige passende Kleidung trug. Sie mußte beinahe lachen. Sie beobachtete, wie Aaron Jedder offensichtlich Vorwürfe machte, und als sie sich dann auf den

Weg zum Haus machten, ging sie schnell in die Küche, zündete den Gasherd an und stellte Wasser auf.
Gleich darauf erschienen sie. Zu ihrer Überraschung war Jedder ganz anders als gestern. »Aaron hat mich gerügt«, sagte er gut gelaunt. »Er hat Angst, irgendein fliegender Flic könnte vom Himmel fallen und mich festnehmen.« Er legte eine Handvoll kleiner Muscheln auf den Tisch und breitete sie aus. »Suchen Sie sich welche aus«, sagte er, »als immerwährendes Andenken an französische Gestade.«
Er lachte und mußte husten, und Margita konnte den Whisky riechen, den er gestern getrunken hatte. Sie wandte sich Aaron zu. Er ist sehr still, dachte sie, unnatürlich still. Sie lächelte ihm zu und sagte »Guten Morgen« und berührte hinter Jedders Rücken seine Hand. Sie war eiskalt, und er reagierte nicht. Dann hatte sie sich seine Feindseligkeit also nicht eingebildet. Sie war noch immer da. Aber warum? Sie schenkte Kaffee ein und fühlte sich plötzlich den Tränen nahe.
»Wann wollen Sie losfahren?« fragte Jedder.
»Jetzt sofort.«
Margita sagte: »Willst du denn nichts essen?«
»Die Zeit möchte ich mir lieber sparen«, antwortete er.
»Wohin fahren wir?«
»Nordöstlich«, gab er Auskunft. »Montreuil-sur-Mer.«
»Oh!« Sie erinnerte sich an Montreuil. Das war nicht weit vom Kanalhafen Boulogne, ein schäbiger kleiner picardischer Marktflecken auf einem hohen, schroffen Felsen ein paar Meilen landeinwärts. Mit einer Burgruine und einem alten Landgasthaus, das hauptsächlich von Engländern frequentiert wurde, die gerade die Kanalüberquerung hinter sich gebracht hatten oder eine letzte Nacht in Frankreich verbrachten, bevor sie sich einschifften und heimwärts fuhren.
Sie stellte keine weiteren Fragen. Doch Jedder, weiterhin gutgelaunt, erklärte ihr den Grund. »Da treffen wir unseren Freund Strachey«, sagte er. »Der hat sich gedacht, ein Abend in Frankreich würde ihn schon nicht umbringen. Wenn er und ich miteinander klarkommen, werden wir alle nach England weiterfliegen. Wenn nicht, dann müssen Sie und Aaron zusehen, wie ihr ohne mich über den Kanal kommt.« Er grinste Aaron zu und hob seine Kaffeetasse. »Haben wir noch Zeit für eine kleine Zugabe?«
Aaron nickte Margita zu, und sie goß Jedder den Rest des Kaffees ein. Er trank ihn in einem Zug aus, stieß seinen Stuhl zurück, wischte sich mit dem Handrücken über den Mund und stand schwerfällig auf.
»Ich möchte Sie einen Moment sprechen«, sagte Aaron unvermittelt.
Jedder schaute zunächst erstaunt, dann irritiert. »Also dann los.«

Aaron wandte sich zuerst an Margita. »Vielleicht könntest du inzwischen im Wagen warten. In meinem. Laß die Garagentüren aber zu, bis wir kommen.«
»In Ordnung.«
Sie blickte sich in der Küche um und runzelte die Stirn. Es war nicht ihre Art, eine solche Unordnung zu hinterlassen.
Aaron folgte ihr in den Vorraum und schaute hinaus. Das lange Teerband der Küstenstraße war leer; hier und da war Sand darübergeweht.
Er sperrte die Vordertür auf. Ohne ein Wort ging sie hinaus. Er sah ihr nach, wie sie zur Garage ging, den schlanken Körper gegen den Wind gebeugt. Heute nacht, heute morgen war sie schöner denn je. Aber sie anzusehen war wie das Betrachten der Fotografie eines Menschen, den man vor langer Zeit einmal gekannt hatte. Gestern abend war er voll Zorn gewesen. Jetzt spürte er dagegen eine allumfassende Traurigkeit. Was war nur aus all dem geworden, was einmal zwischen ihnen gewesen war? Wohin war es verschwunden, als es diese kalte Leere zurückließ.
Er schaute ihr nach, bis sich die Seitentür der Garage hinter ihr schloß. Dann ging er zurück zu Jedder. Nach seinem Gespräch mit Louis Tattel hatte er das Telefon ohne nachzudenken auf dem lackierten Schränkchen zwischen einem Stapel Zeitschriften und einer Reihe aufrechtstehender Bücher gelassen. Heute früh stand es auf den Zeitschriften, und die Bücher waren zur Seite und auf den Platz gefallen, auf dem es vorher gestanden hatte. Noch einmal durchlebte er den schrecklichen Augenblick, als er entdeckte, daß jemand anders das Telefon benutzt hatte. Das blanke Entsetzen. Er hatte Strachey schon angerufen gehabt, als er an den Vorabend dachte und erkennen mußte, daß das Telefon nicht mehr auf seinem alten Platz stand. Er war stocksteif im eiskalten Morgengrauen gestanden und hatte das Schränkchen angestarrt. Alles, was sein Verstand zuwege brachte, war die Frage: Wer? Wer war hiergewesen und warum. War ihnen jemand gefolgt? Waren da oben zwei stille Männer versteckt und lauerten? Die Sekunden tropften dahin, und er rührte sich nicht. Das einzige vernehmbare Geräusch war das Pochen seines eigenen Blutes, das Heulen des Windes draußen, das schwere Rollen der See. Schließlich hatte er das Haus durchsucht, und dann war ihm Jedder eingefallen. Er mußte wissen, ob er es war oder nicht. Doch ein Telefon, das nicht am rechten Platz stand, reichte nicht aus, ihn zu überführen. Er brauchte etwas Spezielleres, etwas, das eine spontane, unvorsichtige Reaktion garantierte.
Gleich nachdem er vom Strand zurückgekommen war, hatte er ein

Päckchen Zigaretten aus einem Karton genommen, den Jedder in einer Schublade entdeckt hatte. Er hatte es aufgerissen, die Hälfte des Inhalts in einen Papierkorb geworfen und das angebrochene Päckchen in seine Tasche geschoben.
Jetzt zog er es heraus. »Die haben Sie gestern abend neben dem Telefon vergessen, Henry. Ich muß wissen, wen Sie angerufen haben.«
Es funktionierte. Jedder war völlig überrascht. Alle Fröhlichkeit verschwand schlagartig aus seinem groben Gesicht. Er betrachtete die Zigaretten und mied Aarons Blick. »Warum?« fragte er.
»Weil möglicherweise gewisse Anrufe registriert werden«, antwortete Aaron. »Auslandsgespräche. Wir wissen nicht, wie intensiv sie nach uns suchen. Sie könnten zum Beispiel Strachey bewachen. Oder Ihre Frau. Und feststellen, von wem und woher sie angerufen werden.«
Jedder starrte schweigend auf den Fußboden. Dann sagte er besorgt: »Aber natürlich! Daran habe ich überhaupt nicht gedacht. Tut mir sehr leid.«
Sein Ton klang echt zerknirscht. »Ich habe in Paris angerufen und meinen Auftragsdienst abgehört. Ich wollte wissen, ob Rosemary mich angerufen hat. Ich fürchte nämlich, sie regt sich unnötig auf, wenn sie nicht regelmäßig von mir hört. Und wir wollen doch nicht, daß sie überall nach mir herumtelefoniert, dachte ich. Das Büro zum Beispiel, falls sie mich da nicht sowieso schon vermissen.«
Wenn das eine Lüge war, dachte Aaron, dann war sie nahezu perfekt durch die Treuherzigkeit, in der sie vorgebracht wurde. »Es wäre besser, wenn Sie mich in Zukunft zuerst fragen würden«, sagte er.
Jedder lächelte. »Ich habe mir gedacht, Sie hätten es vielleicht nicht gerne, daß ich von Ihrem Telefon da drüben weiß. Darum habe ich nichts gesagt.« Seine Unbekümmertheit war teilweise zurückgekehrt, und auch das sprach für seine Harmlosigkeit. Aaron überlegte, wen er sonst noch angerufen haben könnte. Es hatte keinen Zweck, weiterzufragen. Er hatte alles erfahren, was er aus Jedder herausbringen konnte, ohne zu riskieren, daß er widerspenstig wurde. Wenn es eine Lüge war, sollte er ruhig denken, daß er darauf hereingefallen war.
Er zwang sich zu einer Freundlichkeit, die er nicht empfand. Er sollte noch Louis Tattel anrufen, doch das konnte er jetzt nicht mehr riskieren. Jedenfalls nicht von diesem Telefon aus. »Untertauchen kann ganz schön problematisch sein«, erklärte er. »Sie würden staunen, was einen da alles verraten kann, ohne daß es einem selbst jemals klar wird.«
Er hatte in Gisèles Zimmer eine kleine Reisetasche gefunden und die beiden Akten hineingesteckt, die er aus Jedders Schreibtisch genommen hatte. Das schwarze Buch behielt er in seiner Tasche. Sie gingen

durch die Vordertür hinaus. Der Wind war beißend kalt, der Sand stach auf der Haut. Sie eilten zur Garage und nahmen den Mietwagen und ließen Margitas Maserati zurück. Gisèle würde ihn nächsten Sommer vorfinden, zusammen mit dem schmutzigen Geschirr.
Sie fuhren los, und hinter ihnen begann der treibende Sand, die Fuß- und Reifenabdrücke auf dem Parkplatz zu füllen. Zwanzig Minuten später war praktisch keine Spur mehr von ihnen vorhanden.

32

So unwirklich war alles gewesen, sollte Aaron sich später zurückerinnern, diese ganze langwierige, schreckliche Fahrt zur Nordostküste. So unwirklich wie der wirbelnde treibende Sand. Und es war alles viel zu glatt gegangen.
Die französische Polizei hat eine spezielle Vorliebe für Straßensperren. Daher war er jederzeit auf entsprechende Schwierigkeiten gefaßt, als er südwärts an der Küste entlangfuhr. Sie kamen durch Lacanau, einen Badeort, wo der Wind durch die leeren Straßen fegte und nüchterne neue Hochhäuser mit alten viktorianischen Hotels um den Blick aufs Meer konkurrierten. Sie sahen keinen Menschen. Ihre Straße mündete bald in eine Hauptverkehrsstraße, die in östlicher Richtung direkt zum Flugplatz Merignac einige Kilometer außerhalb von Bordeaux führte.
Aaron spürte, daß die Spannung in ihm nachzulassen begann. Ganz objektiv betrachtet, dachte er, dürfte es sowohl der Sûretè als auch der Gendarmerie schwerfallen, genügend Leute einzusetzen, um ganz Frankreich abzuriegeln. Sie würden sich wahrscheinlich auf die internationalen Flughäfen von Paris-Orly, Le Bourget und Charles-de-Gaulle – sowie die Seehäfen und die Grenzübergänge zu den Nachbarländern Spanien, Schweiz, BRD, Luxemburg und Belgien konzentrieren. Es war höchst unwahrscheinlich, daß sie Henry Jedder in Bordeaux suchen würden, oder in Amiens, wohin sie zunächst fliegen würden. Er war überzeugt, daß sie zumindest für den Augenblick halbwegs sicher waren.
Minuten später wurde dieses Gefühl durch einen beunruhigenden Zwischenfall empfindlich gestört. Kurz vor Merignac mußten sie bei Rotlicht vor einer Kreuzung anhalten. Ein motorisierter Streifenpolizist war hinter ihnen aufgetaucht, hielt neben ihnen an und beugte seinen behelmten Kopf hinunter, um sehr aufmerksam ins Wageninnere zu schauen.

Henry Jedder war durch seine außergewöhnliche Größe und schlampige Erscheinung leicht identifizierbar, sogar nach einer oberflächlichen Funkbeschreibung. Aaron hielt seinen rechten Fuß über das Gaspedal und war schon bereit, den Motorradfahrer umzufahren und davonzurasen. Doch, aus welchem Grunde auch immer, der Polizist brauste davon, sobald die Ampel auf Grün schaltete.

Wieder erfaßte ihn nagende Unruhe. Margita, die einen entspannten Eindruck gemacht hatte, wurde auch wieder ganz still. Nur Jedder selbst erschien unverändert fröhlich. Vielleicht ist er ein Fatalist, dachte Aaron. Oder er hatte nun, da er Banjo Collins' nörgelnder Bevormundung entronnen war, sein Selbstvertrauen wiedergefunden.

Als sie am Flugplatz ankamen, ließ er Jedder und Margita im Wagen warten und ging zum Postamt, um Louis Tattel anzurufen. Er fand eine leere Kabine und wählte. Keine Antwort. Er versuchte es nochmals. Nach sechsmaligem Läuten hörte er ein musikalisches Signal, und dann informierte ihn eine leicht verzerrte Tonbandstimme, daß unter dieser Nummer kein Anschluß bestünde.

Erschüttert legte er auf. Louis Tattel hatte die Verbindung abgebrochen. Irgendwann in dieser Nacht hatte jemand in der Hauptzentrale ein ganz spezielles Verbindungskabel verschwinden lassen, eine Sache von Sekunden. Es konnte ein halbes Dutzend gute Gründe dafür geben. Daß Tattel mit dem Schlimmsten rechnete und sich selbst schützen wollte, daß die Sache mit seinem Double in Grenoble geplatzt war und daß sie im *Relais Maritime* nach Hinweisen für sein weiteres Vorgehen gesucht hatten. Niemand wußte über seine persönliche Verbindung zu Tattel Bescheid, und der alte »Para« würde sofort reagieren, um erstens sich selbst zu schützen und zweitens zu verhindern, daß der Gesuchte über sein Telefon gefunden wurde.

Die Frage war, ob Louis Tattel noch Zeit gehabt hatte, das Flugzeug zu organisieren.

Aaron ging zum Wagen zurück. Sie fuhren an den Wartungshallen vorbei zum Sektor für Privatmaschinen und kamen zu einem schäbigen, niedrigen Gebäude der »France-Europe«. Drinnen war ein kleiner Warteraum und ein Schalter. Ein Poster versprach, jedermann jederzeit und überallhin zu fliegen. Jenseits des Schalters befand sich das Büro mit drei oder vier Schreibtischen, einigen Aktenschränken, Fotografien europäischer Hauptstädte.

Aaron fragte nach Paul Ruchet und erklärte, daß er vom *Relais Maritime* käme.

Die Empfangsdame legte eine Illustrierte aus der Hand, drückte auf die Taste eines Sprechapparates und gab die Information weiter.

»Ah, bon?« krächzte es aus dem Apparat. *»Quelques instants, alors.«*
An seinem Akzent erkannte Aaron sofort, daß Ruchet Schweizer war. Die Sekretärin widmete sich ohne ein weiteres Wort wieder ihrer Zeitschrift. Aus einem rückwärtigen Raum tauchte ein großer, grauhaariger Mann mit vorstehenden Zähnen auf. Sein mißbilligender, humorloser Gesichtsausdruck bestätigte seine Nationalität. Er trug eine dikke Strickjacke und Reithosen und wirkte übernächtigt. Er kam sofort zur Sache. »Ich habe den Abflug für zwölf Uhr dreißig angemeldet.«
Aarons Erleichterung war überwältigend. Louis Tattel war es also doch noch irgendwie gelungen, die nötigen Vorbereitungen abzuschließen, bevor er sich ausgeschaltet hatte. »Unsere Pläne haben sich inzwischen geringfügig geändert«, sagte er. »Wir fliegen nicht direkt nach England. Wir müssen erst noch in Amiens zwischenlanden.«
Ruchets Gesichtsausdruck blieb unverändert. »Bedaure, das ist nicht möglich«, sagte er ungerührt.
»Warum nicht?«
»Meine Instruktionen lauten anders.«
»Aber Tattels Instruktionen sind doch von *mir* ausgegangen! Er hat sie nur weitergeleitet.«
»Dazu müßte ich seine Bestätigung haben. Ich akzeptiere keinerlei Änderungen getroffener Vereinbarungen. Niemals. Und keinen Wechsel meines Verhandlungspartners. So etwas bringt einen nur in Schwierigkeiten.«
Der Schweizer schob Aaron einen Telefonapparat über den Schaltertisch zu. Aaron ignorierte es. »Er ist nicht erreichbar. Sein Telefon ist außer Betrieb.«
Ruchet zuckte die Achseln.
»Sie haben schließlich ein Geschäft abgeschlossen«, sagte Aaron und wurde allmählich ärgerlich.
»Falls Sie sich wegen des Geldes Sorgen machen, kann ich Ihnen versichern, daß wir die Überweisung nicht annehmen werden.«
Ruchet war im Begriff, sich abzuwenden, als Aarons Hand über den Schaltertisch schoß und sein Handgelenk festhielt.
»Hör mal zu«, sagte er, *»espèce de salopard, Suisse!«* Dreckiger Schweizer Bastard. »So kannst du mit mir nicht umspringen. Und mit Louis Tattel genausowenig. Nicht, wenn du weißt, was gut für dich ist!«
Der andere ignorierte die Beleidigung und blickte Aaron unverwandt in die Augen. »Jemand, der mich braucht, um das Land verlassen zu können«, antwortete er, »kann mir nicht diktieren, was ich zu tun habe und was nicht.«
Aaron wußte, wann er verloren hatte. Er versuchte nachzudenken,

während er noch immer Ruchets Handgelenk festhielt. Falls er keinen anderen Piloten fand, blieb ihm nur die Wahl zwischen zwei Alpträumen – entweder ganz regulär mit France-Inter zu fliegen oder per Auto weiterzureisen. *»Touché«*, sagte er. Er zwang sich zu einem Lächeln, zog seine Hand zurück und wandte sich zur Tür.
Ruchet sagte: »Natürlich hindert Sie nichts daran, Ihrerseits eine neue Vereinbarung mit mir zu treffen.«
Aaron kam langsam zurück. Das war es also. Louis Tattels Bemerkung fiel ihm ein, daß der Pilot ein schwieriger Verhandlungspartner war. Am liebsten hätte er Ruchet zum Teufel geschickt, doch ein Ertrinkender weist seinen Retter nicht zurück, weil er ihm unsympathisch ist.
»Ich kann aber nur mit Scheck zahlen«, sagte er und fügte mit einer gewissen Genugtuung hinzu; »auf einer Schweizer Bank.«
»Welche Sicherheiten hätte ich denn?«
»Wie Sie ganz richtig angedeutet haben, ist jemand, der Sie braucht, um das Land verlassen zu können, auf Ihr Schweigen darüber angewiesen, wohin Sie ihn gebracht haben.« Das Argument war ziemlich schwach, aber etwas Besseres fiel ihm im Augenblick nicht ein.
Nach einer Pause sagte Rouchet schließlich: »Die Maschine da draußen ist es. Zwölftausend Francs.« Er hatte den ursprünglichen Preis um zweitausend erhöht. Er las Aarons Gedanken und setzte sein überlegenes Schweizer Lächeln auf. »Für nicht vorbestellte Flüge berechnen wir eine Extragebühr«, sagte er.
Jetzt steht die Partie unentschieden, dachte Aaron. Er lächelte kühl zurück und nahm sein Scheckheft heraus. Der Scheck war ungedeckt, aber wenn er platzte, waren sie hoffentlich längst außer Landes, und es machte nichts mehr aus. Ruchet würde die zehntausend Francs von Tattel nehmen und noch froh darüber sein. Daß sein Erpressungsversuch mißlungen war, würde er mit einem Achselzucken abtun. Und Tattel würde sich weiterhin seiner bedienen, denn niemand läßt einen guten Piloten fallen, nur weil er lächerliche zweitausend Francs herauszuschlagen versuchte, was praktisch zu den Spielregeln gehörte.
Eine halbe Stunde später starteten sie mit einer sechssitzigen zweimotorigen Süd-Aviation *Gazelle.* Nach zwei Stunden landeten sie achtzig Kilometer südlich von Montreuil und vom Kanal bei Amiens an der Somme, einem kleinen Marktflecken inmitten ausgedehnter Äcker und Wiesen.
»Wie lange können wir maximal bleiben?« fragte Aaron.
»Bis dreiundzwanzig Uhr dreißig«, antwortete der Schweizer.
»Wir werden pünktlich wieder hier sein.« Aarons Blick folgte einem vorbeischlendernden Flughafenposten.
Wenn sie ihn tatsächlich schon entlarvt hätten, überlegte Aaron, dann

würden sie nach ihm und Jedder zusammen fahnden. Und auch nach Margita, denn sie hätten sie umgehend überprüft und festgestellt, daß sie fort war und ihrem Bankier über ihr Reiseziel ein Märchen aufgebunden hatte. Ein einzelner Mann konnte vielleicht unbemerkt durchkommen, nicht aber eine Gruppe von drei Personen, noch dazu, wenn eine davon Jedders auffallende Statur hatte und die andere so schön war, daß sich alle Köpfe nach ihr umdrehten. Sie blieben im Flugzeug sitzen, bis der Posten im Gebäude der France-Inter verschwunden war, dann gingen sie vorsichtig um einen Parkplatz herum und winkten ein wartendes Taxi heran, das sie zu einem Hotel nicht weit vom Flugplatz in der Nähe der Autobahn brachte. Es war ein moderner Betrieb mit einer großen Anzahl täglich wechselnder Gäste. Sie konnten es am Abend wieder verlassen, ohne sich abzumelden, und niemand würde wissen, daß sie fort waren.

Unter Vorlage seines Polizeiausweises nahm Aaron zwei nebeneinander liegende Zimmer, eines für Jedder und das andere für Margita und sich selbst. Es gefiel ihm durchaus nicht, wieder mit ihr allein zu sein. Es machte ihn Jedder gegenüber verlegen, und dann war es ja auch höchst ungewiß, wie lange er seine wahren Gefühle noch vor ihr verbergen konnte. Anderseits, wenn er nicht mit ihr zusammen war, rannte sie möglicherweise geradewegs nach Paris zurück.

Dann gab es da noch das Problem ihrer Kleidung. Er würde sie zum Dinner mitnehmen müssen. Sie könnte im Restaurant an einem anderen Tisch sitzen, und Strachey mußte gar nicht merken, daß sie dazugehörte. Aber sie hatte nur ihre Blue jeans und Gisèles alten, überweiten Pullover. Er wies Jedder an, unter allen Umständen in seinem Zimmer zu bleiben, und nahm Margita mit in eine benachbarte Einkaufspassage. Das Risiko war minimal, überlegte er. Da waren so viele Leute, und es herrschte eine derartige Betriebsamkeit, daß es bestimmt der letzte Ort war, an dem sie jemand finden würde.

In einer eleganten Boutique ließ er sie einen smarten Tweedrock, eine Bluse und eine Kaschmirweste aussuchen, sehr französisch und genau das Richtige für ein Landgasthaus. Sie war so aufgeregt wie ein junges Mädchen und küßte ihn stürmisch und mit leuchtenden Augen. »Weißt du eigentlich, daß du mir noch nie Kleider gekauft hast? Das ist das allererste Mal, Aaron! Das gibt mir das Gefühl, daß ich wirklich zu dir gehöre. Oder findest du das komisch?«

Er sagte, nein, wirklich nicht. Er kaufte Rasierzeug für sich und ließ sie das Aftershave auswählen, und dann gingen sie in das Avis-Büro nebenan, wo er unter Vorlage einer falschen Visakarte und eines französischen Führerscheins auf einen fiktiven Namen einen Peugeot 504 mietete.

Auf dem Rückweg ins Motel nahmen sie in einer Cafeteria einige belegte Brote und Kaffee mit. Sie brachten Jedder seinen Anteil und gingen in ihr Zimmer. Margita probierte sofort ihre neuen Kleider nochmals an und legte sie danach fein säuberlich auf einem Stuhl zusammen. Aaron wußte, daß sie mit ihm ins Bett wollte. Für ihn war es unvorstellbar. Sein Abscheu vor ihr wuchs von Minute zu Minute. Er konnte es kaum ertragen, daß sie ihn berührte, und er mußte sich mit größter Überwindung zwingen, ihre Umarmung zu erwidern. »Nicht, solange er da nebenan ist«, sagte er und wies mit dem Kinn zur Wand, die sie von Jedder trennte. Er war sich nur allzu deutlich bewußt, daß ihn Jedders Nähe gestern nacht durchaus nicht zurückgehalten hatte. Doch sie schien es zu akzeptieren. Sie schaltete den Fernsehapparat an, und bald lag sie wie ein Kind zusammengerollt im Sessel und war völlig in das Programm vertieft.
Während er duschte, versuchte Aaron nachzudenken. Mehr und mehr beschäftigte ihn das Gefühl, daß er irgendwie irgendwo einen schweren Fehler gemacht hatte. Irgend etwas stimmte nicht, ganz und gar nicht. Hatte Jedder wirklich nur in seiner Wohnung angerufen? Oder woanders? Und warum verhielt er sich heute so anders als gestern? Was ging da vor, im Verstand eines freischaffenden internationalen Finanzgenies? Was war es, das die Henry Jedders und Bob Vescos dieser Welt glücklich machte? Oder auch so manchen weniger glänzenden Bankier? Je angestrengter Aaron nachdachte, desto weniger Fortschritte erzielte er. Seine Besorgnis steigerte sich zu fast physischem Schmerz.
Ein explosionsartiges Geräusch. Die dampfbeschlagene Tür der Duschkabine flog auf. Instinktiv sprang er zurück an die Wand. Sein Herz blieb fast stehen.
Es war nur Margita. Sie reichte ihm einen Scotch mit Wasser, den sie für ihn bestellt hatte.
Sie lächelte und deutete in Jedders Richtung. »Er hat sein Zimmer nicht verlassen«, sagte sie. Er nahm das Glas aus ihrer Hand, und sie zog sich zurück. Sein Herz pochte hart gegen seine Rippen, beruhigte sich nur allmählich etwas. Wen hatte er erwartet? Welches namenlose Gesicht, welche letzte Vision des Lebens hinter der Endgültigkeit einer Pistolenmündung? Oder hatte er Arnheimer Larsen selbst erwartet – und damit die Verheißung weit abscheulicherer Obszönität?
Er trat aus der Duschkabine und trocknete sich ab. Es war sechs Uhr.
»Wir müssen jetzt gehen«, sagte er zu Margita. Er nahm den Hörer vom Telefon und rief Jedder an und sagte ihm dasselbe. In der Halle unten gab es einen Nebenausgang zum Parkplatz. Auf diesem Wege

würden sie das Motel verlassen. Gisèles Kleidung und sein Rasierzeug sollten zurückbleiben, um dem Zimmermädchen am nächsten Morgen den Eindruck zu vermitteln, die Zimmer seien noch belegt. Vor einem hohen Spiegel zog Margita ihren neuen Rock an und strich ihn über ihren schmalen Hüften glatt.
Plötzlich sagte sie: »Wirst du mir eines Tages erzählen, worum es hier eigentlich geht? Ich meine, warum er davonläuft. Und du.«
Aaron wurde klar, daß sie bis jetzt kein einziges Mal gefragt hatte. Und daß die absolute Naivität ihrer Frage wahrscheinlich bedeutete, daß sie es tatsächlich nicht wußte.
»Wenn wir in England sind, werde ich dir alles erzählen«, sagte er.
Sie lächelte dankbar und zog sich rasch fertig an.

33

Das unter dem Namen Château de Montreuil bekannte Landgasthaus lag am Rande von Montreuil-sur-Mer gegenüber einem stillen Park, an dessen Ende die Befestigungsmauern einer alten Zitadelle steil zum Canche und zur picardischen Ebene abfielen. Um acht Uhr lag der Park genauso verlassen da wie der getäfelte, von Kerzen erhellte Speisesaal. Die einzigen anderen Gäste waren ein gutbürgerliches englisches Ehepaar, das am Nachmittag über den Kanal gekommen war und nun in aller Unschuld sein Schulfranzösisch an einem Kellner ausprobierte, der ausgezeichnet Englisch sprach.
Julian Strachey war im Taxi vom zwölf Kilometer entfernten Badeort Le Touquet gekommen. Sein Flug mit British Airways von London-Gatwick hatte nur dreißig Minuten gedauert. Er traf mit nur fünf Minuten Verspätung im Château ein, nur wenige Sekunden, nachdem Aaron Margita an einem separaten Tisch untergebracht hatte. Strachey hatte seine obligaten Leibwächter im Hotel in Le Touquet gelassen, wo er die Nacht verbringen wollte. »Das gefällt ihnen gar nicht. Aber verdammt noch mal, das ist nun mal Frankreich. Und wer weiß schon, daß ich hier bin?« Er lachte. »Sie haben mich gerade noch rechtzeitig erwischt, Aaron. Die Konferenz geht jetzt rasch ihrem Ende entgegen, und am Wochenende muß ich wieder in Washington sein. Ich nehme an, Sie sind mit dem Wagen von Paris hergekommen? Wo sind Sie abgestiegen?«
»In Amiens.«
»Ah, ja. Südlich von hier. Mein Vater hat da im Krieg an einer Panzerschlacht teilgenommen. Wann werden Sie herüberkommen?«

»Hängt von Ihnen beiden ab«, sagte Aaron und nickte Jedder zu. »Ich hoffe, spätestens morgen.«
Strachey lachte und ehrte Jedder mit einem herablassenden Schlag auf die Schulter. »Wenn Sie nur halb so gut sind, wie Aaron behauptet, dann lege ich Ihnen die Welt und die IIC zu Füßen.« Er trug genau die richtige Kleidung für ein Dinner in einem exklusiven Landgasthaus – Flanellhosen, Tweedjacke mit aufgesetzten Taschen und Stiefel. Auf seiner dichten silbergrauen Mähne saß eine Stoffkappe, hinten mit einem smarten Lederband verziert. Er strahlte eine ganz spezielle Art amerikanischer Vitalität und Genialität aus, die beinahe die etwas beunruhigende Weichheit seiner Mundpartie verbargen.
Sie ließen sich an einem Tisch in der Ecke nieder, außer Hörweite des englischen Ehepaares und Margitas, die ihre Rolle recht gut spielte. Weder durch Blicke noch durch Mienenspiel gab sie zu erkennen, daß sie etwas mit ihnen zu tun hatte.
Aaron stellte die Tasche mit Jedders Akten unter seinen Stuhl.
Sobald sie das Essen bestellt hatten, kamen sie gleich zur Sache und Jedder formulierte sehr genau, was er als Gegenleistung für seine Aussage vor dem Komitee verlangte. Wie um seinen Forderungen Nachdruck zu verleihen, schrieb er sie mit einem Filzstift in großen Buchstaben auf das weiße Tischtuch, ohne den mißbilligend hochgezogenen Brauen des Maître d'Hôtel Beachtung zu schenken.
Erstens und vor allem wollte er Sicherheit. Er schrieb die Zahl 1 und das Wort »Schutz« auf. Strachey war sofort einverstanden. »Wir haben unsere eigenen Schutztruppen«, erklärte er. »Hauptsächlich ehemalige Geheimdienstleute. Ich denke, wir könnten ein paar von denen für Sie abstellen, sobald Sie in Washington sind. Sagen wir, in ein oder zwei Tagen?« Zu Aaron gewandt, fragte er: »Können Sie denn nicht direkt von hier in die Staaten fliegen?«
Aaron sagte, das ginge leider nicht. Für einen Moment sah Strachey so aus, als wolle er nach den Gründen fragen. Doch dann überlegte er es sich anders und wandte sich wieder Jedder zu. »Wenn Sie erst einmal ausgesagt haben, dann sind Sie so sicher wie in Abrahams Schoß. Sich dann noch an Sie heranzumachen, wäre wohl auch ein bißchen zu spät und das Risiko nicht wert.«
»Außerdem will ich die Zusicherung absoluter Straffreiheit wegen meiner bisherigen Beteiligung an Trikolore«, sagte Jedder. Eine dicke 2 verunzierte das Tischtuch.
»Auch das können wir Ihnen selbstverständlich garantieren.«
»Ich will eine Garantie, die jede Strafverfolgung ausschließt, durch jedes Gericht, Landes- oder Bundesgerichtshof. Oder französische Gerichte«, präzisierte Jedder. »Und zwar schriftlich. Jetzt sofort.«

Strachey war leicht vor den Kopf gestoßen. »Für die Franzosen kann ich natürlich keine Garantien abgeben.«
»Das ist mir klar. Aber Sie könnten genügend diplomatischen Druck ausüben, um sie gegebenenfalls auf Vordermann zu bringen. Das dürfte nicht so schwierig sein. Schließlich rette ich ja ihre Köpfe.«
Strachey schien leicht verärgert, bewahrte jedoch Haltung und schluckte das widerspruchslos. Er öffnete seinen Aktenkoffer und nahm einige Blätter mit dem Briefkopf seines Komitees heraus.
Während er schrieb, sprach Jedder weiter. »Und dann will ich Unterstützung, um mich wieder zu etablieren.«
Strachey blickte auf und spendierte ihm ein nachsichtiges Lächeln. »Wollen Sie das auch schriftlich?«
»Ja.«
»Mit ›wieder zu etablieren‹ meinen Sie geschäftlich?«
»Ich habe meine Wirtschaftsberatungsfirma aufgegeben, als ich zu Dallas ging«, erklärte Jedder. »Ich brauche neue Büroräume und Personal und Startkapital, bis ich meine ersten Abschlüsse in der Tasche habe. Ich wäre mit einer zweijährigen Laufzeit einverstanden. Zinsfrei, versteht sich.«
Nach kurzem Hin und Her versprach Strachey, dem Senat eine spezielle Zuwendung von hunderttausend Dollar vorzuschlagen und sich persönlich für die Genehmigung einzusetzen. »Haben Sie irgendeinen speziellen Ort im Sinn?«
»Ich bin mir noch nicht ganz sicher, ob ich in die Schweiz gehe oder in Frankreich bleibe«, antwortete Jedder. »Das wird davon abhängen, wie sich alles abspielt.«
Strachey lächelte gequält. »Wenn diese Trikolore-Affäre erst einmal öffentlich bekannt ist«, sagte er, »dann wird Frankreich zumindest sozialistisch werden. Aber ich glaube nicht, daß man Sie belästigen wird. Vielleicht werden sie Sie sogar als Held feiern.«
»Wegen der Linken mache ich mir keine Sorgen«, sagte Jedder. »Ich habe mehr an die Rechte gedacht. Falls Ihr Komitee keinen Erfolg hat und die Rechte an der Macht bleibt, dann wird sie Rache üben.«
»Da haben Sie wahrscheinlich recht«, gab Strachey zu. Er wandte sich an Aaron. »Schön, Sie haben gesagt, Sie werden mir einen Zeugen liefern, und das haben Sie getan. Über Ihre Zukunft werden wir uns später noch unterhalten.« Dann schrieb er schweigend den Brief zu Ende, unterzeichnete und reichte ihn Jedder. Inzwischen hatte Jedder noch ein paar weitere Forderungen auf das Tischtuch gekritzelt, doch Aaron wußte, daß sie nur noch geringfügige Bedeutung haben konnten. Sie waren über den Berg, und mit ein bißchen Glück würden sie noch diese Nacht in London schlafen. Er schaute kurz zu Margita hin-

über. Sie fing seinen Blick auf und lächelte leicht. Das war alles. Das englische Ehepaar bestellte noch Wein.
Das tat auch Strachey. Aaron hielt den Zeitpunkt für gekommen, endlich die Unterlagen loszuwerden. Er zog die Tasche unter seinem Stuhl hervor und öffnete den Reißverschluß.
»Mit Ihrer Erlaubnis, Henry.«
Jedder zuckte zustimmend die Achseln. Aaron legte die Akten auf den Tisch. Jedders kleines schwarzes Notzibuch behielt er allerdings in der Tasche. Jedder sollte gar nicht erfahren, daß er es besaß. Und auch sonst niemand. Jedenfalls nicht, bevor er jede einzelne Seite kopiert und in einem Banktresor untergebracht hatte. Die Namen, die Schweizer Bankkontennummern, die schrittweise Prozedur des Transfers enormer Geldbeträge von der Dallas an Privatpersonen – all das konnte sich eines Tages als wirksames Druckmittel gegenüber Henry Jedder erweisen, falls der im letzten Moment noch seine Meinung änderte.
Strachey blätterte in den Akten und stieß einen leisen Pfiff aus. »Mit Ihrer Aussage als Untermauerung«, sagte er zu Jedder, »wird das ganz sicher ausreichen. Und umgekehrt wird das hier Ihre Aussage bestätigen.«
Jedder faltete den Brief, den ihm Strachey gegeben hatte. »Ich hoffe, Sie sind mit dem Inhalt zufrieden«, fügte der Senator hinzu. Jedder nickte. Strachey steckte die Akten in seinen Koffer. Der Wein wurde serviert, und dann begann Jedder zu reden. Zunächst machte er nur ein paar vereinzelte Bemerkungen, doch dann wurde er immer ausführlicher, und schließlich, angesichts seiner gebannt lauschenden Zuhörer, kam alles rückhaltlos heraus. Um neun Uhr dreißig gab es kaum noch etwas, das Aaron hätte hinzufügen können, sei es nun über Dallas oder Trikolore oder auch Ender und Collins. Jedder hatte eine überwältigende Kostprobe seiner selbst als Zeuge geliefert. Er hatte die Komplizenschaft der französischen Regierung aufgezeigt, die einen entscheidenden Anteil ihrer nationalen Ölreserven zu verschieben bereit war und sich somit totaler wirtschaftlicher Erpressung aussetzte. Er hatte die IIC und die mit ihr verknüpften Bankiers praktisch vernichtet und über Houston und Washington den Stab gebrochen.
Strachey war beinahe sprachlos. »Das wird eine Lawine von Zeugenaussagen auslösen«, prophezeite er schließlich. »Jeder wird versuchen, seine Haut zu retten, bevor es zu spät ist.«
Jedder fuhr fort, doch Aaron hörte plötzlich nicht mehr zu. Wieder begann das Gefühl in ihm zu bohren, daß etwas nicht stimmte. Es war noch immer undefinierbar, doch es war da und drängte sich in sein Be-

wußtsein. Und plötzlich erkannte er kristallklar, was es war. Jedder hatte eine Verhandlung geführt und ein Geschäft erfolgreich abgeschlossen. Ein Mensch wie Jedder jedoch würde sich für den Fall, daß der Handel nicht zu einem befriedigenden Abschluß kam, eine Hintertür offen gelassen haben. Bei ihm hieß es niemals »alles oder nichts«. Leute wie Jedder sicherten sich ab, und für diese Leute hieß es immer nur »alles oder etwas fast Gleichwertiges«.
Undefinierbare Besorgnis verwandelte sich augenblicklich in identifizierbares Entsetzen. Aarons Hand, die er nach dem Weinglas ausgestreckt hatte, blieb bewegungslos in der Luft stehen. Stracheys silbriger Kopf, Henry Jedder, das englische Ehepaar mit seinem unerträglichen Französisch, Margita, die still an ihrem Kaffee nippte, ihre Schönheit vom sanften Schein der Kerze auf ihrem Tisch umschmeichelt. Nichts von all dem war wirklich. Alles, was er hörte oder sah, war ein fotografiertes, von einem Alptraum umrahmtes Stilleben.
Hatte Jedder sich mit seinem Telefongespräch aus Bordeaux bei Ender und Collins für den Fall abgesichert, daß aus der Zusammenkunft mit Strachey nichts wurde? Hatte er sich vergewissert, daß er nichts zu befürchten hatte, daß er zurückkommen konnte, wenn er wollte, und alles vergessen und vergeben war? Und hatte sein übergroßes Selbstbewußtsein ihn – trotz Achille Reymond – dazu bewogen, ihnen zu glauben?
Aaron schaute auf die Uhr. Es war zehn. In Kürze mußten sie auf dem Flugplatz sein. Aber wenn seine Vermutung zutraf, warum hatte man sie dann nicht schon längst geschnappt? Heute früh in Bordeaux oder sogar schon früher, im Strandhaus? Jedders Anruf aus Bordeaux hätte mit Hilfe eines Computers innerhalb von Stunden geortet werden können.
Die Antwort darauf lag klar auf der Hand. Aaron war wie gelähmt vor Entsetzen. Er starrte gebannt auf Strachey. Das war doch Wahnsinn. Das konnte einfach nicht passieren. Vielleicht dem unerwünschten Staatsoberhaupt eines Landes der Dritten Welt, einem armen Teufel wie Allende in Chile oder Cubas Castro, aber doch nicht einem der ihren, einem Senator der Vereinigten Staaten von Amerika. Wenn so etwas einmal geschah, dann gab es kein Zurück mehr. Niemals.
Und doch konnte es geschehen. Es würde geschehen. Trotzdem. Menschen, die in die Enge getrieben wurden, verloren leicht den Kopf und griffen dann zu verzweifelten Mitteln. Sie mußten annehmen, daß Strachey schon lange informiert war, und nun befand er sich in Frankreich, völlig schutzlos. Es stand viel zuviel auf dem Spiel, als daß sie ihn unbehelligt nach Washington zurückkehren lassen konnten, mit oder ohne Zeugen.

Aaron erhob sich. Wenn seine Befürchtungen zutrafen, dann hatte er selbst erst die Voraussetzungen dafür geschaffen.
Draußen in der Halle mußte er eine Welle von Übelkeit niederkämpfen, bevor er nach einem Telefon fragen konnte. Er mußte sich vergewissern. Man wies ihm eine Kabine zu, und die ältliche Rezeptionistin stellte die Verbindung mit dem Pilotenraum am Flugplatz her.
»Paul Ruchet, bitte.«
»Der ist nicht hier.«
»Hat er gesagt, wann er zurückkommt?«
»Zurück? *Mais, alors!* Er kommt nicht zurück. Er ist vor einer Stunde nach Bordeaux abgeflogen. *Allo? Allo?*«
Er legte auf. Es war sinnlos, zu fragen, warum Ruchet abgeflogen war. Ruchet würde es sowieso niemandem erzählt haben. Es hatte auch keinen Sinn, sich vorzumachen, Ruchet hätte sie nur hereinlegen wollen. Genausowenig, wie es einen Sinn hatte, sich selbst einreden zu wollen, daß Jedder wirklich nur zu Hause angerufen hatte, wie er behauptete, oder daß er sich alles nur einbildete und Gespenster sah, wo keine waren. Die Erfahrungen seines jahrzehntelangen Doppellebens belehrten Aaron eines Besseren. Das einzige, was einen am Leben hielt, war, immer das Schlimmste anzunehmen und den verführerischen Luxus der Hoffnung zu meiden. Ruchet war abgeflogen, weil er plötzlich gespürt oder vielleicht sogar erfahren hatte, daß er da in etwas hineingeraten war, wovon er lieber die Finger ließ. Er hatte sich abgesetzt, weil seine Passagiere sowieso nicht aus Frankreich herauskommen würden.
Damit war das Bild abgerundet. Sie wußten also, daß Strachey in Le Touquet gelandet war. Das war ja auch leicht genug festzustellen. Und sie wußten, daß er und Jedder und Margita in Amiens erwartet wurden.
Wo waren sie jetzt? Warteten sie am Flugplatz? Durchkämmten sie die Umgebung? Lauerten sie gleich hier vor der Tür? Aarons Nackenhaare sträubten sich. Das einzige, das sie nicht wußten, war, daß er Bescheid wußte. Doch wenn sie intelligent waren – und das waren sie –, dann hatten sie auch diese Möglichkeit mit einkalkuliert.
Der kleine Park zwischen dem Château de Montreuil und den Festungsmauern der Zitadelle schien still und leer. Nur ein kleiner Hund durchstreifte ihn, die Nase im halbgefrorenen Gras.
Aaron rief sich die Straßenkarte ins Gedächtnis zurück, die er vor dem Verlassen des Motels studiert hatte. Die Straße von Montreuil-sur-Mer nach Le Touquet verlief in nördlicher Richtung zum Kanal. Die Straße nach dem achtzig Kilometer entfernten Amiens verlief in genau entgegengesetzter Richtung. Beide Straßen waren in gutem

Zustand. Um diese nächtliche Stunde, zu dieser Jahreszeit würden beide Straßen auch praktisch leer sein. Ein überholendes Auto, das plötzliche Aufkreischen von Bremsen, das Krachen zerfetzten Metalls – und man war von der Straße gedrängt und am nächsten Baum zerschellt; oder es kam jemand entgegen, und aus der Dunkelheit und hinter blendenden Scheinwerfern krachte eine Maschinengewehrsalve. Und die Polizei würde kaum ihre eigenen Verbrechen untersuchen.

Die Alternative war der nächste kleine Hafen am Kanal. Es gab mehrere, gleich ein paar Kilometer die Küste hinunter. Falls sie keinen Fischer fanden, der sie übersetzen würde, lagen in den nächtlichen Hafenanlagen genügend Boote zur Auswahl.

Aber würden sie nicht gerade auch diese Möglichkeit vorausgesehen haben? Für den Fall, daß er das ausgelegte Netz frühzeitig entdeckte? Allein könnte er es schaffen. Er würde der Kälte trotzen und sich querfeldein zu Fuß durchschlagen, sich vielleicht für eine Weile bei einem kleinen Bauern verstecken. Er war Franzose. Aber Strachey nicht. Und Strachey außerdem auch nur andeutungsweise merken zu lassen, was los war, könnte den Alptraum noch verdoppeln. Er hatte den Augenblick blinder Panik nicht vergessen, als der alte Admiral in Oxford unerwartet die Flutlichter eingeschaltet hatte.

Ein Windstoß wirbelte braune Blätter über die Steinterrasse draußen. Aaron überlief ein Frösteln. Gleichzeitig fühlte er den ersten Schweißtropfen unter seinem Hemd herabrinnen.

Er ging durch die Halle zurück. Es blieb ihm noch eine andere Möglichkeit. Etwas, das er nicht einfach deshalb ignorieren konnte, weil es so unvorstellbar war. Zwischen Montreuil-sur-Mer und der Autobahn Belgien–Paris, die hundert Kilometer landeinwärts durch die windgepeitschte picardische Ebene verlief, lag ein kompliziertes Netz von unbedeutenden schmalen Landstraßen dritter Ordnung, die hier und da kleine Flüsse und träge Kanäle überquerten und sich durch winzige enge Bauerndörfer schlängelten, wo die Hofmauern und die Landmaschinen bedrohlich nahe am Straßenrand standen.

Am Pariser Ende der Autobahn lag der Flugplatz Charles-de-Gaulle in Roissy, mit täglich vierundzwanzig Flügen nach London. Die Chancen standen etwa eins zu eins, daß dies der letzte Platz war, an dem man Strachey vermuten würde. Oder auch ihn selbst und Jedder, nachdem man sie jetzt drei Stunden weiter nördlich aufgespürt hatte. Außerdem hatte er ja noch seine Identität als Soûs-Préfet, von der sie nichts wissen konnten und die noch recht nützlich sein könnte.

Es war die einzige Möglichkeit. Er ging in den Speisesaal zurück und verlangte die Rechnung.

34

Ihm fiel sofort auf, daß Strachey zuviel Wein getrunken hatte. Seine Bewegungen waren fahrig, seine Stimme leicht belegt. Aber das konnte sich auch als Vorteil erweisen. Vielleicht würde Strachey so anfangs gar nicht merken, wohin sie fuhren. Möglicherweise schlief er sogar den ganzen Weg bis nach Roissy. Einmal dort, und mit fester Hand dirigiert, würde er sich höchstwahrscheinlich mit der unerwarteten Situation abfinden und sich zusammenreißen.
»Es ist kein Taxi aufzutreiben«, sagte Aaron. »Ich fürchte, Sie werden damit vorliebnehmen müssen, daß wir Sie zurückbringen.«
Der Maître d'Hôtel wartete mit ausdrucksloser Miene im Hintergrund. Aaron hatte ihm eine Hundert-Francs-Note extra in die Hand gedrückt, als er die Rechnung beglich.
Stracheys Reaktionen waren schon erheblich beeinträchtigt und verlangsamt. »Macht Ihnen das auch bestimmt keine Umstände?«
»Aber nein, das macht überhaupt nichts.«
»Fein.«
Auf dem Weg zum Ausgang zögerte der Senator bei Margitas Tisch, betrachtete sie ausgiebig und machte einen schwachen Annäherungsversuch. *»Bonsoir.«*
Sie ignorierte ihn.
Er lachte leise in sich hinein und ging weiter. In der Halle sagte er: »Ich bin im falschen Hotel abgestiegen. Großer Gott, ich möchte wetten, diese französischen Mädchen können einen innerhalb einer Woche zum Greis machen.« Er lachte und klopfte Jedder auf den Rücken. »Wie können Sie bloß hier leben und verheiratet bleiben?«
Jedders schwaches Lächeln war gleichzeitig gelangweilt und völlig unberechtigt. Er war nicht mehr der Mittelpunkt des Geschehens.
Der Maître d'Hôtel half Strachey in seinen Dufflecoat. Aaron sagte: »Warum gehen Sie beide nicht schon vor zum Wagen? Ich komme gleich nach.«
Er blickte ihnen nach, als sie hinausgingen, und kehrte dann in den Speiseraum zurück. Margita stand gerade auf, während sie eilig ihre Zigarette ausdrückte. Das englische Ehepaar war mit dem Kellner beschäftigt, das Lachen der Frau schallte durch den Saal. Er hatte sich noch immer nicht überlegt, was er ihr sagen sollte. Er wußte nur, daß er schon genügend Probleme zu bewältigen hatte, ohne für Strachey auch noch eine plausible Erklärung für Margita finden zu müssen. Und ohne daß Strachey etwa dank ihrer Gegenwart plötzlich wieder hellwach würde. Oder schließlich auch, ohne sie als weitere leicht identifizierbare Person, die in Roissy Aufmerksamkeit erregen wür-

de. »Ich mußte plötzlich unseren Plan ändern«, sagte er rasch. »Ich möchte, daß du die Nacht hier verbringst.« Er ignorierte ihre Überraschung und zog sein restliches Bargeld aus der Tasche. Er behielt nur so viel, wie er für Benzin brauchen würde. Wenn sie es schafften, konnte er die Flugtickets mit Scheck oder Kreditkarte bezahlen.
»Hier. Nimm das.« Er drückte ihr das Geld in die Hand. »Das ist alles, was ich dir im Moment geben kann.«
Langsam wich die Farbe aus ihrem Gesicht.
»Du nimmst mich nicht mit?« Ihre Stimme war ausdruckslos vor Ungläubigkeit. Und vor Schock. Er sagte es ihr so sanft wie möglich. »Ich kann nicht. Nicht heute nacht. Du mußt das verstehen. Es ist einfach nicht möglich.«
»Aber was ist denn passiert?«
»Margita, hör zu, ich habe jetzt keine Zeit, dir das zu erklären. Ich muß Strachey hier herausholen. Sofort. Allein. Ich werde versuchen, dich morgen zu erreichen.«
»Fliegst du nach wie vor nach England?«
»Ich versuche es zumindest.«
»Aber du kannst mich doch nicht hier zurücklassen. Wenn du so sehr in Schwierigkeiten bist, dann bin ich es doch genauso!«
Sie hatte recht. Es war zu spät für sie, jetzt noch zu ihrem Bankier zurückzukehren. Sie hatte den Punkt überschritten, an dem sie nicht mehr zurück konnte.
»Es tut mir so leid. Falls sie dich etwa schnappen sollten, dann sagst du einfach, ich habe dich gegen deinen Willen gezwungen.«
»Aaron!«
»Wir haben keine andere Wahl, Margita.«
Er zwang sich, sie zu küssen. Ein kurzer, fester Kuß, der den Eindruck erwecken sollte, daß er sie liebte. Sie reagierte nicht, und er ließ sie dort am Tisch stehen, mit bleichem Gesicht und unnatürlich geweiteten Augen.
Rasch ging er hinaus. Das konnte ihn teuer zu stehen kommen. Wenn sie glaubte, daß er sie nur ausgenutzt hatte, konnte sie sich immer noch als gefährlich erweisen. Obwohl er sich nicht denken konnte, wie. Aber er konnte ja sowieso nichts dagegen tun. Strachey saß vorn, Jedder kletterte gerade auf den Rücksitz. Er glitt hinter das Lenkrad und ließ den Motor an.
Strachey lehnte sich zurück. »Werden Sie ein bißchen Zeit für einen Drink in der Hotelbar haben?«
»Warum nicht?« antwortete Aaron.
Als er losfuhr, schaute er in den Rückspiegel. Margita war zur Tür gekommen und stand bewegungslos dort. Sie wirkte seltsam klein und

zerbrechlich, und für einen Moment kehrte alles zurück, was er einst für sie empfunden hatte. Er wollte anhalten, wollte ihr sagen, daß sie mitkommen sollte, schnell. Dann bog er um die Ecke, und sie war verschwunden.

Er schaltete die Scheinwerfer nicht ein. Anstatt den Abhang zur Straße nach Le Touquet hinunterzufahren, überquerte er den Hauptplatz der Stadt, wandte sich direkt südwärts und bog in eine Nebenstraße zum Bahnhof ein. Dort war der Hinterausgang der Stadt.

Strachey winkte zu den steilen Dächern und den verwitterten Steinmauern der alten Gebäude im sanften Licht der Straßenlaternen. »Die haben doch wirklich geglaubt, sie könnten das kaufen«, kicherte er. »Frankreich. All das. Jahrhunderte Geschichte. Eine ganze Nation. Für ein paar Milliarden Dollar.« Er lachte und lehnte den Kopf wieder zurück und schloß die Augen. »In Kalifornien produzieren wir den Wein in Stahl- und Glasfässern und behaupten, genauso zivilisiert zu sein«, meinte er nachdenklich. »Oh, mein Gott. Was wir noch alles zu lernen haben!« Dann war er still.

In Montreuil-sur-Mer liegt der Bahnhof gleich neben dem Fluß Canche. Er ist klein, besteht nur aus einem Fahrkartenschalter, einem Warteraum, der Gepäckaufbewahrung und einem Bahnsteig.

Aaron bog auf den unbefestigten, mit Schlaglöchern übersäten Parkplatz ein und fuhr zwischen zwei baufälligen Verladeschuppen hindurch. Von einem früheren Aufenthalt konnte er sich noch erinnern, daß jenseits der Gleise eine Art Feldweg begann, der etwa zehn Kilometer weit am Flußufer entlanglief, bevor er in eine asphaltierte Landstraße mündete, die südwärts führte. Damals, vor vielen Jahren, hatte er einige Zeit hier verbracht, als er den trägen Fluß hinuntergerudert war und dann von einem freundlichen Frachterkapitän bis nach Paris zurück in Schlepp genommen wurde. Ein mit Schotter beladener Lastwagen hatte Wolken von Staub aufgewirbelt, der die auf Deck aufgehängte Wäsche beschmutzt hatte und die Frau des Kapitäns in Entsetzensschreie hatte ausbrechen lassen.

Gerade als er die Schienen überquerte, sah er im Rückspiegel Scheinwerfer aufblitzen. Ein anderes Auto verließ auf dem gleichen Wege die Stadt. Er bog in den Feldweg ein und verlangsamte seine Fahrt. Er mußte wissen, ob sie verfolgt wurden.

Die Scheinwerfer schienen zu zögern, dann schwenkten sie auf den Parkplatz, wobei die Lichtstrahlen auf und nieder tanzten, als das Fahrzeug über die Schlaglöcher holperte. Aaron dachte daran, daß der Staub, den sein Wagen aufwirbelte, eine verräterische Spur bildete. Er versuchte, sich zu konzentrieren, nachzudenken, was er tun konnte. In seinem Gürtel steckte die kleine 25er Beretta, die Louis Tattel ihm

aufgedrängt hatte. Während der ganzen Fahrt von Paris nach Bordeaux und von Bordeaux nach Montreuil hatte sie als harter, tödlicher Klumpen gegen seinen Bauch gedrückt. Jetzt, da er sie vielleicht benutzen mußte, schien sie lächerlich unwirksam.
Die Lichter näherten sich den Schienen, und er drehte das Lenkrad, um seine Fahrtrichtung zu ändern. Da erfaßte die Bahnhofsbeleuchtung das andere Fahrzeug. Es war der Ford Cortina der Engländer aus dem Château. Er konnte deutlich das britische Nummernschild erkennen. Und er wußte instinktiv, wer ihn lenkte. Wenn Margita die Schlüssel nicht im Auto gefunden hatte, dann hatte sie eben rasch die Taschen der englischen Trenchcoats in der Halle des Hotels durchstöbert und Erfolg gehabt.
Ohnmächtiger Zorn stieg in ihm auf. Er ließ sie seitlich heranfahren. Plötzlich wollte er nichts anderes mehr als aussteigen und Schluß machen mit dem ganzen Theater. Er wollte ihr ins Gesicht schreien, daß er genau wußte, warum sie nach all den Jahren zu ihm zurückgekommen war und was sie ihm angetan hatte. Er wollte mit der Faust durch das Seitenfenster und in ihr Gesicht stoßen und sie eine Hure und Betrügerin nennen und herausschreien, daß ihretwegen Bejerec hatte sterben müssen, daß er selbst durch ihre Schuld aufgeflogen war und untertauchen mußte, daß ihretwegen das Leben eines amerikanischen Senators auf dem Spiel stand.
Er tat nichts dergleichen. Er sah ihr Gesicht im Schein der Armaturenbeleuchtung des Cortina. Ihre weitaufgerissenen Augen waren mit fast animalischer Verzweiflung auf ihn gerichtet. Er wußte, daß seine eigenen Augen einen ähnlichen Ausdruck haben mußten. Er war genauso schuldig wie sie, weil er ihr vertraut hatte.
Er schaltete die Scheinwerfer ein und fuhr weiter auf dem Feldweg, und sie folgte ihm.
Strachey bewegte sich. »Was ist denn los?«
»Wir nehmen eine Abkürzung.«
»Haben wir uns verfahren?«
»Aber nein.«
»Ich vergesse immer, daß Sie ja eigentlich in Frankreich zu Hause sind. Blöder alter Frosch«, sagte Strachey und lachte gutmütig. »Sagen Sie mir Bescheid, wenn wir da sind – falls wir nicht vorher im Straßengraben landen.« Dann war er nur noch ein dunkler, stiller Schatten, in sich zusammengesunken, den Kopf zurückgelehnt.
Aaron beschleunigte. Die Reifen des Peugeot ratterten auf dem Schotter wie ein ständiger Trommelwirbel. Die Scheinwerfer des Cortina fielen etwas zurück, als Margita wegen des Staubes langsamer fuhr, doch dann folgten sie wieder in gleichbleibender Distanz.

Jedder sagte mit leiser Stimme: »Er schläft.«
Aaron antwortete nicht.
»Was ist passiert?« wollte Jedder wissen. Sein schwerer Rumpf drückte gegen die Rückenlehne von Aarons Sitz, als er sich nach vorne beugte. Seine Stimme klang drängend, besorgt. »Das ist doch nicht die Straße nach Le Touquet! Wohin fahren wir? Nach Amiens?«
»Amiens ist geplatzt. Der Pilot ist nach Bordeaux zurückgeflogen.«
»Das verstehe ich nicht.«
»Ich glaube doch, Henry.«
»Nein! Tu ich nicht!« Beharrte Jedder trotzig. »Ich will jetzt wissen, wohin wir fahren.«
Aaron stieß seine Antwort durch die Zähne. Er hatte genug von Jedder, und wenn Jedder nicht anders wollte, hatte er schließlich die Beretta. »Dahin, wo ich hoffe, daß Ihre Freunde Collins und Ender uns nicht erwarten.«
Totenstille. Jedder zögerte lange, bevor er antwortete. »Ich weiß nicht, was Sie meinen.« Tiefe Angst klang aus seiner Stimme, dieselbe Angst, die Aaron schon in dem Marmorhaus in Paris herausgehört hatte.
»Du weißt verdammt genau, was ich meine, du dreckiger gemeiner Judas! Ich spreche über Ihren idiotischen, hinterhältigen Anruf von Bordeaux aus. Auf zwei Hochzeiten tanzen! Aber es hat nicht geklappt. Collins und Ender spielen nicht mit. Die sind fertig mit Ihnen. Und wenn ich Sie hier nicht herausholen kann, dann blüht Ihnen das gleiche wie Achille Reymond. Darauf können Sie sich verlassen. Und Sie können sich auf noch etwas verlassen.« Aaron wies mit dem Daumen in Stracheys Richtung. »Wenn *er* nicht wäre, dann würde ich jetzt und hier anhalten und Sie aus dem Wagen schmeißen. Und zwar mit dem größten Vergnügen.«
Stille. Dann sagte Jedder: »Können Sie nicht ein bißchen langsamer fahren?« Seine Stimme klang jetzt tränenerstickt. Alles Großspurige war verschwunden. Und er hatte nichts abgestritten. Einen besseren Beweis dafür, daß seine Theorie stimmte, gab es nicht, dachte Aaron dumpf.
Er warf einen Blick auf den Tacho. Die schwach leuchtende Nadelspitze zitterte bei hundertzwanzig. Das war viel zu schnell für die schlechte Straße. Er verlangsamte etwas und nahm die nächste Kurve sanfter. Die Scheinwerfer des Cortina waren noch immer kurz hinter ihm. Er wußte, daß er kaum Chancen hatte, Margita abzuschütteln. Der Cortina war ein schneller Wagen.
Eine Minute später hatten sie statt des Schotters Asphalt unter sich, als sie wieder auf die südöstliche Hauptstraße kamen. Die Scheinwer-

ferkegel des Cortina wurden nun nicht mehr durch den Staub gedämpft, sondern stachen scharf und weiß in die Nacht. Sie wirkten fehl am Platz: Die Scheinwerfer aller französischen Autos sind gelb, und nach einer Weile fielen ihm die weißen Lichter ausländischer Fahrzeuge unangenehm auf.

An der nächsten beschilderten Straßengabelung fuhr er nach rechts auf eine Nebenstraße. Sie war schmal, nur ein besserer Feldweg, mit Traktorspuren und Erdklumpen von den angrenzenden Feldern. Doch sie war schnurgerade und führte eine lange Strecke unter einer endlosen Doppelreihe von Ulmen mit besonders tiefhängenden Ästen dahin, etwa zwanzig Kilometer oder sogar noch mehr, und durch ein halbes Dutzend Dörfer, bevor sie in eine noch schlechtere Straße mündete, die sie direkt zur Autobahn bringen würde.

Während der nächsten acht oder zehn Kilometer trat er den Gashebel durch. Der Cortina blieb hinter ihm. Kein anderes Fahrzeug war zu sehen, sie hatten die Nacht für sich allein.

Ein rotumrandetes gelbes Schild mit einem gekrümmten blauen Pfeil warnte vor einer Kurve. Gleich darauf kündigte ein anderes Schild eine Straßenverengung und eine Geschwindigkeitsbeschränkung auf vierzig Stundenkilometer an.

Das konnte eine Brücke über einen Kanal bedeuten. Er drosselte die Geschwindigkeit, während er einen kleinen Hügel hinabfuhr, und sah zuerst eine dunkle Wasseroberfläche zwischen mit Büschen und Erlen und hohen Pappeln dicht bewachsenen Ufern, und dann, direkt vor sich, das niedrige, rostige Eisengeländer der kleinen, in der Mitte hoch gewölbten Brücke.

Und dann passierte es. Sehr rasch. Und noch während es geschah, erkannte er, daß sie ein Flugzeug eingesetzt haben mußten – wie bei der französischen Polizei üblich – und daß es Margitas Scheinwerfer waren, die ihnen den Weg gewiesen und gezeigt hatten, wo sie das Netz zusammenziehen mußten, und nicht die seinen. Er hätte irgendein Bauer aus der Umgebung sein können.

Vor einem Augenblick noch war von der Brücke nur so viel zu sehen, wie das blasse gelbe Licht seines Peugeot aus der Dunkelheit heraushob. Im nächsten Augenblick erstrahlte alles in gleißendem, blendendem Weiß. Ein Fahrzeug war plötzlich aus der Dunkelheit jenseits der Brücke hervorgeschossen und blockierte den Weg. Urplötzlich erfüllte ihn die absolute Gewißheit, daß er sie nicht hatte überlisten können, daß er gescheitert war. Wenn nicht durch Margitas Scheinwerfer, dann hätten sie ihn auf eine andere Weise erwischt, so oder so. Unternehmen Trikolore war nicht durch Halbheiten und unzulängliche Maßnahmen zu retten.

Seine Reifen kreischten. Die Bremsen blockierten, der Wagen schleuderte gegen den Randstein der Brücke. Die linke Seite des Peugeot schliff mit dem schrillen Geräusch zerreißenden Metalls am niedrigen Geländer entlang, dann kam er mitten auf der Brücke zum Stillstand.

Strachey und Jedder wurden nach vorne geschleudert. Beide schrien gellend auf. Aaron hörte sie kaum. Sein Verstand zeigte ihm eine Chance von eins zu tausend, wenn es ihm gelänge, umzudrehen und die Dunkelheit zu erreichen, bevor die Falle auch hinter ihnen zuschnappte. Im Schutz der Dunkelheit könnten sie aus dem Wagen springen und davonlaufen.

Er stieß den Schalthebel in den Rückwärtsgang. Doch es war zu spät. Bevor er den Fuß vom Kupplungspedal nehmen konnte, spürte er einen fürchterlichen Aufprall am Heck und wußte, was es war und was passieren würde. Er war auf ein unbeleuchtetes schweres Fahrzeug hinter ihnen aufgefahren.

Er hatte den Gedanken noch nicht zu Ende gedacht, als er seinen Motor aufheulen hörte. Der Peugeot wurde unwiderstehlich gegen das Brückengeländer geschoben. Er hörte das Knirschen von Stahl auf Stahl. Wieder kreischten Reifen. Für den Bruchteil einer Sekunde hielt das Geländer noch, dann gab es in gespenstischem Zeitlupentempo nach. Das blendende Scheinwerferlicht taumelte schwindelerregend, und das aufspritzende Wasser machte die Lichtkegel silbriggrau. Dann war es pechschwarz, als das Kanalwasser mit einem ohrenbetäubenden Knall hereinbarst.

Aaron fiel und fiel und drehte sich kopfüber. Er lag auf der Innenseite des Daches, als der Wagen abrupt zum Stillstand kam, um dann langsam in etwas Weiches einzusinken. Schlamm, schoß es ihm durch den Kopf; tiefer, schleimiger Schlamm und Schlingpflanzen.

Es war alles vertauscht, Lenkrad und Sitze waren über ihm. Das Wasser brauste und gurgelte, von allen Seiten schoß es eiskalt und unter hohem Druck herein und verursachte stechenden Schmerz. Ein Körper schlug und trat um sich, klammerte sich an ihn, und unartikulierte, fast unmenschliche Schreie gellten durch die Schwärze.

Es war Strachey, und er stieß ihn von sich. Er versuchte, eine Fensterkurbel oder einen Türgriff zu ertasten. Etwas traf ihn hart ins Gesicht. Der Schalthebel. Das Wasser erreichte seine Hüften. Heulend drängte die Luft nach draußen. Das Wasser stieg höher und höher. Er konnte kaum atmen. Und Strachey schrie und schrie.

Er fand einen Griff. Ein Fenster? Er holte tief Luft und drehte ihn, so schnell er konnte. Augenblicklich stürzte eine Wasserwand auf ihn, undurchdringlich, nur etwas umschlang ihn und hielt ihn zurück.

Schlingpflanzen. Er strampelte und zerrte an den verschlungenen Lianen. Seine Lungen verkrampften sich, seine Gedanken standen still.
Plötzlich war es grau um ihn, dann blendend hell.
Er hörte entferntes Rufen, eine Männerstimme. Und aus nächster Nähe seinen eigenen Namen.
»Aaron!«
Jemand sprang ins Wasser. Neben ihm brodelte es, und Margitas Gesicht tauchte auf, weiß im Scheinwerferlicht.
»Aaron! Nimm meine Hand!«
Er schrie zurück: »Mach, daß du wegkommst! Schnell, weg hier!«
Sie hielt ihn am Ärmel und schwamm und versuchte, ihn ans Ufer zu ziehen, das nur einige Meter entfernt war. Sie war sehr kräftig. »Aaron.«
»Sie werden dich umbringen.« Er riß sich los und stieß sie von sich. »Verschwinde!«
Er trat sie ein zweites Mal von sich fort.
»Aaron! Laß sie!«
Er holte tief Luft und tauchte.
Beinahe sofort spürte er wieder die Schlingpflanzen, endlos lang und dicht und zupackend – lebendig. Seine Hand stieß an etwas Hartes, Metall. Es schnitt und zerrte an ihm. Er fühlte mit der Hand danach und strampelte mit den Füßen, um unten zu bleiben. Ein fürchterlicher Schmerz drückte auf die Ohren und im Kopf. Es war unerträglich.
Er fühlte Glas, dann Leere. Er griff hindurch und zog sich hinunter und hinein, Schultern und Kopf voran. Und plötzlich war das Wasser Luft, eine dünne schwarze Schicht über seinem Kopf, direkt unter dem Teppichboden des Peugeot.
Das Schreien fing wieder an, wahnsinnig, erschütternd. Er orientierte sich daran, während er sich an etwas Großem, Sperrigem, Leblosen vorbeiwand. Er fühlte Haut und Haare, griff zu und zog sich wieder rückwärts. Die Haare kamen mit, blieben hängen, kamen wieder nach, als er durch das Fenster hinausglitt. Die Pflanzen umschlangen ihn und hielten ihn und das, was er mit sich zog, fest. Er hatte keine Luft mehr, und der Schmerz wurde zu einem lautlosen Schrei. Dann fühlte er Hände an seinem Körper, schwimmende Füße droschen das Wasser neben ihm. Die Schlingpflanzen blieben zurück. Seine Brust weitete sich, und er dachte, es ist alles egal, ich muß jetzt atmen, und er öffnete den Mund, und wunderbarerweise strömte Luft hinein.
Die Scheinwerfer des Autos auf der Brücke strahlten noch immer die Wasseroberfläche des Kanals an. Er hielt Julian Strachey an den Haa-

ren fest und hielt seinen Kopf in das gleißende Licht. Strachey würgte, und Margita zog sie beide auf das Ufer zu.

Da gab es überhängende Büsche.

»Hier!« Sie zog einen Zweig herab. Er packte ihn mit der freien Hand, fühlte die beinahe senkrechte Uferböschung. Seine Zehen tasteten nach einem Halt. Mit einer Hand hielt er Strachey fest.

Margita schwang sich hoch und zog sich hinaus, wandte sich um und kniete nieder, um ihm zu helfen. Er sah ihr Gesicht dicht über sich geneigt.

»Margita! Lauf! Lauf weg, um Christi willen!«

Wo waren sie? Worauf, zum Teufel, warteten sie?

Sie antwortete nicht. Sie zog und zog, und schließlich lag Strachey oben. Seine Kleider hatten sich in Zweigen verfangen und hielten ihn zurück. Und Margita beugte sich wieder hinunter, ihr weißes Gesicht war ganz nahe, ihre Hand umklammerte die seine.

»Aaron!«

Dann geschahen gleichzeitig zwei Dinge.

Die rechte Seite ihres Gesichtes löste sich explosionsartig auf, ihre Nase und ihre Wangenknochen bildeten momentan ein Gewirr blauweißer, rotgesprenkelter Splitter, und flogen dann nach allen Seiten auf Büsche und Gras.

Und der scharfe Knall eines großkalibrigen Gewehrs.

Als nächstes hob sich die Seite ihres Schädels ab, Fetzen von Hirnmasse spritzten wie Erbrochenes hervor und die Augen mit ihnen und waren doch noch mit einem Teil ihres Schädels verbunden.

Und zwei weitere Schüsse.

Was noch übrig war, der Hals, der Unterkiefer und die Stirn, wurde starr, Schwälle dunklen roten Blutes spritzten daraus hervor.

Die schlanke Gestalt erbebte, Luftblasen bildeten sich und zerplatzten im Blut, sie neigte sich vor, mit ausgebreiteten Armen, auf Aaron zu und drängte ihn von der Böschung wieder hinunter und zurück in Wasser und Dunkelheit.

35

Etwa zwölf Meter flußabwärts von Strachey tauchte er wieder auf. Er duckte sich unter die Oberfläche und zog sich Hand über Hand am Ufer entlang weiter weg. Ein dichtes Grasbüschel ragte über das Wasser. Und da war Schatten. Er glitt dahinter, sein Fuß fand einen Halt, er nahm seine letzten Kräfte zusammen und zog sich hinauf. Dann wur-

de er ohnmächtig und lag in dem trockenen, winterlichen Gras, bis ihre Suche nach ihm zu einer hörbaren Warnung wurde. Er tastete nach Louis Tattels 25er. Sie war fort.
Eine dichte Baumgruppe trennte ihn von ihnen. Sie sprachen laut Französisch und stapften krachend durch das Unterholz. Eine Stablampe leuchtete.
»Hier ist der Grauhaarige.« Der Laut eines Fußtrittes. Und das häßliche metallische Geräusch des Durchladens einer automatischen Pistole.
»He! Schieß nicht auf ihn, um Gottes willen, du verdammter Idiot. Der soll doch ertrinken. Wenn er wieder hochkommt, drück ihn runter. Vergiß das nicht. Keine Verletzungen!«
»Na, und was ist dann mit ihr?«
»Das ist nicht dasselbe. Um die kümmert sich kein Aas.«
»Okay, okay. Dann komm her und hilf mir mal. Der ist ganz verheddert in den Zweigen.«
»Laß ihn liegen. Der geht nirgends mehr hin. Wir kommen später zurück.«
Sie kamen näher, der eine stolperte im Dunkeln und blieb ein Dutzend Meter hinter dem anderen zurück.
Aaron lag bewegungslos und versuchte, Kräfte zu sammeln.
»Warte doch, um Himmels willen! Der andere liegt doch wahrscheinlich sowieso auf dem Grund.«
»Willst du es vielleicht darauf ankommen lassen und nach Hause gehen, und dann kreuzt er plötzlich wieder auf?«
Es war an der Zeit. Langsam stand er auf, ein Baum war zwischen ihnen und ihm, er stützte den Rücken gegen ihn, die Beine abgewinkelt in den Boden gestemmt.
Er hob den rechten Arm, hielt den Unterarm vor das Gesicht, parallel zum Boden, seine Handfläche gerade, die Finger ausgestreckt und eng beeinander. Irgendwoher mußte er mehr Kraft beziehen, oder er war tot.
Die Stablampe warf einen breiten Kegel milchigen Lichts auf den Boden in seiner Nähe. Und dann war sie unmittelbar bei ihm, und neben dem Licht und darüber war die Dunkelheit des Mannes, der sie hielt.
Er schnellte senkrecht hoch auf die Zehenspitzen, zielte und schlug mit dem Handrücken zu, mit allem, was in ihm war und was er hatte.
Er spürte den Schock tief in seinen eigenen Rippen. Aber was er getroffen hatte, waren nicht Knochen gewesen. Er hatte etwas getroffen, das nachgab, knorpelig und sehnig, die ungeschützte Kehle des Man-

nes. Ein leises ersticktes Würgen, und das Licht sickerte ziellos durch dichtes Gras, in das die Lampe gefallen war.

Von hinten fragte der andere Mann: »Was machst du denn da?«

»Lampe is' runtergefallen«, murmelte Aaron heiser. Er bückte sich und fühlte den Körper zu seinen Füßen ab. Der Mann lag mit dem Gesicht nach unten, die Hände an der Kehle, konnte nicht atmen und wühlte sich blind in Gras und Dreck.

Er rollte ihn herum.

»Nun mach schon! Jesus, was ist denn los mit dir?«

»Halt's Maul.«

Die Zeit wurde knapp.

Er tat, was er tun mußte, sehr rasch und sicher. Mit der einen Hand tastete er nach dem Gesicht und schlug mit der geraden Handkante der anderen auf die ungeschützte Nasenwurzel. Der Knochen splitterte wie ein Streichholz.

Aus dem Mund darunter drangen gurgelnde Laute. Der Körper bäumte sich in voller Länge vom Boden auf, ein gigantischer Paroxismus der Agonie. Wieder nahm Aaron Maß, schmetterte die Faust auf dieselbe Stelle und trieb die Knochensplitter zwischen die Augen und ins Gehirn.

Seine gefühllosen Finger fanden die Stablampe. Er ergriff sie und knipste sie aus.

Der ungehaltene Protest klang wie ein Nörgeln. »Was ist denn nun?«

Der andere hatte nicht mit all dem gerechnet. Er war nur darauf eingestellt gewesen, ohne Umschweife ein Auto in den Kanal zu schubsen. Mehr war nicht drin gewesen. Das und vielleicht noch fünf Minuten herumstehen und mit den Kollegen eine Zigarette rauchen und sich vergewissern, daß keiner mehr hochkam. Und dann gemütlich nach Paris zurückfahren und sich einen Drink genehmigen und in ein bequemes weiches Bett sinken und sich vielleicht in den warmen Körper seines Mädchens entleeren. Aber es hatte nicht so geklappt, und in der kalten Dunkelheit durch Wald und Unterholz herumzupirschen war etwas, womit er nicht gerechnet hatte.

Seine Stimme hob sich. »Wirst du um Himmels willen das verdammte Ding wieder andrehen?«

Es war das letzte, was er jemals sagte. Er spürte eine Bewegung. Plötzlich blitzte das Licht auf, direkt in seine Augen. Ein Schlag wie von einem schweren Hammer zerschmetterte seine Hoden.

Bevor der Schmerz voll einsetzte, konnte sein Verstand noch völlige Verblüffung registrieren. Dann traf er ihn, und er versuchte zu schreien, doch dazu fehlte ihm schon der Atem. Eine eiserne Kraft trieb seinen Kopf abwärts, und alles explodierte in Feuer.

Aaron riß das Gesicht des Mannes hoch und schmetterte es ein zweites Mal in sein erhobenes Knie, um sicherzugehen. Er fing den zusammensackenden Körper auf, zerrte ihn in eine sitzende Position, warf seinen rechten Arm über sein Kinn, umschloß mit seiner rechten Hand den linken Unterarm und griff mit der linken Hand in das Haar am Hinterkopf. Er drückte sein Knie fest ins Kreuz des Mannes, und mit aller ihm verbliebenen Kraft stieß er mit der Linken den Kopf vorwärts und riß gleichzeitig seinen rechten Unterarm nach hinten.
Es gab ein scharfes Knacken, als das Genick brach. Aaron ließ den Toten fallen und sank zu Boden, während er die Lampe löschte.
Das wiederholte Rufen einer durchdringenden Stimme brachte ihn wieder zu sich. Er war starr vor Kälte.
»Alors, les gars. Qu'est qu'il y a là bas? Pierre-André? Denny? Qu'est que vous foutez, les deux?« Ein dritter Mann auf der Brücke. Was, zum Teufel, ging da vor?
Aaron knipste die Lampe wieder an und tastete neben dem Toten den Boden ab. Und fand die automatische Pistole. Es war eine Mauser.
Der Mann auf der Brücke hatte ein Gewehr. Er hatte Margita damit getötet, hatte ihr unglaublich schönes Gesicht in die Ewigkeit gesprengt, und sie auch. Wo war sie jetzt, allein und einsam und kalt im Tode und weit, weit von ihrer Heimat? Alles, was sie gewesen war, das Bittere und das Schöne, trieb als wesenloses zerfetztes Fleisch im trägen Sog eines französischen Kanals auf das eisige fremde Grau des Meeres zu.
Aaron konnte ihn im Scheinwerferlicht des Wagens sehen, das noch immer auf das dunkle Wasser hinausstrahlte. Und auch das andere Fahrzeug sah er, das sie über das Brückengeländer geschoben hatte. Es war ein kleiner Abschleppwagen.
Waren da noch mehr als drei Männer gewesen?
Wieder rief der Mann. *»Denny?«* Er bewegte sich rastlos und versuchte, jenseits des Kanalufers etwas zu erkennen. Sein langer Schatten glitt über die Wasseroberfläche.
Aaron fand Strachey. Er hatte sich aus den Zweigen befreit und lag embryoartig zusammengerollt im Gras und wimmerte leise vor sich hin. Wenn er ihn berührte, würde er vielleicht aufschreien, und das würde den Mann auf der Brücke zu einem noch größeren Problem machen. Anderseits aber könnte Strachey in der Dunkelheit in den Kanal rollen. Er konnte ihn nicht sich selber überlassen.
»Denny? Pierre-André?« Die Scheinwerfer wurden ungeduldig auf- und abgeblendet.
Aaron versuchte, die Distanz zur Brücke abzuschätzen. Mindestens fünfzig Meter. Sehr weit für einen Pistolenschuß. Eine andere Mög-

lichkeit fiel ihm nicht ein. Er versuchte sein Glück und schrie zurück, *»La gueule, bon dieu! Nous sommes là.«* Halt die Schnauze. Wir sind hier.

»Mais, qu'est-ce-qu'il y a?« Die Stimme des Mannes klang verwirrt und erleichtert. Was ist denn los?

»Toujours ce charogne d'Americain à fouter dans le canal. Viens pour nous donner un coup de main.«

»Merde! J'arrive.«

Der Mann auf der Brücke verließ das Halbdunkel neben den Scheinwerfern, fluchend, weil seine beiden Freunde nicht ohne seine Hilfe mit Strachey fertig wurden. Er kam ins Scheinwerferlicht und sprang von der Brücke auf das Kanalufer.

Aber Julian Strachey sollte nicht in den Kanal geworfen und ertränkt werden. Julian Strachey mußte leben. Irgendwie. Aaron entsicherte die Automatik. Seine Hand war glitschig von seinem eigenen Blut, aus der Verletzung, die er sich am Auto zugezogen hatte, und von ihrem Blut, dem Blut der beiden Männer, die er soeben getötet hatte. Er benutzte die Astgabel eines niedrigen jungen Baumes, um die Pistole abzustützen. Er hielt den Atem an und zielte sorgfältig. Er zitterte von Kopf bis Fuß.

»Mais, alors! Dépêche-toi.« Beeil dich doch.

Dreißig Meter, nicht mehr.

Jetzt.

Vorsichtig zog er am Abzug. Fester. Noch fester. Die Mauser krachte und bäumte sich auf. Den Mann mit dem Gewehr riß es senkrecht in die Höhe, für einen Moment schien er in der Luft zu hängen.

Aaron schoß ein zweites Mal.

Der Mann schnellte nach hinten und setzte sich schwer auf den Boden. Sein Kopf pendelte hin und her, das Gewehr fiel ihm aus der Hand.

Ein dritter Schuß. Langsam streckte er sich aus und rollte einmal, zweimal, dreimal um sich selbst, Arme und Beine wie losgelöst von seinem Körper, schneller und schneller den steiler werdenden Abhang des Kanalufers hinunter. Er plumpste ins Wasser, trieb einen Moment im Gischt des Aufpralls und versank dann wie ein Stein.

Aaron wartete. Die Brücke lag völlig still. Wie lange hatte das alles gedauert? Fünf Minuten? Sieben? Es würde bestimmt jemand kommen, und zwar sehr bald. Er zerrte und stieß die beiden toten Männer in den Kanal und ging zu Strachey.

»Senator! Auf die Beine mit Ihnen! Schnell!« Er schüttelte Strachey und zog ihn hoch und in eine kniende Stellung. »Es ist alles okay. Kommen Sie jetzt. Reißen Sie sich zusammen.«

Strachey kreischte und krümmte sich zusammen und schlug um sich. Aaron gab ihm zwei gezielte Ohrfeigen, und da hörte er auf und weinte.
»Kommen Sie«, drängte Aaron. »Helfen Sie mir.« Er steckte die Mauser in seinen Gürtel und schob seine Schulter unter Stracheys Achsel und versuchte, ihn hochzuheben. Beim dritten Versuch gelang es ihm endlich, ohne die Stablampe fallen zu lassen.
Er brauchte ziemlich lange, bis er die Brücke erreichte. Zweimal fiel er hin, und jedesmal mußte er sich umständlich seine Bürde wieder aufladen. Als er es endlich geschafft hatte, wußte er, daß sie beide längst tot wären, wenn es noch einen weiteren Mann auf der Brücke gegeben hätte. Er hatte hilflos eine ausgezeichnete Zielscheibe abgegeben.
Der Wagen mit den Scheinwerfern war derjenige, der die Straße blokkiert hatte, ein schwarzer Citroën DS 21. Er ließ Strachey auf den Beifahrersitz fallen und ging um den Wagen herum zum Fahrersitz und griff hinein und knipste die Innenbeleuchtung an. Ein Polizeisender knatterte. Es wurde momentan nichts durchgegeben, aber das bloße Vorhandensein bewies, daß der Mann mit dem Gewehr bestimmt seine Meldung durchgegeben hatte. In einer Entfernung von weniger als dreihundert Metern waren in einem Bauernhaus die Lichter angegangen. Ein Hund bellte wild, und Stimmen schallten durch die Nacht. Der Aufprall und die Schüsse waren gehört worden. Wahrscheinlich war die hiesige Gendarmerie schon alarmiert.
Der Abschleppwagen stand noch mit laufendem Motor mitten auf der Brücke, quer und mit der Schnauze direkt vor dem Geländer. Er konnte ihn nicht so zurücklassen – als Beweis, daß die Aktion schiefgegangen war. Er löste die Handbremse, legte den ersten Gang ein und sah zu, wie das Fahrzeug durch das schon stark beschädigte Geländer krachte, ins Wasser klatschte und verschwand. Dann stieg er in den DS 21.
Er startete den Motor und stellte die Heizung an, um Strachey zu wärmen. Als er losfuhr, schaltete er die Scheinwerfer aus. Er konnte nicht viel sehen und fuhr mehr nach Gefühl, bis er das Bauernhaus weit hinter sich gelassen und einen Kilometer weiter eine Straßenkreuzung erreicht hatte.
Plötzlich kam eine unpersönliche Stimme aus dem Radio und fragte ihn, was geschehen war. Er antwortete. Er sagte, der Überfall sei gelungen, der Wagen auf dem Kanalgrund, und niemand sei wieder hochgekommen. Bauern hätten wahrscheinlich die örtliche Gendarmerie verständigt. Er wurde angewiesen, den Schauplatz zu verlassen und sich bei der Sûreté in Paris zu melden. Andere würden jetzt die

Sache übernehmen. Er bestätigte die Order und fügte hinzu, daß er mindestens zwei Stunden brauchen würde. Sie müßten noch den Abschlepper loswerden und wollten irgendwo Kaffee trinken. Er schaltete aus und trat den Gashebel durch.

In weniger als dreißig Minuten hatte er die Autobahn erreicht. Es begann zu regnen. Er fuhr sehr schnell dem reflektierenden Glitzern der entgegenkommenden Scheinwerfer entgegen und konzentrierte sich darauf, die höchstmögliche Geschwindigkeit herauszuholen, ohne die Autobahnpolizei auf sich aufmerksam zu machen.

Er dachte über Margita Majerová nach. Sie war tot, und er hatte sie einmal geliebt, und sie war aus Liebe zu ihm gestorben und hatte ihm das Leben gerettet. Auch Henry Jedder war tot, begraben in einem metallenen Sarg in Schlamm und Schlingpflanzen auf dem Grund eines französischen Kanals, und mit ihm der Aktenkoffer mit den für Trikolore und Dallas verhängnisvollen Dokumenten und dem schwarzen Notizbuch, das er aus seinem Schreibtisch genommen hatte und das die kriminellen Vergehen der halben französischen Regierung aufzeigte.

Er hatte versagt. Er hatte sich selbst etwas vorgemacht, als er glaubte, jemals Erfolg haben zu können. Diese Illusion hatte nur entstehen können, weil er im Laufe der Jahre zum Amerikaner geworden war, weil er die Härte seiner Jugend abgeschüttelt und statt dessen, zum Teil durch Juliet, eine gewisse amerikanische Naivität gefunden hatte, die Optimismus und Hoffnung erzeugte. Sie war gut, diese Seite Amerikas, doch mehr und mehr bedroht von der anderen, der dunklen Seite, die in den letzten Jahren immer mehr zum Vorschein kam: der entsetzliche Mißbrauch der Freiheit im Namen der Freiheit.

Bejerec hatte sich nichts vorgemacht. Nicht einen Moment lang. Bejerec war Franzose und so alt und müde und zynisch wie Europa selbst. Er hatte die ganze Zeit gewußt, daß sie es nicht schaffen würden, doch er war bereit gewesen, es zu versuchen, denn mehr als alles andere hatte er bis zum bitteren Ende zu seiner Sache stehen wollen. Und war dafür gestorben und hatte wahrscheinlich sogar seinen Tod vorausgesehen und erwartet. Das war der Sinn, den das Leben für ihn gewonnen hatte, und das war eine andere Art von Liebe.

Die Scheibenwischer spielten eine rhythmische Melodie, das Regenwasser spritzte zischend vom Asphalt hoch. Entgegenkommende Scheinwerfer blendeten, wurden von der Dunkelheit verschluckt, andere folgten in endloser Reihe.

Neben ihm hörte Strachey zu weinen auf und erbrach noch mehr Wasser. In einer Stunde wird seine Kleidung trocken sein, dachte Aaron. Und vor Tagesanbruch würde Strachey in London und in Sicherheit

sein, und er mit ihm. Niemand würde jetzt mehr in Roissy nach ihnen Ausschau halten. Sie hatten sicher längst ihre Leute dort abgezogen. Er erklärte, was geschehen war und was sie jetzt zu tun hatten. Strachey gab keine Antwort. Er starrte einfach nur geradeaus in die Dunkelheit, in den Regen, in die entgegenkommenden Scheinwerfer.
Doch kurz bevor sie den Flugplatz erreichten, als schon die roten Markierungslichter der nördlichen Einflugschneise in der nassen Dunkelheit zu sehen waren, da begann er schließlich zu sprechen. Ruhig und sachlich.
»Es ist Ihnen natürlich klar, daß ich die Angelegenheit nicht weiterverfolgen kann. Selbst wenn wir Beweismaterial und Zeugen hätten. Sie haben meinen Vater umgebracht, und es gibt niemanden außer mir, der für meine Mutter sorgen würde. Oder für meine eigene Familie. Sie können sich ja nicht vorstellen, wie das war, als sie ihn ermordet haben damals. Niemand kann das nachfühlen. Niemals.«
Es waren die ersten Worte, die er sprach, seit sie die Brücke hinter sich gelassen hatten.
Aaron parkte den Wagen.
»Sobald ich zurück bin, werde ich den Vorsitz meines Komitees zurücklegen«, sagte Strachey. »Das wird ihnen klar beweisen, daß ich schweigen werde.«
Aaron erkannte, daß er gar nichts anderes mehr erwartet hatte.

36

Der Frühling des nächsten Jahres setzte sich, wie so oft in Europa, nur langsam durch. Der April mit seinen bitterkalten Stürmen, Schneeschauern und eisigen Wolkenbrüchen zog sich endlos dahin. Doch jetzt war Ende Mai, und Louis Tattel stand barhäuptig vor dem *Relais Maritime* und genoß die willkommene Wärme, die nun endlich vom Süden hergeströmt war und den Kastanien in Paris Blätter und den Parkanlagen und Gärten Blumen gebracht hatte.
Es war ihm auch eine große Erleichterung, daß mit der »Belagerung« endlich Schluß war. Den ganzen Winter über hatte ihn die Sûreté unaufhörlich bedrängt; zweimal hatten sie ihn in die Präfektur geholt und verhört, sie hatten ihn Tag und Nacht beschattet, sie hatten seine Angestellten belästigt, ja sogar seine Lieferanten bedroht. Sie hatten sich in den Kopf gesetzt, er wüßte über Aaron Zeismanns Aufenthaltsort Bescheid, und Louis Tattel war klar geworden, daß Aarons Vorhaben, was auch immer das gewesen war, heikel genug war, nach

ihm fast über die Grenzen der Vernunft hinaus zu fahnden. Der alte »Para« war heilfroh, daß Aaron ihn nie eingeweiht hatte. Ihm war darüber hinaus ebenfalls klar, daß ihn vor Verhaftung, Prügel und wahrscheinlich Folter nur die Druckmittel, die er gegenüber zahlreichen Polizeibonzen in der Hand hatte, und der politische Einfluß bewahrten, den er bei anderen ehemaligen Algerienkämpfern genoß. Irgendein hochrangiger Gönner hatte schließlich entschieden, daß er ungefährlich war und in Ruhe gelassen werden sollte.

Allerdings war es ihnen erfolgreich gelungen, es ihm außerordentlich schwer zu machen, für Aaron, nachdem er nun aus Amerika zurückgekehrt war, einen neuen Polizeiausweis zu beschaffen. Obwohl sich Aaron über Nacht so schrecklich verändert hatte, daß er kaum noch wiederzuerkennen war. Sein Haar war weiß, sein Körper praktisch der eines Greises geworden.

Louis Tattel ging wieder hinein. Es war neun Uhr morgens; in der Halle waren einige Gäste gerade im Begriff hinauszugehen. Er beantwortete eine Frage über die Kathedrale von Notre Dame, versprach, Karten für die Ballettvorstellung am gleichen Abend in der Oper zu besorgen, nahm eine Tischreservierung im *Lido* vor und machte einem Zimmermädchen die Hölle heiß, weil sie einem Gast das Frühstück ans Bett zu bringen vergessen hatte.

Dann ging er in sein privates Heiligtum und vertauschte seine Uniform mit normaler Straßenkleidung. Eine Stunde später hatte er die Porte de Bercy im Südosten von Paris durchquert und war auf der Route Nationale 5 mitten im dichten Strom der großen Lastwagen mit Anhängern, die vor Morgengrauen nach Paris gekommen waren, um wie jeden Tag ihre landwirtschaftlichen Erzeugnisse abzuliefern.

Er war ganz sicher, daß man ihm nicht folgte. Und selbst wenn schon, überlegte er. Schließlich konnten sie ja nicht eine ganze arabische Barackenstadt umzingeln und die gesamte Einwohnerschaft verhören, bloß um die eine Person zu finden, die er besuchen wollte.

Vielleicht waren sie aber auch vollauf damit beschäftigt, sich um die Studenten zu kümmern, die zusammen mit ein paar radikalen Intellektuellen, die sowieso immer Schwierigkeiten machten, praktisch allein waren mit ihren Protesten gegen den überhandnehmenden Einfluß der Amerikaner, die derzeit anscheinend sowohl Frankreichs Politik bestimmten als auch seine Wirtschaft kontrollierten. Aber das war natürlich lächerlich. Kein Land, nicht einmal die Vereinigten Staaten von Amerika, konnte eine derartige Macht über ein anderes Land haben. Letzte Woche hatten die Studenten in Grenoble demonstriert, diese Woche strömten sie wieder in hellen Scharen aus der Sorbonne und aus der Université de Paris, um das Pflaster des Boulevard St. Michel aufzureißen. Die Regierung hatte sich genötigt gesehen, die Truppen der gefürchteten CRS, der kasernierten Staatsschutzpolizei, durch ein ganzes Bataillon in aller Eile aus der Provinz herbeigeschaffter Gendarmen zu verstärken. Die Krankenhäuser waren voll von Kindern mit eingeschlagenen Schädeln und vom Tränengas verätzten Lungen. Es mußte wohl so sein, wie die Zeitungen schrieben: Die Marxisten steckten dahinter. So waren sie eben, die Studenten; jung und leicht zu überreden und immer auf den schlechtesten Rat hörend. Das Leben würde sie schon noch zur Besinnung bringen, die unerbittliche Notwendigkeit, ihre albernen Ideale um des täglichen Brotes willen aufzugeben. Das Leben war schließlich und endlich doch der große Gleichmacher. Es verwies jeden Hitzkopf auf seinen Platz.

Die Wohnungen und Geschäfte, an denen er vorbeifuhr, waren schäbig geworden, der Schmutz an den Rocksäumen einer Großstadt, und dann lag da rechts eine zusammengepferchte Masse aneinandergeklebter Baracken, untermischt mit alten rostigen Wellblechhütten aus dem Krieg, als unzureichender baufälliger Schutz vor Regen und Schnee, von Flüchtlingen ohne Geld und ohne Hoffnung erbaut. In Frankreich gab es viele dieser Bidonvilles – für diejenigen Araber, die im Algerienkrieg loyal gewesen waren.

Er fuhr hinein, bis der Unrat auf dem ausgefahrenen Weg ihn zum Anhalten zwang. Er schloß seinen Wagen ab, nachdem er sich ein großes, mit Packpapier dick umwickeltes Paket unter den Arm geklemmt hatte. Eine Menge schmutziger dunkelhäutiger Kinder kam angerannt. Er bahnte sich seinen Weg durch ihre Mitte und ging weitere hundert Meter zu Fuß bis ans Ende der Straße, wo eine halbzerbröckelte Mauer einst ein Landgut umschlossen hatte. An der Mauer lehnte eine einräumige Baracke. Es war nicht ohne Ironie, dachte Louis Tattel, daß Aaron Zeismann seine letzte Zuflucht bei den verfaulten Wurzeln seiner Kindheit gesucht hatte, so als wollte er in Abrede stellen, daß je etwas anderes existiert hatte, so als hätte es für ihn jene zwanzig Jahre reichen und privilegierten amerikanischen Lebens einfach nie gegeben.

Die Kinder waren verschwunden, nachdem sie an dem ältlichen Franzosen nichts Interessantes finden konnten. Er klopfte an die Tür der Hütte. *»Alors, c'est moi.«*

Er hörte eine Bewegung aus dem Innern. Die schief in ihren Angeln hängende Tür wurde aufgestoßen, die morschen Bretter knarrten. Aaron Zeismann erschien in der Türöffnung. Louis Tattel versuchte, unbefangen dreinzuschauen. Wenn überhaupt möglich, dann war die Gesichtsfarbe seines Freundes in der letzten Woche noch grauer, die

alte Narbe auf seiner Wange noch hervorstechender, sein Haar noch weißer geworden. Am schlimmsten waren seine Augen. Sie waren völlig ausdruckslos, so als lebe ihr Besitzer irgendwo tief in einer unberührbaren eigenen Welt.
Der Hotelbesitzer streckte ihm das Paket entgegen. »Genau, was du verlangt hast.«
Fast ohne den Blick zu heben, ließ der andere es auf einen wackeligen Holztisch in dem kleinen Raum hinter ihm fallen. Es verursachte ein schweres metallisches Geräusch.
»Hast du eine Zigarette?«
Schweigend reichte ihm Tattel eine seiner gelben Zigaretten. Sein Feuerzeug flammte auf. Ätzender Rauch verbreitete sich.
»Da ist auch eine Stange Gauloises im Paket«, sagte Tattel. Keine Antwort. »Sieh mal, es ist noch nicht zu spät, wieder auszusteigen«, fügte er hinzu. »Es ist niemals zu spät. Ich kann noch immer alles in Ordnung bringen.«
Er bekam wieder keine Antwort. Tattel fragte sich, ob Aaron ihn überhaupt gehört hatte. Er hatte den Verstand verloren, das wußte er. Infolge dessen, was mit seiner Frau geschehen war. Nach und nach war bei seinen letzten paar Besuchen die ganze Geschichte herausgekommen. Soweit Tattel verstanden hatte, begann es damit, daß er sie bei seiner Rückkehr nicht angetroffen hatte. Eine schwarze Bedienstete oder Nachbarin hatte erzählt, sie sei am Tag zuvor zusammen mit drei Männern weggefahren, anscheinend irgendwelche Regierungsbeamten. Einer davon sei sehr groß und albinohaft gewesen.
Anscheinend hatten sie ihr gesagt, ihr Mann hätte einen schweren Unfall gehabt, und sie sollte von der Air Force nach Paris geflogen werden. Sie hatte rasch das Notwendigste in ihre Reisetasche gepackt.
Aaron hatte verzweifelt nach ihr gesucht. Das war schon deshalb nicht leicht gewesen, weil er ja im Untergrund bleiben mußte. Sein Leben hing davon ab. Auch alle anderen hatten nach ihr gesucht. Ihr Vater war ein einflußreicher Mann in Washington, und ihr Verschwinden machte zwar nicht gerade Schlagzeilen, wirbelte aber doch einigen Staub auf.
Eine Woche später hatten sie sie dann gefunden. Bei einem Autounfall zerfetzt und nahezu verbrannt. Sie konnte nur anhand der Aufzeichnungen ihres Zahnarztes identifiziert werden. Die offizielle Version besagte, daß sie bei hoher Geschwindigkeit ins Schleudern gekommen und gegen den Betonpfeiler einer Unterführung der Nord-Süd-Bundesstraße in West-Virginia geprallt war. Es wurde vermutet, daß sie versucht hatte, ihren Entführern zu entkommen. Inoffiziell

wußte jeder, daß man mit ihr ein Exempel statuiert hatte, um die Geheimagenten auf Trab zu halten.
Louis Tattel erinnerte sich an eine Nacht, als Aaron sehr viel getrunken hatte. In seinem Delirium hatte er von Fotos phantasiert, die man ihm über ihren Vater hatte zukommen lassen. Er war vollkommen zusammengebrochen und hatte versucht, sich umzubringen, was nur mißlungen war, weil er zu betrunken und nicht allein war. Tattel hatte niemals eine solch tiefe Verzweiflung bei einem Mann gesehen.
»Es ist niemals zu spät«, sagte er jetzt wieder. Und als er keine Antwort bekam, fügte er hinzu: »Aaron, wir sind doch gute Freunde, seit so vielen Jahren. Du kannst doch damit überhaupt nichts beweisen.«
Aaron ignorierte seine Worte. »Habt ihr die Kennzahl rausgefeilt?« fragte er abrupt.
Resigniert starrte Tattel auf das Paket auf dem Tisch. »Na klar. Und wir haben auch noch eine Herstellernummer auf dem Abzugsmechanismus entdeckt. Die haben wir auch verschwinden lassen.«
»Wer hat die Ausweise gemacht?«
Tattel nannte einen Namen. »Die kann man nicht zurückverfolgen«, fügte er hinzu. Dann versuchte er es noch ein letztes Mal. »Aaron, du erledigst die, und dann kommen wieder neue aus dem gleichen Stall. Das sind sowieso nicht einfach ›die‹ – es ist das System! Sieh dir doch nur diese Studenten an, die sich da ihre Schädel einschlagen lassen. Und wozu?« Er holte Luft und fuhr fort: »Ich kann dich immer noch nach Brasilien schmuggeln. Oder in jedes beliebige andere Land.« Und mit einem schiefen Lächeln fügte er hinzu: »Sogar in die Vereinigten Staaten.«
Er verschwendete seinen Atem, und er wußte es. Es war mehr eine Formsache, die er glaubte erledigen zu müssen. Laß Aaron tun, was er wollte. Sollen die Arschlöcher doch bezahlen. Stand nicht schon in der Bibel, »was der Mensch sät, das soll er auch ernten?« Diejenigen, die sterben würden, waren nicht wichtig. Aber sein Freund war wichtig, und das, was er fühlte und brauchte.
Der Mann in der Türöffnung machte einen letzten tiefen Zug aus seiner Zigarette und trat sie dann mit dem Absatz aus. »Hast du von irgendeiner Änderung der offiziellen Pläne gehört?«
Die Antwort steckte ihm in der Kehle, vielleicht, weil sie die absolute Unwiderruflichkeit unterstrich. Doch wenn er log, würde Aaron es trotzdem herausbekommen, und Tattel wollte nicht allem anderen auch noch diesen Verrat hinzufügen, und sei er noch so klein. »Keine Änderung«, sagte er.
Er bot noch eine Zigarette an. Sie wurde abgelehnt. Es war Zeit zu gehen.

»Alors, bon chance«, sagte er. Viel Glück. Sein Mund fühlte sich trocken an, seine Brust beengt, und es brannte ganz ungewohnt hinter seinen Augen. So ähnlich hatte er eines Tages in Algerien empfunden, als er wußte, daß er einige seiner Männer nicht mehr wiedersehen würde. Sie schüttelten sich die Hände. Louis Tattel drehte sich abrupt um und ging davon. O mein Gott, mein Gott, dachte er, die Jahre vergehen, und der Baum wird kahler und kahler.
Er blickte nur noch einmal zurück, bevor er in sein Auto einstieg. Aaron Zeismann stand noch immer in der Türöffnung der Baracke. Als sie sich Lebewohl sagten, waren seine Augen für einen kurzen Moment wieder lebendig geworden, und er hatte schwach gelächelt. So viel Kontakt bestand noch immer zwischen ihnen. Und zwischen ihm und der Wirklichkeit.
Doch Tattel wußte, daß es nichts nützen würde, wenn er nochmals zurückging. Er ließ den Motor an und fuhr die verdreckte Straße hinunter und auf die Autobahn nach Paris.

Epilog

Selbst die allergründlichsten, erschöpfendsten Nachforschungen und Untersuchungen des von den beiden Regierungen gemeinsam gebildeten und aus gleich vielen französischer und amerikanischer Experten bestehenden Joint Assassination Committees erbrachten keine schlüssigen Hinweise darauf, wie die Sicherheitsvorkehrungen so wirkungsvoll durchbrochen werden konnten. Sie konnten nur Vermutungen anstellen und Schlußfolgerungen ziehen.

Der Staatsbesuch des Vorsitzenden und mehrerer Mitglieder des Senatskomitees für ausländische Beziehungen sowie des Staatssicherheitsbeauftragten hatte zum Ziel, die Solidarität zwischen den beiden ältesten Verbündeten des Westens aufzufrischen und den bösartigen Gerüchten entgegenzuwirken, die in Paris über die unberechtigte Einmischung der Amerikaner in die wirtschaftlichen Angelegenheiten Frankreichs kursierten. Dieser Besuch war in aller Eile arrangiert worden, nachdem die Kommunisten bei den kürzlich abgehaltenen Gemeinderatswahlen trotz ihres offenen Bruches mit den Sozialisten im ganzen Land einen außerordentlichen Stimmenzuwachs dadurch erzielen konnten, daß sie diese Gerüchte für sich ausnutzten. Der Präsident wurde zu einem etwas späteren Zeitpunkt erwartet.

Pünktlich um 16 Uhr 30 traf die Air Force Two auf dem Charles-de-Gaulle-Flugplatz in Roissy ein. Der französische Premierminister und der Außenminister standen zur Begrüßung der Gäste bereit. Diesmal sollte die Begrüßungszeremonie weit über den üblichen Rahmen hinausgehen. Die französische Regierung war bemüht, einen besonders guten Eindruck zu machen. Sogar eine Ehrengarde war aufgezogen, und natürlich waren Radio, Fernsehen und Presse mit großem Aufwand vertreten. Dann kam die Fahrt nach Paris, in schwarzen Limousinen und von einer Phalanx eindrucksvoll uniformierter Polizisten auf Motorrädern eskortiert.

Der Vorsitzende und der Premierminister fuhren im ersten Wagen, der Staatssicherheitsbeauftragte und der Außenminister im zweiten. Als nächste kamen die anderen amerikanischen Senatoren, begleitet vom Präsidenten des französischen Senats, und dann der Innenminister mit dem amerikanischen Botschafter. Den Schluß des Konvois bildeten die weniger hochrangigen Beamten, ein paar privilegierte Journalisten und zwei Wagen mit französischen und amerikanischen Geheimagenten.

Die Autobahn Paris–Lille, die gleichzeitig als Zubringer für den Charles-de-Gaulle-Flugplatz dient, erreicht das eigentliche Stadtgebiet von Paris an der Porte de la Chapelle, einem ausgedehnten, heruntergekommenen Bezirk städtischer Rückentwicklung. Von hier aus brauste der Konvoi am Montmartre und an der Madeleine vorbei zum Faubourg St. Honoré und zur Residenz des Präsidenten, dem Élysée-Palast, wo der Staatspräsident – entsprechend der diesem Besuch beigemessenen Bedeutung – persönlich die Delegation empfangen sollte.

In Anbetracht der derzeitigen politischen Unruhen in Frankreich waren fast zehntausend Sicherheitsbeamte wochenlang mit den entsprechenden Vorkehrungen befaßt gewesen, und die gesamte Route galt als absolut abgesichert. Auf allen Überführungen und Hausdächern entlang der gesamten Strecke waren schwerbewaffnete Polizisten postiert. Alle erdenklichen Häuser und Schlupfwinkel waren nach Heckenschützen durchsucht worden. Alle Polizeispitzel hatten strikte Order, jede auch noch so nebensächlich erscheinende Information sofort zu melden, die auch nur im entferntesten auf mögliche Zwischenfälle schließen ließ.

Wie bei allen Staatsbesuchen gehörte es zu den problematischeren Aspekten, die Aktivitäten der ausländischen Sicherheitskräfte mit denen des Gastlandes abzustimmen. Die Amerikaner mit ihrer Vergangenheit erschreckender politischer Morde bestanden hinsichtlich praktisch aller französischen Vorkehrungen auf so weitgehender Mitsprache, daß es beinahe einem Vetorecht gleichkam. Sie benahmen sich arrogant und zeigten wenig Respekt für die Fähigkeiten der französischen Kollegen, die den ihren in vieler Hinsicht überlegen waren. Die Franzosen ihrerseits waren eifersüchtig und dementsprechend oft absichtlich obstruktiv. Zum Beispiel weigerten sie sich auf der Straße in manchen Fällen, die amerikanischen Dienstausweise anzuerkennen oder überhaupt Englisch zu verstehen, das die meisten von ihnen in Wirklichkeit ziemlich gut beherrschten.

Am schlimmsten wirkte sich das auf dem Flugplatz und beim Élysée-Palast selbst aus. Beim Aus- und Einsteigen der prominenten Politiker kamen die Sicherheitsbeamten beider Seiten in allzu direkten Kontakt. Französische Beamte in Zivil vom SDECE und vom Deuxième Bureau mischten sich mit CIA-Agenten der amerikanischen Botschaft und Geheimdienstleuten aus Washington, und den meisten gelang es kaum, ihre gegenseitige Abneigung zu verbergen.

Das war der schwache Punkt, den der Attentäter für sich auszunutzen gedachte. Unter Verwendung von Ausweisen der CIA wie auch des Geheimdienstes, deren absolute Echtheit man später zugeben mußte, und dank offenbar sehr gründlicher Kenntnisse des gesamten amerikanischen Sicherheitssystems gelang es ihm ohne weiteres, die Franzosen von seiner Authentizität als hoher amerikanischer Sicherheitsbeamter zu überzeugen. Mit erstaunlicher Unverfrorenheit gab er sich dann den Amerikanern gegenüber als Franzose aus, indem er ebenso einwandfreie französische Dienstausweise vorwies und sich über den französischen Sicherheitsapparat genauso gut informiert zeigte. Die Tatsache, daß er beide Sprachen perfekt beherrschte, war natürlich ein unschätzbarer Vorteil.

Auf diese Weise, so schlußfolgerte die Untersuchungskommission, war es ihm also gelungen, in den gepflasterten Hof des Élysée-Palastes selbst vorzustoßen und sich unbehelligt und schwerbewaffnet keine acht Meter vom Haupteingang entfernt aufzustellen, wo der französische Staatspräsident stand, flankiert von zwei Reihen feierlicher Gardes Républicaines in ihren prunkvollen Uniformen, in regungsloser Habt-acht-Stellung, die Säbel in Schulterhöhe ausgestreckt. Eiskalt hatte er dort fast eine Stunde ausgeharrt, bis die Fahrzeugkolonne eintraf und die ersten vier Wagen vorfuhren und anhielten.

Wie bei so manchem brillanten und sorgfältig ausgedachten Plan, lag jedoch genau in seiner Stärke auch eine spezifische Schwäche. Zwar konnte er auf eine so knappe Entfernung kaum sein Ziel verfehlen, doch würde ihm nur eine äußerst kurze Zeitspanne zum Handeln bleiben. Als man das Attentat später rekonstruierte, stellten die Franzosen fest, daß theoretisch sechs Sekunden nötig waren, die Waffe – eine Schweizer Maschinenpistole – unter dem leichten Gabardinemantel hervorzuziehen, zu zielen und die Leute zu töten, die umgekommen waren.

Jene sechs Sekunden waren genau die Zeit, die bei dem wirklichen Massaker verging, bevor die französischen und amerikanischen Sicherheitsbeamten reagieren und so zielen konnten, daß sie nur den Attentäter selbst und niemand anderen trafen. Die ersten Schüsse kamen aus der Dienstpistole eines Korporals der Gendarmerie Nationale.

Der Attentäter hatte offensichtlich selbst den Zeitfaktor als den schwachen Punkt seines Planes erkannt. Es gab da ein großes Risiko; nicht für ihn selbst, denn sein eigener Tod war selbstverständlich der einkalkulierte selbstmörderische Kern der ganzen Sache. Das Risiko bestand vielmehr darin, daß es ihm vielleicht nicht gelingen würde,

sein Ziel in vollem Umfang zu erreichen. Dieses Ziel war eindeutig, so viele Regierungsmitglieder beider Seiten wie möglich zu erledigen. Wie sich herausstellte, waren seine Befürchtungen nicht unbegründet: Es trat etwas ein, das ihn zwei wertvolle Sekunden kostete und mehrere Leben rettete. Es war anscheinend etwas für ihn völlig Unerwartetes, und seine Reaktion darauf überstieg das Begriffsvermögen der Untersuchungskommission.
Die entscheidende Phase begann, als der Vorsitzende des Senatskomitees für ausländische Beziehungen als erster aus dem vordersten Wagen stieg, unmittelbar gefolgt vom französischen Premierminister. Sie standen einen Moment still, nahmen dann Haltung an und gingen die drei breiten Stufen zum Portal hinauf, um dem Präsidenten die Hand zu schütteln und auf den französischen Außenminister und den amerikanischen Staatssicherheitsbeauftragten zu warten, die bereits aus ihrem Auto ausgestiegen und im Begriff waren, ihnen zu folgen. Inzwischen hatten der dritte und der vierte Wagen mit den anderen Senatoren, dem französischen Innenminister und dem amerikanischen Botschafter direkt vor dem Attentäter angehalten, und die Insassen begannen auszusteigen. Alle drei Gruppen waren also für ein paar Augenblicke vollkommen exponiert und im unmittelbaren Schußfeld. Der sofortige sichere Tod aller konnte – außer durch ein Versagen der Waffe – nur noch durch ein Wunder verhindert werden.
Und genau in diesem Moment, Sekunden vor Einsetzen des Kugelhagels, geschah ein solches Wunder, und dieses Wunder rettete mehrere Leben.
Der fünfte Wagen des Konvois war vorgefahren. Zwei Männer stiegen aus. Der eine war der französische Finanzminister. Der andere war, wie sich später herausstellte, ein ehemaliger Spionageabwehragent des FBI und derzeit Adjutant des amerikanischen Botschafters. Ein auffallend großer, elegant gekleideter Mann, dessen fahle Blondheit ans Albinohafte grenzte. Am Flugplatz hatte er in letzter Minute plötzlich dringend darauf bestanden, im fünften Wagen mitzufahren, obwohl ursprünglich gar nicht vorgesehen war, daß er überhaupt mit zum Élysée-Palast fahren sollte.
Der Attentäter zog gerade seine Maschinenpistole hervor, als er ihn erblickte. Ob er in ihm eine unmittelbare Bedrohung seines Planes sah oder ob ihn irgendein anderes unergründliches Motiv beherrschte, konnte später nicht festgestellt werden. Doch er zögerte, und zwar, laut späteren Zeugenaussagen, etwa zwei kostbare Sekunden.
Zwei Sekunden, in denen die gesamte Szenerie in gespenstischer Erstarrung verharrte. Zwei Sekunden, in denen der Adjutant anschei-

nend den Attentäter erkannte, obwohl laut späterer Zeugenaussagen dessen äußere Erscheinung sich in der letzten Zeit drastisch verändert hatte.
Und zwei Sekunden, in denen diejenigen Beamten in Uniform und in Zivil, die die Maschinenpistole wahrgenommen hatten, schließlich begriffen, daß da soeben ein kaltblütiger Terroranschlag geschah.
Der Adjutant des Botschafters starb, bevor er einen Laut äußern oder an eine Verteidigungsmöglichkeit denken konnte. Die Garbe aus der Maschinenpistole schnitt ihn fast in zwei Teile.
Dann, und noch immer, bevor irgendwer sich rühren konnte, feuerte der Attentäter wieder, zuerst eine kurze, hastige Garbe auf den Innenminister und den US-Botschafter, und dann, in den letzten zwei verbleibenden Sekunden, auf die Gruppe des Präsidenten mit dem Staatssicherheitsbeauftragten und dem Außenminister.
Aber es war zu spät.
Die Waffe des Gendarmerie-Obergefreiten rettete vier Menschen das Leben. Der französische Staatspräsident überlebte mit einer zerschmetterten Schulter und dem Verlust eines abgeschossenen Fingers; der Sicherheitsbeauftragte durfte weiterleben, ohne seinen Unterkiefer und mit einer Kugel im Oberschenkel, die den Knochen zerstörte und ihn schließlich das Bein kostete; der amerikanische Botschafter bekam eine Kugel ins Genick und blieb zeitlebens vollkommen gelähmt; der Innenminister wurde wie durch ein Wunder nur von einem Streifschuß leicht am Arm verletzt, und der Vorsitzende büßte nicht mehr als ein Auge ein.
Drei wurden getötet. Der Premierminister starb mit einer Kugel im Gehirn, der Außenminister sollte drei Tage später seinen Lungen- und Magenverletzungen erliegen, und ein amerikanischer Senator wurde von zwei Schüssen ins Herz getroffen.
Der Attentäter war sofort tot und wurde vom folgenden Kugelhagel förmlich zerfetzt. Alles in allem wurde er von siebenundachtzig Schüssen getroffen, neun in den Kopf, siebzehn in die Glieder, die restlichen einundsechzig in den Rumpf.
Innerhalb weniger Stunden wurde er anhand der Fingerabdrücke identifiziert. Die Untersuchungskommission konnte jedoch bei der Durchforschung seiner Vergangenheit weder in seiner makellosen, gutsituierten Lebensführung in Washington noch in der Tatsache, daß er anscheinend ein Doppelagent gewesen war, einen handfesten Beweis für das Motiv finden, das ihn zum mehrfachen Mörder gemacht hatte. Ein von der Kommission beigezogener Psychiater konnte nur zu der Schlußfolgerung gelangen, daß der tragische Tod seiner Frau bei einem kürzlichen Autounfall seinen Verstand total verwirrt

hatte. Offizielle Verlautbarungen unterstellten natürlich, daß er im Auftrag der Kommunisten gehandelt hatte.
Als beim französischen SDECE bis dahin versiegelte Unterlagen und die Aussage eines Computertechnikers ergaben, daß seine Identität als Aaron Zeismann falsch war, konnten weder sein richtiger Name noch seine Herkunft oder zumindest sein Geburtsland festgestellt werden. Als letztes Postskriptum zu diesem Meisterwerk der Täuschung, das offenbar so viele Jahre hindurch seine Existenz gewesen war, weigerten sich die Regierungen sowohl Frankreichs als auch der USA, seine sterblichen Überreste aufzunehmen.
Nachdem sie sechs Monate auf Gemeinkosten im Tiefkühlbereich eines Pariser Leichenschauhauses gelagert worden waren, fand sich ein Ausweg aus dieser diplomatischen Sackgasse. Die neutrale Schweiz übernahm die Leiche, da die Schweizer Herkunft der Mordwaffe dort anscheinend als peinlich empfunden wurde und gleichzeitig, wie so oft und unter dem Vorwand der angeblichen Beschämung, ihrem ständig genährten, selbstherrlichen Image des Edelmutes ein bißchen Glanz hinzugefügt werden konnte.
Die Kosten für eine bescheidene Trauerfeier und die anschließende Einäscherung wurden von einer jugendlichen Dissidentengruppe der extremen Linken getragen, die damit eine Gelegenheit ergriff, gegen die imperialistischen Methoden der Amerikaner im Ausland zu protestieren. Die Asche wurde in die Rhône gestreut, um vielleicht letztendlich ihren Weg zur Mutter aller Meere, dem Mittelmeer, zu finden.
Abgesehen von einer kurzen Notiz in der täglich in Paris erscheinenden International Herald Tribune verliefen diese Formalitäten völlig abseits vom Interesse der Welt.